Poética de duelos inconclusos
en la narrativa española del siglo XXI

Ediciones de Iberoamericana

117

CONSEJO EDITORIAL:

Mechthild Albert
Rheinische Friedrich-Wilhelms-Universität, Bonn
Daniel Escandell Montiel
Universidad de Salamanca
Enrique García-Santo Tomás
University of Michigan, Ann Arbor
Aníbal González
Yale University, New Haven
Klaus Meyer-Minnemann
Universität Hamburg
Daniel Nemrava
Palacky University, Olomouc
Emilio Peral Vega
Universidad Complutense de Madrid
Janett Reinstädler
Universität des Saarlandes, Saarbrücken
Roland Spiller
Johann Wolfgang Goethe-Universität, Frankfurt am Main

Asumir la ausencia

Poética de duelos inconclusos en la narrativa española del siglo XXI

Anthony Nuckols

IBEROAMERICANA - VERVUERT - 2020

Publicación financiada por el Programa Prometeo de la Generalitat Valenciana.
Referencia: 2016/133

Cualquier forma de reproducción, distribución, comunicación pública o transformación de esta obra solo puede ser realizada con la autorización de sus titulares, salvo excepción prevista por la ley. Diríjase a CEDRO (Centro Español de Derechos Reprográficos) si necesita fotocopiar o escanear algún fragmento de esta obra (www.conlicencia.com; 91 702 19 70 / 93 272 04 47).

Derechos reservados

© Iberoamericana, 2020
Amor de Dios, 1 – E-28014 Madrid
Tel.: +34 91 429 35 22 - Fax: +34 91 429 53 97

© Vervuert, 2020
Elisabethenstr. 3-9 – D-60594 Frankfurt am Main
Tel.: +49 69 597 46 17 - Fax: +49 69 597 87 43

info@iberoamericanalibros.com
www.iberoamericana-vervuert.es

ISBN 978-84-9192-133-2 (Iberoamericana)
ISBN 978-3-96869-025-4 (Vervuert)
ISBN 978-3-96869-026-1 (e-Book)

Depósito Legal: M-14756-2020
Diseño de la cubierta: a.f. diseño y comunicación
Autor de la imagen: Emilio Martí López

Impreso en España
Este libro está impreso íntegramente en papel ecológico sin cloro.

ÍNDICE

Nota a la edición 7

Introducción 9

Capítulo I. Duelo a través de la literatura 19
1.1. Dialécticas del duelo 19
    Dicotomía freudiana: duelo y melancolía 24
    El duelo "posfreudiano" 29
    Memoria melancólica: una contradicción 36
    Más allá del duelo y de la melancolía 38
1.2. El duelo y la literatura 46
1.3. Características de las narrativas postraumáticas de duelo ... 60

Capítulo II. Narrativas de duelo en el contexto europeo del post-Holocausto 69
2.1. Ejemplos de la Europa del post-Holocausto 69
    W.G. Sebald: *Austerlitz* (2001) 74
    Patrick Modiano: *Dora Bruder* (1997) 88
2.2. La tragedia europea vista desde España 100
    Adolfo García Ortega: *El comprador de aniversarios* (2003) .. 100
    Juan Mayorga: *El cartógrafo: Varsovia (1: 400.000)* (2010) ... 104

Capítulo III. Duelos inconclusos en la España del siglo XXI 111
3.1. La necesidad de un duelo 111
3.2. El duelo inconcluso de los vencidos 114
3.3. El silencio, la transmisión intergeneracional y el trauma cultural ... 120
3.4. El duelo colectivo social 126
3.5. Narrativas postraumáticas de duelo persistente en la España del *memory boom* 143

Capítulo IV. *Los girasoles ciegos* de Alberto Méndez. 145
4.1. Significar el duelo mediante la derrota como tema central 149
4.2. Significar el duelo poéticamente: poética de ausencia en los relatos de
   Los girasoles ciegos 163
   El primer relato de *Los girasoles ciegos* 164
   El segundo relato de *Los girasoles ciegos* 172
   El tercer relato de *Los girasoles ciegos* 177
   El cuarto relato de *Los girasoles ciegos*. 183

Capítulo V. *Santo diablo* de Ernesto Pérez Zúñiga 187
5.1. Una narración polifónica. Escribir desde el presente 190
5.2. Cimientos de difuntos, fantasmas que joroban 202
5.3. Guerras pasadas y presentes 205

Capítulo VI. *Las voces fugitivas* de Alfons Cervera 209
6.1. Escuchar a las voces fugitivas 218
   Una mímesis de la memoria: fragmentación, discontinuidad y polifonía 222
   Una recuperación en negativo: una poética de ausencia 231
6.2. El duelo y lo intempestivo 237
   Lo intempestivo mediante la forma 239
   Los efectos del pasado en el presente. 242
6.3. La lucha antifranquista de la guerrilla 255
6.4. Más allá de Los Yesares 260

Recapitulación 267

Bibliografía 277

Índice onomástico y temático 293

NOTA A LA EDICIÓN

El presente estudio se terminó de escribir a principios del año 2019. Las referencias y las cuestiones abordadas con respecto al Valle de los Caídos y los restos del dictador, por tanto, se redactaron antes de la aprobación por parte del gobierno español de exhumar los restos de Francisco Franco en febrero de 2019 y de la consecuente ejecución de dicha decisión en octubre de 2019.

INTRODUCCIÓN

El llamado "*boom* de la memoria" que se da en España durante los primeros años del siglo XXI, inundando el mercado y la esfera pública con innumerables representaciones y productos culturales, ha situado los temas de la Segunda República, la Guerra Civil y la subsiguiente dictadura en el centro del debate sociopolítico. La omnipresencia de todo lo relacionado con la Guerra Civil, y la consolidación de una mirada más crítica a la otrora "ejemplar" Transición, llevó a muchos académicos y expertos a afirmar que España estaba viviendo "una saturación de memoria [...] memoria colectiva, memoria histórica y otras denominaciones equivalentes" (Juliá 2006: 10) o que sufría de "empacho" de memoria (Rosa 2007: 11). Lejos de tratarse de un fenómeno cultural y político que se limita únicamente a las fronteras nacionales, el *boom* de la memoria se puede entender como la expresión particular de una tendencia occidental que, según Andreas Huyssen, nos viene preocupando desde los años 80 (2003: 11). Del mismo modo que sería erróneo discurrir sobre el auge de la memoria histórica como un proceso exclusivamente español, en los ámbitos de la literatura, el cine y la historiografía, sería también una equivocación afirmar que el cambio de siglo trajo consigo una oportunidad inaudita de hablar y tratar ciertas cuestiones que atañen a los acontecimientos sociopolíticos más importantes del siglo XX en España: semejantes aseveraciones no harían sino ignorar toda una serie de novelas, películas o décadas de investigación rigurosa en el ámbito de la historiografía.

Aun así, el cambio del siglo constituye un punto de inflexión para la sociedad española respecto a estas cuestiones. Desde el llamado movimiento para la recuperación de la memoria histórica que surge en torno al inicio del siglo XXI se ha alegado que los casi cuarenta años de dictadura, seguidos de una Transición política que favoreció la amnistía, así como lo que algunos han denominado el "pacto de olvido" o "de silencio", dieron lugar a un déficit de memoria acerca de las causas, tragedia(s) y repercusiones de la Guerra Civil y el franquismo, además de toda una serie de tareas pendientes con respecto a las víctimas y sus familiares. Lo que se ha dado en llamar el "movimiento memorialista" —que incluye grupos como la Asociación para la Recuperación de la Memoria Histórica (ARMH), que han liderado la iniciativa de las exhumaciones de miles de fosas comunes en toda España—, junto a ciertas medidas legislativas y judiciales derivadas de la victoria del PSOE en 2004, se han hecho notar en la cultura de la memoria a partir del año 2000.

En el ámbito literario, la influencia de los discursos relacionados con el tema de la memoria histórica se puede notar en

> [...] la bifurcación en los temas a los que tenían acostumbrados a sus lectores, Javier Cercas con *Soldados de Salamina*, Almudena Grandes con *El corazón helado*, Benjamín Prado con *Mala gente que camina*. También el breve derrotero de Dulce Chacón da un giro cuando abandona sus historias intimistas y se interna en el tenebroso capítulo de la guerra y la posguerra, en Extremadura primero, con *Cielos de barro*, y luego en el presidio de las mujeres republicanas bajo el régimen de Franco con *La voz dormida* (Macciuci 2010: 30-31).

La cultura de la memoria a partir del año 2000 no solo inspira y anima a los autores a abordar temas nuevos, sino también hay una diferencia entre las novelas escritas en los años 90 y las del cambio de siglo, algunas escritas por algunos de los fundadores de la novela sobre la Guerra Civil como pueden ser Julio Llamazares con su *Luna de lobos* (1985), Manuel Vázquez Montalbán con *El pianista* (1985) y *Galíndez* (1990) o Antonio Muñoz Molina con sus *Beatus Ille* (1986) y *El jinete polaco* (1991). Podemos entender estas novelas como los precursores de las novelas de memoria histórica a partir del cambio del siglo. Por tanto, a partir del año 2000, nos encontramos no con un cambio de temática, sino más bien un cambio de tratamiento de estos temas: "es la distancia que media entre el Muñoz Molina de *Beatus Ille* y *El jinete polaco* y el de *Sefarad* en 2001. [...] la que media entre los huidos de *Luna de lobos* de Llamazares y los *Maquis* de Alfons Cervera" (Macciuci 2010: 31).

Como sugiere Ulrich Winter, si el objetivo de la novela sobre la Guerra Civil de los años 80 y 90 giraba en torno a la representación del pasado, la novela a partir del año 2000 busca crear realidades (2012: 16). "Más allá de estas diferencias de forma y fondo", y aquí añadiría las diferencias generacionales entre autores que nacieron, por ejemplo, a finales de los años 50 y los que nacieron a principios de los 70, "los tratamientos literarios de la Guerra Civil desde el cambio de milenio comparten, en grandes líneas, una actitud nueva ante el pasado: consideran sus dimensiones éticas desde un punto de vista individual, como un problema que afecta a las relaciones personales entre las generaciones presentes y pasadas, y como un desafío que exige un esfuerzo de voluntad por parte de aquéllas" (Faber 2011: 102).

Así, con esta literatura existe "una relación directa entre este fenómeno y la reivindicación de la reparación moral de las víctimas del franquismo que, desde principio del presente siglo, está realizando la ARMH" (Becerra Mayor 2015: 33). Estos escritores alineados con el movimiento memorialista y sus reivindicaciones específicas (Faber 2012a: 130) convierten la novela en herramienta para la recuperación de la memoria con el fin de saldar el déficit de memoria en una suerte de exhumación literaria que trataría de hacer que lo perdido, lo desconocido se oiga, se consuma, donde "frente al olvido que la democracia va fraguando en torno a la memoria todavía sangrante de la Guerra, la literatura se convierte en instrumento con el que *reemplazar* una memoria cada vez más perdida" (Moreno-Nuño 2006: 15). Con el objetivo de sacar del olvido, arrojar luz sobre historias, figuras y episodios olvidado o ignorados de la Historia, muchas de estas novelas de recuperación cuentan con alguna clase de notas o apuntes de investigación, referencias historiográficas y bibliográficas documentos de distinta índole, fotografías, etc., o incorporados dentro del texto mismo o en la forma de un prefacio, una página de agradecimientos o una bibliografía. En muchos casos, esta incorporación surge a partir de una "preocupación por mostrar el origen de la información, explicarle al lector cómo, quién, dónde y para qué se logra un determinado dato posteriormente incluido en la trama": como afirma Antonio Gómez López-Quiñones, "nunca la ficción ha parecido tan historiográfica" (2006: 16). Esta forma de exhumación literaria llevó al autor Isaac Rosa a comentar que si los lectores "buscamos esas claves en la ficción, es seguramente porque no las encontramos en otros espacios" (2015: 12).

Por otra parte, más allá del ámbito cultural, de entre esas tareas pendientes que se han puesto de relieve a través de las iniciativas y las reivindicaciones de grupos como la ARMH, la que más repercusión ha tenido ha sido la de la recuperación de los restos de familiares represaliados de cunetas y fosas comunes: de ahí la noción de que independientemente de las declaraciones de que el pasado está superado, hay miles de ciudadanos que no han podido llevar a cabo el duelo individual por aquellos deudos cuyo paradero es desconocido.

El nexo donde convergen la literatura influenciada por las tendencias socio-políticas que surgen a partir del siglo XXI con la noción de que existen tareas pendientes —entre las que está ese duelo individual— es el que me interesa aquí. Partiendo de la idea de que la literatura ha servido para promover y, en cierto modo, "actualizar" la memoria colectiva actual sobre lo ocurrido durante la guerra y la dictadura (Luengo 2004; Moreno-Nuño 2006; Corredera González 2010), argumento, no obstante, que en España no hay únicamente un déficit memorístico —esto es, la falta de información relativa a acontecimientos y personas de la guerra y la dictadura— sino también un déficit afectivo y ético-político que impide el establecimiento de lazos significativos con el pasado desde un presente cada vez más alejado del tiempo de aquella época violenta que, sin embargo, todavía afecta nuestra actualidad.

Sostengo que este déficit afectivo, junto al predominio de un entendimiento privado de la memoria, ha hecho que la existencia de tantas fosas comunes en la España actual se conciba como una consecuencia de acontecimientos históricos cuyos efectos, sin embargo, se limitan a determinados grupos y personas. Si bien las pérdidas de la Guerra Civil y la dictadura y la existencia de miles de duelos individuales inconclusos forman parte de la Historia del país, no afectan de forma directa a la sociedad en su conjunto, y mucho menos socavan la realidad presente y democrática. Según escribe Txetxu Aguado sobre la amnesia y las carencias respecto al pasado en la actualidad en España, estos podrían entenderse "como [la] inexistencia de modelos emocionales y afectivos de relación con la memoria del pasado, más que históricos, de los cuales se han ocupado sus profesionales en la bibliografía de la época" (2011: 46). Partimos, pues, del momento del cambio del siglo y de ese *boom* de la memoria en España para plantear las posibilidades de un trabajo colectivo de duelo: "es en el plano de la memoria colectiva, quizás más aún que en el de la memoria individual, donde adquiere todo su sentido la comparación entre trabajo de duelo y trabajo de recuerdo" (Ricoeur 2000: 109). En este sentido, estoy interesado en buscar un modo de abordar el déficit afectivo que sea capaz de (re)describir nuestra realidad actual y las conexiones con aquellos duelos y pérdidas que se entienden *a priori* como personales y privados en un potencial trabajo de duelo colectivo.

Proponer un hipotético duelo colectivo social implicaría no una panacea prescriptiva sino elaborar un modelo afectivo y ético-político. ¿Es posible para quienes vivimos ochenta años después pagar una deuda aún existente con un pasado cada vez más inasible e incomprensible? ¿Podemos enfrentar las tragedias de una guerra y una dictadura cuyas pérdidas, materiales y abstractas, ya no son propiamente nuestras? ¿Qué nos empuja a ello? ¿Por qué tendríamos que hacerlo? ¿Qué implica para el/lo colectivo y el presente la existencia de miles de duelos inconclusos? ¿Se puede hablar de manera parecida de un duelo colectivo pendiente, que está por realizarse? Y si es así, ¿qué formas podría tomar ese hipotético duelo colectivo a través de un medio expresivo como la literatura?

Aquí mi propuesta es, por tanto, construir un marco teórico para una narrativa capaz de plantearse algunas de estas cuestiones y enunciar una caracterización de obras literarias que tienen como objetivo recordar pero también llorar las pérdidas del pasado reciente. Propongo, por tanto, lo que he llamado "las narrativas postraumáticas de duelo persistente" como instrumento capaz de ofrecer modos de expresión afectivos sobre cómo hacer, después de tanto tiempo, justicia a un trauma (del) pasado que aún nos afecta. Me centraré en la noción del duelo colectivo, un duelo continuado que no tiene como objetivo principal arrojar luz o desterrar sucesos pasados olvidados. En lugar de esto, hemos encontrado un modo de honrar la pérdida manteniéndola, sosteniendo precisamente aquello que la caracteriza, mediante lo que podríamos llamar una "poética de ausencia", y que nos permite la paradoja de recordar tragedias absolutamente "incognoscibles". Rompiendo el paradigma del duelo compensatorio de Freud —porque, ¿cómo vamos a poder compensar pérdidas que no son las nuestras?—, el trabajo de duelo en la narrativa del postrauma y la posmemoria no promete ni aspira a compensar estas ausencias, sino que las mantiene y sostiene mediante la admisión constante de nuestra incapacidad para recuperar aquello que se perdió o recuperar el pasado. Al reconocer esta ausencia, al sostenerla, es cuando nos acercamos lo más posible a un intento siempre insuficiente de entender el vacío. Confío en que esta visión del duelo colectivo, este modelo narrativo que nos proporciona un modo de trascender la brecha temporal que inevitablemente y permanentemente nos separa de nuestra tragedia pasada, sirva como estímulo para conectar con otras tragedias y sufrimientos.

Dentro de las acotaciones temporales establecidos para el presente estudio —los primeros quince años del siglo XXI en España, los cuales vienen innegablemente marcados por esa preocupación por la memoria que define no solo el presente español sino el occidental, en general—, me gustaría destacar dos obras literarias en particular que abordan de manera explícita y directa la noción de un duelo colectivo, aunque desde perspectivas bastante distintas, y su relación con la literatura con el fin de que las principales cuestiones que plantean nos orienten y nos sirvan como punto de partida.

La primera sería la novela *Los muertos* (2010) de Jorge Carrión —primera de la trilogía que incluye *Los huérfanos* (2014) y *Los turistas* (2015)— que plantea de manera directa la noción de un duelo colectivo y su relación con la ficción, aunque desde una perspectiva inesperada y poco convencional. La novela está dividida en dos partes, cada una con ocho capítulos que corresponden a los capítulos individuales de una serie de televisión homónima, aunque esto no se revela hasta después de la primera "temporada". La premisa de la serie televisiva es la resurrección de personajes conocidos de obras de ficción —de la literatura, la televisión o el cine— que conviven en el Nueva York de los años 90. Además de los distintos capítulos, aparecen unos textos académicos —ficcionales— escritos por teóricos y estudiosos que se introducen después de las dos "temporadas", y que sirven para debatir y reflexionar sobre la serie de televisión. En estos textos académicos de ficción, se explica que a raíz del éxito de la serie se crea una red social en la que los usuarios asumen los avatares de sus personajes queridos para que estos sigan vivos, en lo que una de las articulistas ficticias describe como "la instauración de una progresiva conciencia novedosa, de una suerte de duelo absolutamente nuevo" (2010: 98). Entre las diversas cuestiones planteadas por la novela de Carrión está la noción perturbadora de que "nos afecta más una muerte de ficción que un asesinato real", en palabras del propio autor (Arjona 2014). La segunda novela en cuestión sería *Los girasoles ciegos* de Alberto Méndez, que, en este caso, aborda directamente la noción de un duelo colectivo no realizado por las pérdidas del pasado reciente español. En la cita del poeta Carlos Piera que sirve de epígrafe de la novela, este asevera que "en España no se ha cumplido con el duelo" y sienta las bases para una posible definición de esa tarea pendiente: el duelo es "el reconocimiento público de que algo es trágico y, sobre todo, de que es irreparable. [...] no es ni siquiera cuestión de recuerdo: no corresponde al momento en que uno recuerda a un muerto [...], sino a aquél en que se patentiza su ausencia definitiva. Es hacer nuestra la existencia de un vacío" (Méndez 2004: 11).

Cito estas dos obras a modo de introducción precisamente por las cuestiones que proponen: la capacidad de la obra de ficción no solo para representar, retratar o relatar ciertas historias, sino también para conmovernos, para afectarnos. En este sentido son fundamentales las reflexiones de Jo Labanyi sobre los llamados estudios del afecto, en las que la autora nos anima a considerar los textos culturales como "cosas que hacen cosas": es decir, considerarlos más allá de lo que representan y en la medida que comunican ciertas posturas, ideas o prácticas (Labanyi 2010: 229-230). El asunto que aquí nos concierne es la relación entre esa característica intrínseca de la literatura de conmover y un potencial trabajo de duelo colectivo por las pérdidas y los daños de la Guerra Civil española y la dictadura en el siglo XXI, desde un presente cada vez más distanciado en el tiempo de los acontecimientos en cuestión. Dicho de otro modo, más allá de los datos o las historias que nos puede aportar la lectura de ciertas novelas recientes, ¿qué modelos o prácticas afectivos, emocionales o éticos —y potencialmente productivos— nos puede proporcionar la literatura entendida como práctica de duelo colectivo? Así, partiendo de las afirmaciones de Freud y Derrida que describían el duelo como un trabajo —Freud en su término *Trauerarbeit*, esto es "el trabajo de duelo"; Derrida afirmando en *The Work of Mourning* (2001) que "all work is also the work of mourning" (2001: 142)— concibo el duelo mediante las narrativas postraumáticas de duelo persistente como un trabajo colectivo.

El presente libro tiene dos enfoques generales unidos bajo la premisa global de una potencial narrativa de duelo: el primero de ellos aborda de manera directa el duelo como concepto psico-social y la reflexiones sobre los posibles problemas e implicaciones a la hora de hablar sobre un duelo colectivo a través de la literatura o el arte y el segundo aborda estas narrativas de duelo en el contexto de la literatura española de los primeros años del siglo XXI. El Capítulo I ofrece un resumen de las distintas interpretaciones y críticas de las primeras distinciones hechas por Freud en su definición de los conceptos de duelo y melancolía a principios del siglo XX. Trazaré de forma sucinta la evolución de sus propias teorías psicoanalíticas y cómo estas han sido aplicadas más allá del ámbito psicoanalítico-clínico en la crítica literaria y en otros campos de estudio. Las reevaluaciones posteriores de las teorías de Freud, incluida la llamada despatologización de la melancolía a partir de los estudios poscoloniales, la teoría *queer* o los estudios del subalterno serán fundamentales para establecer la definición de un duelo colectivo y social del que la literatura entendida como práctica cultural puede participar. Cierro el primer capítulo con una caracterización de narrativas postraumáticas de duelo a partir de la base teórica expuesta anteriormente.

El Capítulo II servirá para exponer cuatro ejemplos de narrativas de duelo que tratan el tema del Holocausto, dos de ellos procedentes del contexto europeo, *Austerlitz* (2001) del alemán W. G. Sebald y *Dora Bruder* (1997) del francés Patrick Modiano, y después dos obras españolas, *El comprador de aniversarios* (2003) de Adolfo García Ortega y *El cartógrafo: Varsovia (1:400.000)* (2004) de Juan Mayorga. Este capítulo servirá para consolidar las narrativas de duelo como práctica narrativa para abarcar la distancia temporal entre el presente y el momento de las pérdidas del pasado por las que habría que elaborar ese proceso de duelo. Además, los ejemplos transnacionales de García Ortega y Mayorga servirán para sugerir la potencial productividad de la misma poética para abarcar no solo la distancia temporal sino también cultural o geográfica.

El Capítulo III se centrará específicamente en la cuestión del duelo en el contexto español y la existencia de duelos inconclusos individuales. Así, se tratarán las distinciones entre un duelo personal e individual inconcluso en el caso de aquellas personas con familiares "desaparecidos" o enterrados en fosas comunes, y en el proceso de duelo colectivo.

Los capítulos restantes —IV, V y VI— comprenden el análisis de tres textos literarios españoles, todos publicados durante los primeros quince años del siglo XXI, como narrativas postraumáticas de duelo: *Los girasoles ciegos* (2004) de Alberto Méndez, *Santo diablo* (2004) de Ernesto Pérez Zúñiga y *Las voces fugitivas* (2013) de Alfons Cervera. En cada uno de los capítulos, me centraré en los distintos modos en los que las tres obras constituyen narrativas de duelo, y atenderé tanto a la temática —es decir, en qué modos se plantean los distintos temas sostenidos en las distintas novelas y qué relación tienen estos con esa noción de duelo colectivo—, como a la forma —el uso de distintas estructuras narrativas, lingüísticas y recursos que facilitan una reflexión sobre la naturaleza de la conexión entre nuestro presente y el pasado violento.

Por último, concluiré en un capítulo aparte en el que se resumirán los aspectos más destacados del presente estudio y análisis. Ofreceré también posibles vías para futuras investigaciones que aún merecerían más indagación.

Capítulo I
DUELO A TRAVÉS DE LA LITERATURA

1.1. Dialécticas del duelo

Desde el auge de los denominados estudios sobre la memoria o el trauma y dentro de los mismos, ha habido una verdadera proliferación de estudios dedicados a la representación literaria o cultural de duelo; la abundancia ha sido tal que incluso se ha hablado de las "teorías de duelo" o "la retórica de duelo", como si se tratara de una suerte de campo de estudios interdisciplinar e independiente. Desde sus inicios en las primeras décadas del siglo XX hasta la actualidad, el concepto de duelo moderno ha sido influenciado por distintas líneas de pensamiento contemporáneas, como los estudios sobre el trauma, los estudios sobre la memoria, el psicoanálisis y los llamados *bereavement studies* (Homans 2000: 26-34). El auge y la subsiguiente evolución de las teorías contemporáneas de duelo que abarcan diversos campos como la historiografía, el psicoanálisis y los estudios literarios y culturales, entre otros, tendrían su origen durante los procesos de modernización —los cambios políticos y las revoluciones industrial y científica— iniciados en el siglo XIX (Homans 2000: 5). Como productos de dichos procesos, la individualización y psicologización supondrían una transformación y, en general, llevarían a un declive de las prácticas públicas del duelo en Occidente a partir de principios del siglo XX, algo que el historiador francés Philippe Ariès describiría en su célebre *Essais sur l'histoire de la mort en Occident du Moyen Age à nos jours* (1975) como "ese gran silencio que se ha instalado en las costumbres a lo largo del siglo XX" (2000: 224).

Si bien antaño el duelo implicaba tanto al individuo doliente como a la comunidad en su totalidad, cuando el duelo conllevaba ciertas obligaciones ritualistas, a partir de las primeras décadas del siglo XX, el duelo por el fallecimiento de un allegado pasaría a suponer, sobre todo, una respuesta individual e individualista. Ya entrado el siglo XX, las ideas de Freud sobre el duelo, publicadas por primera vez en los ensayos "La transitoriedad" (*Vergänglichkeit*) en 1916 y "Duelo y melancolía" (*Trauer und Melancholie*) en 1917[1], cimentaron la concepción del duelo como un *trabajo de elaboración*[2] que es antes individual que social. Si bien lo que Ariès había acuñado como "la muerte domesticada" —*la mort apprivoisée*—, la cual se refería a una concienciación y un entendimiento sociales de la presencia de la muerte como algo normal en la vida, con sus ritos y prescripciones sociales, y como un proceso que se mitigaría con el paso del tiempo, Freud presentaba el duelo como un proceso psíquico interno complejo y casi mecánico. Además, al distinguir entre el duelo y la melancolía, Freud ponía nombre a la posibilidad de la *incapacidad* de llevar a cabo el duelo y su consecuente estado patológico y depresivo (Homans 2000: 8).

El recorrido histórico de las llamadas teorías de duelo se podría trazar paralelamente al del auge de los estudios sobre la memoria, los cuales surgirían a partir de períodos clave de reflexión en torno a los acontecimientos más cruentos ocurridos a lo largo del siglo XX: la Primera y la Segunda Guerras Mundiales, el Holocausto, la descolonialización, etc. En definitiva, la Primera Guerra Mundial sería el primer gran trauma cuyas repercusiones se harían notar en todos los ámbitos de la sociedad, siendo esta la Gran Guerra,

---

[1] Cabe señalar que, a pesar de haber sido publicado con anterioridad, "La transitoriedad" fue escrita *después* de "Duelo y melancolía", en el año 1915, y contiene una primera reflexión sobre la distinción entre duelo y melancolía que viene influenciada sin duda por lo que Freud ya había escrito antes. Es de notar también que, pese a ser la base del entendimiento actual del duelo, Freud dedicaría muchas más líneas y páginas a la melancolía, una dolencia que identificaba en sus pacientes como una patología.

[2] Es en "Duelo y melancolía" que Freud describe por primera vez el proceso de duelo como un "trabajo": *Trauerarbeit*, esto es, "el trabajo de duelo". Esta noción del duelo como un trabajo o una labor correspondiente al sujeto doliente permanecerá intacta y llevará a Derrida a afirmar décadas después en *The Work of Mourning* (2001), colección de ensayos dedicados a colegas que fueron muriendo poco a poco, que "all work is also the work of mourning" (2001: 142). La compilación se publicó primero en traducción en inglés y más tarde en francés bajo el título *Chaque fois unique, la fin du monde* (2003).

producto de la modernidad y la revolución industrial, las cuales llegarían a la culminación del horror con el Holocausto[3].

A mediados del siglo xx, el antropólogo inglés Geoffrey Gorer publica *Death, Grief, and Mourning* (1965), uno de los primeros libros en abordar de pleno el declive de prácticas comunitarias del duelo y en sugerir la incapacidad de llevar a cabo un duelo por las pérdidas sufridas en el siglo xx. Resultado de una serie de entrevistas llevadas a cabo por el propio Gorer, el libro sería de los primeros en atribuir esta situación a la catástrofe de la Primera Guerra Mundial (Homans 2000: 9). Según la tesis de Gorer, la muerte y el duelo se habían vuelto tabú del mismo modo que el sexo lo había sido en la edad victoriana, y que la desaparición de ritos y expresiones públicas de pena y de duelo es proporcional al incremento del sufrimiento de la pérdida en el individuo: según las conclusiones extraídas a partir de las investigaciones de Gorer, "los síntomas físicos en el afligido son mucho más frecuentes en aquellas regiones geográficas donde los rituales de duelo son menos prevalentes. Cuanto más grande era la elaboración simbólica y social de la muerte, más se entretejía el dolor de la persona en duelo en la comunidad. Los síntomas físicos y la somatización ocurrían cuando el duelo era bloqueado o infructuoso" (Leader 2011: 88-89). Dos años después de la publicación del libro de Gorer, con la Segunda Guerra Mundial, la caída del régimen nazi y el Holocausto a sus espaldas, los psicoanalistas Alexander y Margarete Mitscherlich aplicarían los conceptos del duelo y de la melancolía freudianos a la sociedad alemana de la posguerra para explicar el crecimiento económico sin precedentes en las décadas posteriores a la guerra a pesar de la existencia de lo que entendían como una incapacidad de llevar a cabo un duelo (*Unfähigkeit zu trauern*) por las pérdidas provocadas por la guerra: la caída del Tercer Reich, la pérdida de la figura del Führer y las atrocidades cometidas por ellos. El estudio *Fundamentos del comportamiento colectivo: la incapacidad de sentir el duelo* (1967)[4] constituye uno de los primeros en sacar

---

[3] Conviene recordar las reflexiones de Zygmunt Bauman sobre la hecatombe: "The Holocaust was not an irrational outflow of the not-yet fully-eradicated residues of pre-modern barbarity. It was a legitimate resident in the house of modernity; indeed, one who would not be at home in any other house" (1989: 17).

[4] El título original en alemán es *Die Unfähigkeit zu trauern. Grundlagen kollektiven Verhaltens*.

esos conceptos de Freud del ámbito clínico y aplicarlos a un colectivo: en este caso, la sociedad alemana. Así, el trabajo de los Mitscherlich atraviesa la dicotomía individuo-colectivo por medio de la analogía[5].

Al aplicar las teorías de Freud sobre el duelo y la melancolía a un colectivo para explicar cómo una sociedad entera no ha sido capaz de asumir el pasado, el estudio de los Mitscherlich prepararía el camino para futuros análisis sobre el duelo en las sociedades de posconflicto. En su recorrido de los estudios sobre el duelo, Peter Homans apunta hacia los trabajos de Henry Rousso —*Le syndrome de Vichy: 1944-198...* (1987)— y Jay Winter —*Sites of Memory, Sites of Mourning: The Great War in European Cultural History* (1995)— como ejemplos de análisis que han seguido los primeros pasos de los Mitscherlich en la medida en que pretenden analizar los modos en los que una sociedad entera puede lidiar con el pasado violento. A estos habría que sumar el trabajo del psiquiatra turco-chipriota Vamik Volkan y sus reflexiones sobre el trauma y duelo colectivos en los contextos de Chipre y los países balcánicos o el trabajo del antropólogo británico Paul Connerton sobre la memoria colectiva y, en particular, su libro *The Spirit of Mourning* (2011) que aborda de manera más directa el tema del duelo.

Huelga decir que el propio campo del psicoanálisis también supuso un importante escenario para el desarrollo de las teorías sobre el duelo a lo largo del siglo XX, partiendo principalmente, pero no exclusivamente, de los trabajos de Freud, pero también de los de Melanie Klein y John Bowlby[6]. Habría que destacar también el trabajo de los psicoanalistas franco-húngaros Nicolas Abraham y Mária Török en *Cryptonymie: Le Verbier de l'homme aux loups* (1976) y *L'écorce et le noyau* (1978), cuyo análisis y crítica de las ideas de Freud influenciarían a buena parte de los estudiosos del duelo a partir del

---

[5] Si bien el objeto del estudio de los Mitscherlich era la sociedad alemana, su trabajo se basa sobre todo en casos individuales recogidos en el libro de 1967. Sobre las tensiones y posibles críticas hacia la aplicación de términos y conceptos psicoanalíticos y terapéuticos a un colectivo, véase Trommler (2003). Dominick LaCapra abordaría algunas de esas cuestiones en *Historia y memoria después de Auschwitz* (2008). Véase en particular el capítulo 2: "Revisitar el debate de los historiadores. Duelo y genocidio".

[6] Véanse "Mourning and its relation to manic-depressive states" (1940) de Melanie Klein; *Attachment and Loss*, vol. 1, *Attachment* (1969), vol. 2, *Separation: Anxiety and Anger* (1973), vol. 3, *Loss: Sadness and Depression* (1980) de John Bowlby.

último cuarto del siglo XX. A partir del cambio de siglo, destaca el libro del psicoanalista británico Darian Leader *The New Black. Mourning, Melancholia and Depression* (2008).

Más allá del campo del psicoanálisis y a partir de la última década del siglo XX, se dedicarían muchos libros al tema del duelo y el pensamiento crítico, no solo desde la perspectiva del duelo por pérdida de un individuo conocido o de la relación de este con la depresión, sino también desde el entendimiento del duelo como un posicionamiento sociopolítico respecto a pérdidas colectivas o incluso a la pérdida ajena. Entre estos, destacan varios trabajos de Derrida que se centran explícitamente en el tema del duelo —*Mémoires: pour Paul de Man* (1988), *Spectres de Marx* (1993), *Chaque fois unique, la fin du monde* (2003), el trabajo de Julia Kristeva, *Black Sun: Depression and Melancholia* (1989) o el de Judith Butler, *Precarious Life. The Power of Mourning and Violence* (2004).

En cuanto al duelo y la literatura, la segunda mitad del siglo XX sería testigo de una proliferación de la crítica literaria sobre los acontecimientos violentos de la primera mitad. *The Great War and Modern Memory* (1975) del norteamericano Paul Fussell sería uno de los primeros en analizar la literatura sobre la Primera Guerra Mundial como reacción a ese momento histórico. Por otro lado, a partir de la segunda mitad del siglo XX, las cuestiones del Holocausto y la representación literaria provocarán numerosos debates, empezando por el frecuentemente citado *dictum* de Adorno —"escribir poesía después de Auschwitz es un acto de barbarie"— sobre la poesía en el mundo post-Holocausto y la afirmación por parte de Elie Wiesel de que los testimonios escritos por supervivientes constituían y consolidaban un género literario nuevo[7].

Debido al establecimiento de los estudios sobre el Holocausto como un campo de estudios interdisciplinar, su internacionalización y el auge de los llamados estudios sobre el trauma a partir de los años 70 y 80 en Estados Unidos, la década de los 90 vería un aumento en el número de estudios sobre el duelo y su aplicación a la literatura, el cine y el arte. Aunque es cierto que

---

[7] "[...] there are the witnesses and there is their testimony. If the Greeks invented tragedy, the Romans the epistle, and the Renaissance the sonnet, our generation invented a new literature, that of testimony" (Wiesel 1977: 9).

los conceptos freudianos de duelo y melancolía ya habían estado presentes de un modo u otro en muchos de los textos críticos sobre los acontecimientos violentos del siglo XX, no es hasta finales del siglo que vemos la consolidación de los estudios sobre el duelo y la literatura como una disciplina propia —*contemporary mourning theory*— , en la que las teorías de Freud, procedentes del campo del psicoanálisis, servirían como punto de partida teórico para analizar cómo diferentes literaturas lidiaban con las pérdidas pasadas a través de varios contextos culturales distintos e incluso tiempos. Dentro de la extensa y variada bibliografía que abarca no solo la literatura sino también el cine, existen tres enfoques principales en los que las teorías del duelo se han aplicado a la crítica literaria a partir de la década de los 90: la elegía moderna, el modernismo anglosajón y la literatura poscolonial.

Dicotomía freudiana: duelo y melancolía

En sus primeros escritos sobre el tema, la distinción hecha por Freud entre el duelo y la melancolía sustentaba dos modos de reaccionar ante la muerte y la pérdida de algo valioso para el sujeto. Pese a las reevaluaciones que Freud mismo haría más tarde, y luego las voces críticas al concepto original, la dicotomía freudiana sigue siendo la base o, al menos, la punta de partida, para la gran mayoría de teorías sobre el duelo en la actualidad. El momento histórico en el que Freud escribe sobre estos temas supone un cambio no solo en el entendimiento de la naturaleza del duelo, sino también del de la melancolía.

En la Edad Media, el duelo —lexema en castellano que proviene del latín *dolus*, "dolor"— correspondía a la primera de las cuatro partes de las exequias, según Philippe Ariès. Este se trataba de una respuesta dramática ante la muerte de un ser querido en el que "los asistentes se rasgaban las vestiduras, se mesaban la barba y los cabellos, se despellejaban las mejillas, besaban apasionadamente el cadáver, caían desmayados y, [...] pronunciaban el elogio del difunto" (Ariès 2000: 107). De allí, el duelo se ritualiza a partir del siglo XII como un modo de manifestar el dolor sentido por los deudos del fallecido; los rituales prescritos servirían para imponer ciertas convenciones sociales respecto al vestido y para asegurar el cumplimiento de ciertas obligaciones sociales, y unas y otras se mantienen relativamente intactas hasta el siglo XVIII. No obstante, a partir del siglo XIX, se da una especie de "retorno a las manifestaciones excesivas y espontáneas [...] de la Alta Edad Media, tras siete siglos de sobriedad. El siglo XIX es la época de los duelos que el sicólogo de hoy denomina *histéricos*" (Ariès 2000: 72). Del duelo exagerado del XIX, a veces prolongado y extendido en el tiempo más allá de lo prescrito, pasamos a lo que Ariès llama la "interdicción del duelo" del siglo XX, donde las prácticas comunitarias han desaparecido y el duelo se reduce al nivel del individuo.

La melancolía también sufre una serie de cambios y reinterpretaciones a lo largo de la historia. En la antigüedad, la melancolía —término que procede del griego μέλαινα χολή para referirse a la bilis negra— constituía uno de los cuatro humores en la teoría flemática clásica, según la cual un exceso de bilis negra resultaría en un estado depresivo. En la Edad Media, la melancolía dejaría de asociarse a una aflicción o carencia médicas y adoptaría una connotación relacionada con el estado del alma, una aflicción anímica. Asociada con la acedia, conllevaba un significado de tristeza o desolación y se reservaba también para referirse a la pereza y la pasividad que dejaban al ser humano abierto a las tentaciones demoníacas.

A partir del Renacimiento, la melancolía se libra de las connotaciones más negativas y pasa a estar relacionada con la autorreflexión, la razón y la introspección. A partir del siglo XVI, el término se asocia con el primer grabado de las llamadas *Estampas maestras* de Albrecht Dürer, *Melencolia I* (1514), dando lugar a diversas interpretaciones. En el grabado vemos a una mujer pensativa, rodeada de una serie de objetos —una esfera, un cuchillo, un sextante—, herramientas científicas que simbolizan el triunfo de la razón del ser humano sobre los elementos, a favor del humanismo y en contra del oscurantismo religioso (Traverso 2016: 42). El psicoanálisis dotaría al duelo y a la melancolía de sus significados siguientes, los cuales supondrían un cambio para ambos: el duelo según Freud se distanciaría de los ritos comunitarios y se localizaría como un proceso dentro de la psique del individuo; la melancolía volvería a sus connotaciones con tendencias depresivas.

Los principales textos en los que el psicoanalista reflexiona sobre los dos conceptos son "La transitoriedad" (1916), "Duelo y melancolía" (1917) y "El yo y el ello" (1923), siendo este segundo el que más se extiende sobre el tema. Escrito en el año 1915 y publicado en 1917, "Duelo y melancolía"

(*Trauer und Melancholie*) es un texto en el que Freud explica el proceso por el que pasa una persona tras la pérdida de alguien o *algo* querido; según el propio Freud, la pérdida de una abstracción —"la patria, la libertad, el ideal, etc."— podría resultar igual de dolorosa para el sujeto, cosa que supone un cambio importante en la concepción tradicional del duelo. Pese a que el autor ya esboza una distinción entre duelo y melancolía en "La transitoriedad", Freud presenta su dicotomía en "Duelo y melancolía" y aclara las características de cada uno de los procesos. Así, el duelo sería "la reacción a la pérdida de un ser amado o de una abstracción equivalente" y se daría cuando el sujeto se percata de la realidad de la ausencia definitiva del objeto amado mediante lo que Freud denomina "el examen de la realidad" (1992a: 241). A partir de este momento, la libido desea desprenderse de cualquier vínculo que la ate al objeto perdido, sean recuerdos o cualquier otro tipo de asociación emocional. El proceso resulta conflictivo y doloroso al producirse una "renuencia universal" por parte del sujeto ante la tarea de deshacerse de los enlaces con el objeto. Esta renuencia puede "alcanzar una intensidad que produzca un extrañamiento de la realidad y una retención del objeto por vía de una psicosis alucinatoria" (1992a: 242). Una de las contradicciones expuestas por Freud en sus primeras reflexiones sobre esta economía del duelo es cómo puede resultarnos tan natural un proceso como el duelo, que implica el abandono del objeto original, y cómo puede ser a la vez tan extraordinariamente doloroso. Aunque Freud admite que ese enigma del duelo —nuestra disponibilidad a pasar por un procedimiento tan angustioso— no se puede explicar "con facilidad en una fundamentación económica", afirma en "Duelo y melancolía" que el trabajo efectivo del duelo se completará únicamente cuando la libido sea por fin capaz de sustraerse completamente del objeto perdido y, posteriormente, de proyectar su deseo en otro objeto que compense la pérdida original: "una vez cumplido el trabajo de duelo el yo se vuelve otra vez libre y desinhibido" (1992a: 243).

Por otra parte, la melancolía era para Freud una condición o un estado patológico, que consiste en "una desazón profundamente dolida, una cancelación del interés por el mundo exterior, la pérdida de la capacidad de amar, [y] la inhibición de todas las funciones" (1992a: 242). El paciente melancólico, además, se caracteriza por reproches hacia los demás y hacia sí mismo. La perturbación del amor propio es, en efecto, la principal diferencia entre el duelo y la melancolía: "una rebaja en su sentimiento yoico, un enorme empobrecimiento del yo" (1992a: 243). La persona en pleno duelo percibe el mundo a su alrededor como un espacio lleno de pérdida y malestar. Esto se debe a la introyección[8], que ocurre cuando, tras la pérdida del objeto, "la libido libre no se desplaz[a] a otro objeto sino que se retir[a] sobre el yo [...] para establecer una *identificación* del yo con el objeto resignado. La sombra del objeto ca[e] sobre el yo, quien, en lo sucesivo, pudo ser juzgado por una instancia particular como un objeto, como el objeto abandonado" (1992a: 246). La crítica y el desdén hacia el propio yo impiden que la libido vuelva a poner su afecto en otro objeto, pues el ello identifica al yo con el objeto perdido, resultando en la violencia interna que Freud denominó melancolía o duelo patológico. Es de notar, por tanto, que, según estas primeras ideas de Freud, la identificación del yo con el objeto perdido impide que el sujeto sea consciente de la identidad del objeto perdido, la naturaleza de la pérdida en sí o las causas que la provocaron.

Seis años más tarde, en 1923, Freud revisitaría estas nociones en "El yo y el ello" (*Das Ich und das Es*), en el que propone una reevaluación sobre todo de la melancolía y de su papel integral en la constitución del sujeto: "En aquel momento, empero, no conocíamos toda la significatividad de [la melancolía] y no sabíamos ni cuan frecuente ni cuan típica es. Desde entonces hemos comprendido que tal sustitución participa en considerable medida en la conformación del yo, y contribuye esencialmente a producir lo que se denomina su carácter" (1992c: 30-31). No obstante, Freud llega a la conclusión de que es justamente a través de este proceso impetuoso como el ello puede liberarse de su objeto perdido: "quizás esta identificación sea en general la condición bajo la cual el ello resigna sus objetos" (1992c: 31). En su nuevo análisis, el autor describe este proceso como muy habitual y lo asemeja al proceso de identificación que ocurre en los primeros años del desarrollo del ser humano: "la niña pequeña, después de que se vio obligada a renunciar al padre como objeto de amor, retoma y [...] se identifica no

---

[8] Pese a que el término *introyección* no aparece en "Duelo y melancolía", el propio Freud lo había usado en textos anteriores (véase Freud 1992a: 239). Abraham y Török emplearían el término para referirse al proceso del duelo normal, frente a la *incorporación* (véase Clewell 2004: 50).

con la madre, sino con el padre, esto es, con el objeto perdido" (1992c: 34). Es a partir de la identificación con el objeto perdido que la niña es capaz de construir su propio sentido de identidad y superar la pérdida original; dicho de otro modo, sufrir una pérdida supone un paso integral en la constitución del sujeto.

En un resumen de la evolución de las teorías de Freud, Tammy Clewell analiza y comenta este desarrollo a través de sus escritos, incidiendo en que es solo a través de la internalización del objeto perdido durante el proceso de identificación desconsolada como uno llega a ser sujeto (2004: 61). Realzando la importancia de la identificación del sujeto con el objeto perdido, Freud rompe con la oposición definitiva entre el duelo y la melancolía, estableciendo así lo que podríamos llamar el modelo de 1923. Según este modelo posterior, llegar a término con una pérdida ya no implica la renuncia del objeto perdido y su posterior reemplazo por otro nuevo: en vez de buscar un sucedáneo, el sujeto ha de absorber el objeto perdido dentro de sí mismo para identificarse con él y así preservarlo. Según Clewell, "El yo y el ello" supone un distanciamiento definitivo en las teorías de Freud de las restricciones intrínsecas del modelo anterior que ofrecía una consolación promisoria en la reinvestidura de objetos nuevos.

Además de abandonar la noción de la ruptura total con el objeto perdido como requerimiento para la sanación y de recuperar la melancolía como un proceso integral a la constitución del sujeto, en los años posteriores a "Duelo y melancolía", Freud llegaría a poner en duda los plazos temporales del proceso de duelo e incluso la posibilidad de un fin concreto del proceso. Volviendo al análisis de la evolución del duelo freudiano, Clewell escribe que lo que Freud presenta en "El yo y el ello" sugiere que el trabajo de duelo puede ser una labor interminable, que no acaba según el modelo de 1917, de manera repentina[9]. Más tarde el propio Freud apuntaría hacia este giro respecto a la duración temporal del duelo en una carta escrita en el año 1929

---

[9] Cabe insistir en que esto supone un cambio sumamente drástico en la conceptualización del duelo. Antes Freud afirmaba que "sabemos que el duelo, por doloroso que pueda ser, expira de manera espontánea" y que, en todo caso, "cuando acaba de renunciar a todo lo perdido [...] entonces nuestra libido queda de nuevo libre para [...] sustituirnos los objetos perdidos por otros nuevos que sean, en lo posible, tanto o más apreciables" (1992a: 311).

tras la muerte de su hija, su nieto y varios amigos y dirigida al psiquiatra suizo Ludwig Binswanger:

> Aunque sabemos que después de una pérdida así el estado agudo de pena va aminorándose gradualmente, también nos damos cuenta de que continuaremos inconsolables y que nunca encontraremos con qué rellenar adecuadamente el hueco, pues aun en el caso de que llegara a cubrirse totalmente, se habría convertido en algo distinto. Así debe ser. Es el único modo de perpetuar los amores a los que no deseamos renunciar (Gerez Ambertín 2005: 181).

En esta carta, escrita en primera persona del plural e incluyéndose entre los que han sufrido la pérdida de un ser querido, Freud plantea la posibilidad de que el duelo pueda constituir un proceso sin fin concreto y no solo pone en duda la eficacia de la sustitución —en el caso de que hubiera la posibilidad, Freud escribe que "se habría convertido en algo distinto"—, sino que cuestiona también la ética implícita en la sustitución.

El duelo "posfreudiano"

Pese a las reevaluaciones puntuales hechas por el propio Freud de sus teorías, lo que podríamos llamar el "binomio freudiano" —es decir, el concepto del duelo frente al de la melancolía— sigue formando la base de casi todas las teorías sobre el duelo en la actualidad y sus aplicaciones[10]. Más que un retorno a la primera etapa de los pensamientos de Freud sobre el duelo y la melancolía, se trata de un aferrarse a esa distinción original, con diferentes críticos apostando o bien por el duelo o bien por la melancolía para explicar cómo las sociedades y colectivos han de enfrentar y superar las pérdidas resultantes de una etapa o acontecimiento violentos. Algunos han tildado esa insistencia en el binomio freudiano de estancamiento —"discussions of mour-

---

[10] "Although I have raised objections to Freud's early mourning theory, literary critics working in a range of historical periods and genres have persisted in using the Freudian model, though in refined form, to evaluate narrative representations of death, loss, and bereavement" (Clewell 2004: 48); "Much post-Freudian theory on melancholia tends to engage with his original binary of mourning and melancholia" (Brisley 2013: 62-63).

ning have not developed in a particularly fertile way theoretically [...] Freud casts the difference between mourning and melancholia in clear-cut binary terms, and this false opposition has paralyzed discussions of mourning ever since" (Woodword 1990: 94)—, algo que llevó al mismo Lacan a reprochar a la comunidad psicoanalítica por haberse contentado con la distinción original establecida por Freud en "Duelo y melancolía"[11]. El resultado actual del retorno y reevaluación de estas primeras teorías de Freud no deja de ser un tanto irónico: en primer lugar, es curioso que en el momento de declive en las prácticas públicas y comunitarias de la expresión del duelo en el siglo XX se haya dado "a heterogeneous array of discursive and narrative practices of signifying private and collective grief and grievnces" (Gana 2011: 9). No obstante, esa diversidad teórica que comprende a menudo visiones y entendimientos contradictorios sobre lo que compete a una correcta realización del duelo, tanto para el individuo como para el colectivo, es lo que Richard White denomina "la dialéctica de duelo" (White 2015).

Son tres las características principales del modelo freudiano que han sido objeto de esas críticas y en torno a las cuales giran la mayor parte de las discrepancias. El primero de esos aspectos sería la falta de un componente social en las teorías freudianas del duelo, pues el proceso por el que ha de pasar el sujeto doliente se restringe únicamente a los contornos de su propia psique, alejada no solo de otros sujetos sino también de la sociedad. Segundo, otro objeto de crítica ha sido la noción de la consolación, que se logra mediante el reemplazo del objeto perdido, pues se discute si corresponde o no a una manera justa y digna de conmemorar las pérdidas en una sociedad. Por último, la noción de que el proceso de duelo tiene fin concreto en el que el proceso se puede declarar como acabado. Esos tres aspectos —y en particular los que

---

[11] Lacan escribe: "What does the work of mourning consist in? We're left up in the air, which explains the surcease of all speculation along the path that Freud nevertheless opened up in 'Mourning and Melancholia'. The question hasn't been posed properly" (1977: 37). Cabe señalar que tanto Woodward como Lacan hacen estas declaraciones años o incluso décadas antes de la publicación de buena parte de las reflexiones teóricas sobre el duelo y la melancolía aquí tratadas. Sin embargo, ambos comentarios son relevantes ya que ponen de manifiesto la necesidad teórica de mirar más allá de la dicotomía original de Freud y, además, aportan cierta legitimidad a algunas de las críticas más contemporáneas hacia aquellas teorías que hoy en día, en el siglo XXI, siguen aferrándose a esa distinción original.

atañen al objetivo final y la cuestión de la "realizabilidad" del duelo— están íntimamente relacionados y han dado paso a lo que podemos entender como varias clases de estructuras o modelos de duelo.

Según la teoría de 1917, el resultado de la economía freudiana del duelo es reducible al momento de la transacción sustitutiva, que condiciona la realización exitosa del proceso de duelo a la consolación en forma de un objeto sucedáneo. En efecto lo que se postula es un proceso esencialmente egoísta, un procedimiento cuyo objetivo es volver a un estado anímico previo a la pérdida, un modo de liberarse del otro y aprender a vivir sin él. Este llamado "paradigma consolatorio" (Clewell 2009) ha sido criticado y tachado de conservador, exclusivista y conducente a la amnesia: en el mejor de los casos, la sustitución del objeto perdido se ve como reflejo de un mero retorno al *statu quo*, regido por unas reglas del mercado capitalista en el que el objeto original se ve como algo desechable; en el peor de los casos, el reemplazo se ha descrito como un acto de matar que condena al objeto perdido a una segunda muerte irreversible.

Las duras críticas hacia el modelo freudiano del duelo han dado paso a lo que se ha denominado la "despatologización de la melancolía", según la cual el proceso melancólico de aferrarse al objeto perdido ("a type of ethical hold on the part of the melancholic ego"), y así negar la consolación y la sustitución, se defiende y se teoriza como un proceso con un gran potencial político y creativo (Eng y Han 2003: 365). Esta despatologización y subsiguiente reivindicación de la melancolía, frente al duelo, surge a partir de críticas desde posiciones éticas y políticas y giran principalmente en torno a tres puntos: la ya mencionada noción de la consolación en el modelo original de Freud (el paradigma consolatorio), la existencia de un final concreto para el duelo y, por último, las implicaciones ético-políticas que estos dos factores pueden suponer.

A partir del llamado "giro ético" de Derrida en los años 80 y 90, sus escritos han sido fundamentales en la construcción de una reivindicación de la melancolía. Aunque Derrida no reivindica la melancolía *per se* y nunca niega la naturaleza patológica con la que Freud la describió[12], sí que defiende

---

[12] "La mélancolie accueillerait l'échec et la pathologie de ce deuil" (Derrida 2003: 74).

el fracaso melancólico desde una posición ética[13], tachando el proceso por el cual el sujeto ha de asimilar las ataduras y la figura del objeto dentro de sí, la introyección prescrita por Freud del "duelo normal", como conducente a la amnesia. La melancolía, según Derrida, ha de protestar contra el "duelo normal", resistir a la introyección idealizante: volver a la normalidad a través del duelo es llegar a la amnesia, cosa que en palabras de Derrida "nous permet d'*oublier* que garder l'autre au-dedans de soi, *comme soi*, c'est déjà l'oublier. L'oubli commence là" (2003: 74).

Según esta formulación, pues, el "duelo normal" negaría al otro y, por tanto, para evitar esa negación, el duelo habría de fracasar: "we can always go on speaking, about the 'successful' work of mourning —or, inversely, as if it were precisely the contrary, about a 'melancholia' that would signal the failure of such work. [...] here comes a work without force, a work that would have to work at renouncing force, its own force, a work that would have to work at failure, and thus at mourning" (Derrida 2001: 144). Así, distingue entre "duelo posible" y "duelo imposible"[14]. El primero lo asocia con el proceso de introyección en el que tanto el objeto perdido como las inversiones libidinales, toda atadura emocional o recuerdo vinculados a él son proyectados y extendidos en el yo; este proceso, sin embargo, acaba abandonando al otro y su alteridad[15]. El duelo, entonces, tiene que resistirse a su propio cumplimiento si queremos permanecer fiel al objeto perdido: "mourning is an unfaithful fidelity if it succeeds in interiorizing the other ideally in me, that is, in not respecting his or her finite exteriority". Para que el duelo sea un duelo fiel, ha de fracasar: "Faithful mourning of the other must fail *to succeed/by*

---

[13] En esto Derrida apela directamente a la ética: "Mais si *je dois* (c'est l'éthique même) porter l'autre en moi..." (2003: 74).

[14] Aquí conviene tener en cuenta la diferencia entre "la imposibilidad del duelo" de Derrida y el término acuñado por los Mitscherlich, "la incapacidad del duelo": "Whereas Derrida's 'impossible' (or 'resistant') mourning seeks to conceptualise a systematic ethico-political apparatus to deal with death and loss, 'inability to mourn' refers to the specific German incapacity to come to terms with the atrocities of World War Two" (Koulouris 2016: 67).

[15] Este es, según Derrida, el modelo freudiano tradicional: "Mémoire et intériorisation, c'est ainsi qu'on décrit souvent le 'travail du dueil' 'normal' depuis Freud. Il s'agirait d'un mouvement par lequel une idéalisation intériorisante prend en elle, sur elle, dévoire idéalement *et* quasi littéralement le corps et la voix de l'autre, son visage et sa personne" (1988: 54).

succeeding (it fails, precisely, if it succeeds! It fails because of success!)" (1992: 321). Por otro lado, el "duelo imposible", ese duelo que *a priori* pretende permanecer fiel a su objeto perdido, está asociado a la melancolía freudiana o el proceso de incorporación según el cual el objeto perdido es absorbido y alojado dentro del yo, efectivamente negando la pérdida original: "I pretend to keep the dead alive, intact, *safe (save) inside me*, but it is only in order to refuse" (Derrida 1986: xvi).

Para Derrida, el duelo por el otro supone un *impasse* para el sujeto doliente, una aporía que, ante la pérdida del otro, supone cometer una traición al otro: o miramos hacia dentro y nos aferramos a lo que las experiencias y la convivencia con el otro han significado para nosotros, negándole su alteridad, o preservamos al otro dentro de nosotros, negando en esencia su propia muerte y, por tanto, la realidad, que supondría otra clase de infidelidad. Pese a esas aporías que subyacen en todas las reflexiones del filósofo francés sobre el duelo, Derrida mantiene la importancia de preservar siempre la alteridad del otro, del objeto perdido: si el modelo del duelo freudiano giraba en torno a la recuperación de uno mismo ante la pérdida, las reflexiones de Derrida se esfuerzan en que no traicionemos al que hemos perdido. De modo parecido, la cuestión del proceso de duelo por la pérdida de un ser querido, y en concreto cómo permanecerle fiel tras la desaparición, ocuparía un lugar central en algunas de las obras del mismo Roland Barthes. Su última obra, *La cámara lúcida* (1980), es una meditación sobre la fotografía, aunque también se puede leer como una parte integral de esa labor de duelo personal que el semiólogo francés realiza por su madre, quien había fallecido tres años antes, en 1977. Los fotógrafos son, según Barthes, "agentes de la Muerte" (1989: 142) y las fotografías son *memento mori*, anunciantes de la catástrofe de la muerte del sujeto, "tanto si el sujeto ha muerto como si no, toda fotografía es siempre esta catástrofe" (1989: 147).

En sus reflexiones sobre la fotografía, aunque Barthes no se opone de manera explícita al modelo freudiano de duelo de 1917 como Derrida, sí que presenta una visión que contradice la noción del duelo como un proceso que culmina en la superación de la pérdida, una remisión de la aflicción. Para Barthes, el duelo y la pena no tienen necesariamente fin: "Suele decirse que, a través de su labor progresiva, el duelo va borrando lentamente el dolor; no podía, no puedo creerlo; pues, para mí, el Tiempo elimina la emoción de la pérdida (no lloro), nada más. [...] Yo podía vivir sin la Madre (todos lo hacemos, más o menos tarde); pero lo que me quedaba de vida sería descontado y hasta el final *incalificable* (sin cualidad)" (1989: 119). Para Barthes, el dolor inmanente del duelo puede ser interminable y es justo el dolor lo que nos une con el difunto: "Freud says that such mourning must eventually come to an end. But for Barthes, grief and mourning are interminable: the pain of bereavement must be experienced over and over again, so that we can never get over loss" (White 2015: 184). Barthes se niega a renunciar al dolor porque es precisamente este lo que lo une con su madre; renunciar a su dolor sería una manera de traicionarla: "Yo podría decir, igual que el Narrador proustiano a la muerte de su abuela: 'no me empeñaba solo en sufrir, sino también en respetar la originalidad de mi sufrimiento'; pues esa originalidad era el reflejo de lo que en ella había de absolutamente irreductible, y por ello mismo perdido de una vez para siempre" (Barthes 1989: 119).

Podemos entender, pues, lo que Barthes propone en *La cámara lúcida* como una postura que se encuentra a medio camino entre el duelo y la melancolía, que es incapaz de concebir un proceso con final concreto que consuela y promete la remisión del dolor (Woodward 1990). En su análisis de las estructuras de duelo de Freud, Derrida y Barthes, Richard White las distingue últimamente por las posiciones entre el sujeto doliente y el otro, el objeto perdido: "Freud's possible mourning ends with the destruction of the other, while Barthes' version of mourning implies the abandonment of the self". La posición de Derrida la ubica entre el yo y el otro: Derrida "recovers the self in order to honor the other and avoid some of the pitfalls of mourning". No obstante, pese a querer salvar al otro y permanecerle fiel, White afirma que la agonía que Derrida siente por la aporía del duelo, una especie de duelo por la posibilidad misma de llevar a cabo un duelo, no constituye, no obstante, un proceso efectivo de duelo (White 2015: 187).

Otras voces más críticas hacia el duelo freudiano según el modelo de 1917 han dado paso a lo que se ha llamado la "despatologización de la melancolía", según la cual la melancolía ha de reivindicarse como una forma más fiel y llena de potencial político para efectuar cambios y conmemorar las pérdidas. *Loss: A Politics of Mourning* (2003), editado por David Eng y David Kazanjian, es un conjunto de ensayos y constituye quizás el posicionamiento y la reivindicación más radicales y el manifiesto más patente desde el cambio del siglo a favor de una despatologización de la melancolía. Como el propio título del monográfico sugiere, proponen una política de duelo que supone un proceso de mediación de la relación entre la pérdida y la Historia, una relación que según ellos puede ser esperanzadora o desesperada (*hopeful or hopeless*), y cuyo enfoque es sobre "los restos" (el monográfico está dividido en tres partes, con cada una de ellas dedicada a una clase distinta de restos: restos corporales, restos espaciales, restos ideales) dejados por la Historia[16]. Según los autores, la atención a los restos "generates a politics of mourning that might be active rather than reactive, prescient rather than nostalgic, abundant rather than lacking, social rather than solipsistic, militant rather than reactionary" (Eng y Kazanjian 2003: 2). Inspirados en el materialismo histórico de Benjamin, Eng y Kazanjian tornan la mirada a la melancolía y su aferramiento al objeto perdido como el modo de preservar una relación que esté siempre abierta al pasado; para el duelo, en cambio, el pasado queda resuelto, acabado y muerto (Eng y Kazanjian 2003: 3-4). En la misma línea de las críticas de Derrida hacia un duelo carente de ética, que se satisface con abandonar al otro, la melancolía y su mantenimiento del objeto perdido —ese ser querido, ese lugar, ese ideal— supone una postura ética frente a aquella del sujeto doliente (*mourner*), quien —y aquí es sugerente la elección del sustantivo, es decir, la persona doliente, no el proceso en sí— "has no such ethics. The mourner is perfectly content with killing of the lost object, declaring it to be dead yet again with the domain of the psyche" (Eng y Han 2003: 365). El duelo nos vuelve cómplices en esa pérdida y nos convierte en los primeros promotores de su olvido.

Además de engendrar la amnesia, el duelo es señalado también por sus críticos por ser un proceso que está al servicio del *statu quo*, con la promesa de una consolación futura que marcará el fin del proceso doliente y significará un retorno a la normalidad. Esa normalidad supone un problema, ya que constituye un estado que es *a priori* inexistente para muchos. Escribien-

---

[16] El concepto de duelo presentado en el monográfico tiene un doble significado, evidenciado en el título de la introducción del mismo: "Mourning Remains". Por un lado, *remains* como sustantivo remite a los restos dejados que indicarían la pérdida por la que habría que elaborar un proceso de duelo; por otro, el enunciado "Mourning remains", en el que *remains* se entiende como verbo, sugiere que el duelo es el último paso para enfrentar la pérdida: *mourning (is what) remains*.

do sobre la comunidad gay, Douglas Crimp afirma que el duelo freudiano presenta un problema para este colectivo precisamente "because it promises a return to a normalcy that we were never granted in the first place" (Crimp 2002: 134). En la misma línea, el campo del poscolonialismo y los estudios subalternos han nacido a partir de una preocupación por la ética de la memoria de las comunidades subyugadas y marginalizadas de la Historia, para las cuales un retorno al *statu quo* hace del duelo un proceso reaccionario, y promueve una visión de la melancolía no como una "pathology or a self-absorbed mood that inhibits activism, but [...] a mechanism that helps us (re) construct identity and take our dead to the various battles we must wage in their names" (Muñoz, en Forter 2003: 37).

Según Clewell en *Mourning, Modernism, Postmodernism* (2009), el paradigma consolatorio refleja un entendimiento del pasado como algo necesariamente que hay que superar para asegurar el progreso. Según sugiere Clewell, las mismas reglas que rigen la superación de pérdidas, a través del reemplazo y el olvido final son comparables a las leyes del mercado, que operan conforme una lógica sustitutiva y metafórica en la que el pasado ha de ser considerado obsoleto y borrado para dar paso a algo nuevo: "consolatory paradigms express a bourgeois ideology: one that both reinforms a capitalist status quo and facilitates the forgetting of lost others and lost histories by insisting on closure" (2009: 3).

Memoria melancólica: una contradicción

En un artículo esclarecedor y crítico que resume estos posicionamientos a favor de la melancolía, Lucy Brisley reconoce que no es de extrañar que haya surgido un rechazo hacia el duelo a favor de una melancolía orientada a un posición ética y política, cosa que según ella está directamente relacionada "with the ethical turn towards the other and the concern for alterity and difference that characterized later poststructuralist thought" (2013: 64). En "Against Melancholia" (2011), Greg Forter loa los esfuerzos y la perspicacia de los críticos más radicales en su reivindicación de la melancolía, ya que estos, al insistir en las particularidades de las pérdidas de diferentes comunidades, nos recuerdan los peligros de universalizar las prácticas de un grupo en concreto y así anular las experiencias particulares de otro, cuya experiencia corre el riesgo de ser borrada al ser este un grupo marginalizado (Forter 2003: 138). A pesar de la sensibilidad y pulsión ético-políticas que motivaban las reivindicaciones de la melancolía, críticos como Forter y Brisley discrepan de la despatologización de la melancolía, aduciendo, primero, que esta posición hace oídos sordos a la naturaleza original de la melancolía descrita por Freud en su modelo de 1917; segundo, ignora por completo las reformulaciones hechas por el propio Freud en el modelo de 1923.

Las implicaciones problemáticas de la reclamación a favor de la melancolía —y en contra del duelo freudiano— radican en la caracterización que el propio Freud atribuye al estado melancólico: si uno se posiciona *en contra del* duelo y *a favor* de la melancolía a partir de los textos de Freud, uno ha de asumir necesariamente todo lo que implique esa melancolía freudiana. Según el texto original, en la melancolía el paciente "sabe *a quién* perdió, pero no *lo que* perdió en él. Esto nos llevaría a referir de algún modo la melancolía a una pérdida de objeto sustraído de la conciencia, a diferencia del duelo, en el cual no hay nada inconsciente en lo que atañe a la pérdida" (Freud 1992a: 243)[17]. Forter explica que muchos críticos contemporáneos obvian, ignoran o se olvidan de esa naturaleza inconsciente propia de la melancolía que provoca una distorsión inconsciente del objeto perdido: la melancolía se trataría entonces no de un acto de recordar, sino de una suerte de olvido inconsciente (Forter 2011: 11). Para combatir las fuerzas responsables de nuestra pérdida (el racismo, la homofobia, etc.), será necesario poder articular de qué se nos ha privado, qué es lo que hemos perdido (Forter 2003: 139). Brisley, por otro lado, afirma que hablar de una melancolía al servicio del trabajo de memoria —hablar de una memoria melancólica— es un tanto contradictorio (2013: 65).

Además, la celebración del estado melancólico conlleva ciertos problemas éticos e ignora "los afectos" propios de la melancolía: la agresión, connotaciones de autodestrucción, etc. En su *Mourning Modernity* (2007), Seth Moglen aborda este mismo problema, alegando que celebrar los procesos de dolor de aquellos grupos más vulnerables y marginalizados de la sociedad es ignorar los aspectos autodestructivos de la melancolía: "their formulations

---

[17] La cursiva es mía.

sometimes imply that melancholia enables the bereaved to express anger at those who have harmed them, when it is precisely a mode of grieving that displaces anger onto the self and away from its actual objects" (2007: 239).

Brisley lleva su análisis un paso más allá y defiende, apoyándose en el trabajo de Judith Butler y Greg Forter sobre las ideas expuestas en *El yo y el ello*, que la melancolía, según Freud, no solo constituye un paso integral en la formación de la subjetividad, sino también en la formación de la heterosexualidad y por tanto puede ser vista como una función al servicio de la constitución de relaciones heteronormativas. Recordemos lo que nos dice Freud que ocurre tras la pérdida de la figura del padre: "la niña pequeña, después de que se vio obligada a renunciar al padre como objeto de amor, retoma y [...] se identifica no con la madre, sino con el padre, esto es, con el objeto perdido" (1992c: 34); la constitución de la subjetividad de la niña nace, pues, de ese aferramiento al objeto perdido. Dicho de otro modo, la melancolía tal y como la define Freud puede ser entendida como una fuerza que forma la base de la identidad heteronormativa, que no hace más que preservar el *statu quo*, la misma acusación con la que se había descartado y tachado el duelo freudiano y que había generado el giro hacia la melancolía (Brisley 2013: 67-68).

Brisley afirma que el análisis de Butler según el cual la melancolía freudiana sirve para explicar la constitución del sujeto heterosexual demuestra que las connotaciones conservadoras atribuidas al duelo no pueden ser simplemente revertidas con una inversión del binomio freudiano: duelo no, melancolía sí (Brisley 2013: 68). Estas críticas, ahora dirigidas a la melancolía, constituyen el siguiente paso en una dialéctica que propulsa hacia delante las teorías sobre el duelo y la melancolía y nos animan a mirar más allá de la dicotomía freudiana original.

Más allá del duelo y de la melancolía

Según Nouri Gana, estamos ante un *impasse* teórico entre el duelo terapéutico de Freud y la demanda ética de un duelo imposible o interminable (2011: 9-10). Se podría argüir que a las teorías posfreudianas sobre el duelo y la melancolía les ha costado llegar a la misma conclusión a la que Freud llegaría en 1923: que el duelo y la melancolía no constituyen dos polos opuestos, dos maneras de lidiar con la pérdida, sino partes de un mismo proceso. En efecto, son muchos los críticos que nos animan a concebir el duelo y la melancolía no como una oposición binaria, sino como "two psychological tendencies on a continuum of grieving", cada una con sus ramificaciones psicológicas y, al nivel colectivo, importantes implicaciones políticas: dos tendencias que existen en tensión la una con la otra (Moglen 2007: xvi). No obstante, los debates surgidos a partir de los años 90 han aportado observaciones valiosas sobre la carencia teórica en el duelo freudiano —como el factor sociopolítico de un potencial proceso de duelo o la duración y la culminación del mismo—, sobre todo cuando se trata de un duelo colectivo que ha de llevarse a cabo en un presente postraumático.

Dominick LaCapra promueve una visión no binaria del duelo y la melancolía: distingue entre *working through* (elaboración) y *acting out* (pasaje al acto). LaCapra aplica estos términos a sociedades en situaciones postraumáticas: si bien es cierto que los términos acuñados por Freud —duelo y melancolía— se reservaban en la práctica al ámbito de la clínica y no más allá del individuo, Freud "pensó que podían aplicarse a procesos colectivos únicamente por analogía" y que "una de sus preocupantes recurrentes es cómo extenderlo a sujetos colectivos" (2008: 59). Pese a las reservas que pudiera tener Freud, LaCapra sostiene que "los conceptos fundamentales del psicoanálisis (como transferencia, resistencia, negación, represión, pasaje al acto y elaboración) atraviesan la oposición binaria entre individuo y sociedad, y su aplicación a fenómenos individuales o colectivos es cuestión de acumular argumentos y de investigación" (2008: 59). Para LaCapra, estos términos aplicados a un colectivo corresponden en líneas generales a los términos freudianos: "conceptos más amplios, sin restringirse a la melancolía y al duelo, son el pasaje al acto y la elaboración: la melancolía como un modo de pasaje al acto y duelo como una manera fundamental de la elaboración" (2008: 61). Del mismo modo que Freud sugería en el modelo de 1923 que la melancolía podría constituir un primer paso necesario al duelo efectivo, LaCapra arguye que el pasaje al acto podría ser un requerimiento antes de la posible elaboración del duelo, sobre todo en casos de trauma.

En *Mourning Modernity: Literary Modernism and the Injuries of American Capitalism* (2007), Seth Moglen aporta unas observaciones valiosas sobre el duelo y la melancolía que aseguran la preservación de un contenido sociopolítico que tanto preocupaba a los que defendían la melancolía como aseguradora de ese potencial político o a otros cuyas críticas al modelo de Freud de 1917 estaban centradas precisamente en la omisión de cualquier aspecto social. Para muchos, ese componente social del concepto freudiano del duelo no solo estaba ausente en esa infidelidad —según Derrida— o ese acto de matar —según Eng y Han— al objeto perdido, sino también porque el modelo freudiano desvinculaba al sujeto doliente de un entorno social en el que existen otros sujetos y fuerzas sociales; no se contempla ni en el modelo de 1917 ni tampoco en el de 1923 los aspectos públicos y rituales del duelo que volverían a ubicar al sujeto doliente y su dolor dentro de los marcos sociales de una comunidad (White 2015: 187). Es decir que el duelo freudiano no toma en consideración las relaciones sociales más allá de la que se rompe en la pérdida original ni tampoco las posibles consecuencias en la sociedad a la que pertenece el sujeto doliente. El psicoanalista Darian Leader afirma que por muy privado que sea un proceso de duelo particular, siempre necesita al *otro* para su correcta elaboración:

> Freud veía el duelo como un trabajo individual; sin embargo, toda sociedad humana documentada le da un lugar central a los rituales públicos del duelo. La pérdida es insertada en la comunidad a través de un sistema de ritos, costumbres y códigos, que van desde los cambios en la vestimenta y los hábitos de comer hasta las ceremonias conmemorativas altamente estilizadas. Estas involucran no solo al individuo afligido y a su familia inmediata, también lo hacen sobre el grupo social más amplio. […] El duelo, argumentaré, requiere de otras personas (2011: 15).

Esa falta de consideración de lo social en los paradigmas psicoanalíticos del duelo la localiza Leader también en los teóricos que siguieron a Freud, como Abraham y Török o Klein (Auestad 2017: xvii), y, pese al hecho de que Freud contemplaba desde sus inicios la pérdida de un ideal o un objeto más abstracto dentro de ese proceso de elaboración —es decir, más allá del entorno familiar—, la aplicación del duelo que solo se restringe a la pérdida de un ser querido cercano ha sido una de las limitaciones más grandes por parte del discurso del psicoanálisis sobre el duelo (Woodward 1990: 102). Son justamente esas mismas preocupaciones las que llevaron a Seth Moglen a construir una concepción que no obviara lo social en el duelo: el modelo freudiano de la pérdida del objeto se limitaba al ámbito privado e individual y por eso no tiene en cuenta "the complex challenges of mourning collective injuries produced by historically particular social phenomena" (2007: 11). Según Moglen, el modelo diádico freudiano —es decir, aplicable a la díada del sujeto y su objeto perdido— es sumamente insuficiente para entender las pérdidas colectivas provocadas por unas condiciones históricas en particular (2007: 15).

Ante la estructura original de Freud, Moglen propone lo que llama "el modelo triádico", introduciendo un tercer factor en la ecuación que serviría para entender las circunstancias de un colectivo en particular tras sufrir una pérdida o una dinámica social que asegura la continua privación de esa pérdida: "In cases of socially induced loss, we need to consider three terms: the subject (which may be an individual or a group), the object (which will generally require a complex definition: an ideal, a social or cultural formation, and so on), and the *social forces* that have destroyed that object or made it unavailable" (2007: 15). La identificación de las fuerzas sociales responsables de provocar esa pérdida no solo reintroduce lo sociopolítico en el modo de afrontar las pérdidas, sino también permite —en el caso de que aquellas fuerzas puedan ser identificadas— diversos sentimientos (ira, hostilidad, etc.) hacia esas fuerzas sociales, las cuales, sin duda, pueden llevar a unas respuestas productivas. LaCapra también aborda la importancia de poder reconocer e identificar las causas sociales de una pérdida para una elaboración de la misma. Mientras el pasaje al acto se caracteriza por la compulsión de repetir el acto traumático, de vivir en el presente como si fuera el pasado, la del duelo o la elaboración de la pérdida se describe como un acto de performatividad, siempre y cuando uno es capaz de ubicar esas causas en el pasado desde el presente. LaCapra escribe que esta elaboración es "una relación con el pasado que entraña reconocer su diferencia con el presente, recordándolo y abandonándolo u olvidándolo activamente a la vez, y dando lugar así al juicio crítico y a una vida reinvestida, especialmente la vida social y cívica" (LaCapra 2001: 90).

Moglen aborda también la noción de la consolación y un final concreto del duelo en su modelo triádico, empezando por una distinción relacionada con la temporalidad de las posibles pérdidas. Ante una pérdida puntual sufrida por una sociedad —un desastre natural, por ejemplo—, aunque las víctimas y las réplicas pueden ser graves, las causas son identificables y la duración del duelo y la elaboración de esas pérdidas son más fácilmente delimitables. En cambio, las pérdidas socialmente inducidas pueden dar paso a una temporalidad infinita en la que las mismas condiciones sociales que produjeron la pérdida original pueden seguir privando al sujeto colectivo de ese mismo objeto: "they grieve for things that continue to existe in truncated form (their own creativity, familial bonds, and so on)— or that might exist if those ongoing social pressure were diminished" (Moglen 2007: 18).

La naturaleza misma de la pérdida y su carácter traumático varían entre estas dos clases de pérdidas. El trauma intrínseco a la pérdida de un objeto querido, según Freud, se debe a la naturaleza repentina de dicha pérdida. Pero en el caso de una pérdida producida por fuerzas sociales —como por ejemplo, el Holocausto, la modernización capitalista, la esclavitud o el racismo—, Moglen explica que no podemos entender sus efectos, que se prolongan en el tiempo e incluso a través de generaciones, como golpes traumáticos repentinos. En este caso, una comunidad sufre las pérdidas y privaciones a manos de unas condiciones sociales cuando es incapaz de identificarlas y explicarlas. La labor del duelo, en este caso, implicaría no solo el entendimiento de qué es lo que se ha perdido, sino también la elaboración de una narrativa social que identificara y explicara las causas, de modo que estas se instalasen de forma permanente en el imaginario colectivo (2007: 19-20).

El modelo triádico también nos anima a abandonar las nociones de "sustitución" y "reemplazo" y sitúa el final del proceso de duelo en la capacidad de experimentar nuevas relaciones interpersonales, abiertas a diferencias y a cambios. De nuevo, gracias al componente social de Moglen, este final solo se plantea como algo alcanzable en el caso de que el sujeto doliente sea capaz de nombrar aquellas estructuras sociales que no solo provocaron la pérdida, sino aquellas que también la han sostenido en el tiempo: "Only through some form of social or political consciousness is the anger that accompanies such injuries able to find its proper objects -and only in this way, is the process of grieving free to proceed". Así, este modelo de "duelo social", cuyo final descansa enteramente en la capacidad de establecer y sostener lazos sociales, está inextricablemente atado al compromiso social; si el sujeto es solo capaz de imaginar la recuperación del objeto perdido, sin mirar más allá, el proceso de duelo se obstruye (Moglen 2007: 23-24). Así, Moglen vincula este "duelo social" con la esperanza política y lo opone a la "melancolía social", que sería la incapacidad de mirar más allá de la replicación del objeto perdido y las condiciones del momento de la pérdida, sin extender las energías libidinales en el presente, y estaría asociada a la desesperación o el escepticismo políticos: "While some kind of social consciousness is a necessary *condition* for such mourning [...] political hope is an embodiment and result of the process, its gift" (Moglen 2007: 24).

Para Moglen, cuando evoca la visión de Derrida sobre el duelo, la esperanza política como resultado del proceso de un duelo social implica necesariamente una mirada hacia el futuro. Si en su reflexión sobre esa "dialéctica del duelo" Richard White identificaba el modelo freudiano como un proceso cuya mirada está puesta en el presente —"For Freud, mourning is all about relinquishing the past and coming to terms with the reality of the *present*. [...] all time is present at once, because every past trauma and every wish concerning the future is at work in the present"— y el duelo de Barthes ponía su énfasis en el pasado —"his grief and his preoccupation with photographs are about recapturing the past or hanging on to it so that it does not slip away"—, White describe la visión derridiana del duelo como una mirada puesta en el futuro: "Derrida gives us a version of mourning which is directed towards *future* possibilities. Not recovering the past or remaining firmly in the present, but [...] opening up the relationship with the departed towards future possibilities, and possibly a new life" (White 2015: 187). Pese a identificar los tres enfoques diferenciados de cada uno de los modelos —el de Freud, Barthes y Derrida—, White asegura que los tres fallan a la hora de articular con más precisión la relación entre uno mismo y el otro, que sería propia de un duelo auténtico: aunque Derrida y Barthes nos advierten de que no podemos simplemente abandonar al otro, el duelo ha de implicar una especie de reapropiación de uno mismo —no una restauración del yo, según Freud—, pero sí un reajuste en cómo entendemos nuestra subjetividad tras la pérdida del otro (2015: 186). Aunque Derrida tal vez no describe de manera explícita la naturaleza entre ese yo reapropiado y la responsabilidad hacia el otro ya perdido, la socióloga Joan Kirkby entiende el modelo derridiano como orientado hacia el futuro, que supone una posición con potenciales consecuencias en el mundo real:

[...] it allows agency to the mourner in the possibility of an ongoing creative encounter with the Other in an externalising, productive, future-oriented memory; it emphasises the importance of acting out the entrustred responsability, which is their legacy to us; it upholds the idea of community and reminds us of our interconnectedness with our dead. And in a sort of irrelgious religiosity, it enables us to conceive of a bond greater than ourselves, "far away" within us (2006: 470).

Si tenemos en cuenta un componente social que vaya más allá de una sola persona fallecida y que reubique la pérdida dentro de un marco social más amplio, podemos acercarnos a las posibles implicaciones de esa relación que surge del duelo.

Las reflexiones de Judith Butler sobre el proceso de duelo y sus implicaciones tanto para el sujeto doliente como para el colectivo social se asemejan bastante a las de Derrida, aunque sí son más explícitas a la hora de contemplar posibles consecuencias tanto en el presente como en el futuro, que están necesariamente inscritas dentro de un entorno social y que atañen de forma intrínseca a lo sociopolítico[18]. Asimismo, ambas concepciones sobre el duelo empiezan con esa reevaluación del sujeto —cómo soy y cómo estoy tras la pérdida— y nuestra consecuente responsabilidad hacia el otro, y ambas conciernen a las posibles consecuencias futuras a través de una comunidad fundamentada en la interconectividad. Butler escribe que "quizás el duelo tenga que ver con aceptar sufrir un cambio (tal vez debiera decirse *someterse* a un cambio) cuyo resultado no puede conocerse de antemano. Sabemos que hay una pérdida, pero también hay un efecto de transformación de la pérdida" (2006: 47). Esa transformación tiene que ver con la comprensión de nuestra propia vulnerabilidad corporal, de la inevitable condición de sufrir pérdidas,

---

[18] Esto se deberá seguramente a la urgencia histórica del momento en el que se publican esas reflexiones en su libro *Vida precaria*, el de los inicios de la Segunda Guerra de Irak, donde la supuesta urgencia de una guerra unilateral en pleno duelo colectivo estadounidense por las víctimas de los atentados del 11 de septiembre parecía implicar que las futuras muertes posibles de inocentes en Iraq valían menos que las que se perdieron esa mañana de septiembre: "La vida se cuida y se mantiene diferencialmente, y existen formas radicalmente diferentes de distribución de la vulnerabilidad física del hombre a lo largo del planeta. Ciertas vidas están altamente protegidas, y el atentado contra su santidad basta para movilizar las fuerzas de la guerra. Otras vidas no gozan de un apoyo tan inmediato y furioso, y no se calificarán incluso como vidas que 'valgan la pena'" (Butler 2006: 58).

pero también de sufrir violencia contra nosotros mismos. Esa noción de vulnerabilidad corporal puede hacer que nos identifiquemos y nos impliquemos en las pérdidas de los demás: "La pérdida nos reúne a todos en un tenue 'nosotros'. Y si hemos perdido, se deduce entonces que algo tuvimos, que algo amamos y deseamos, que luchamos por encontrar las condiciones de nuestro deseo" (2006: 46).

Si bien es cierto que en *Vida precaria* Butler reconoce la importancia de la recuperación del cuerpo individual en la lucha por y para la reivindicación de derechos individuales (derechos de la comunidad LGTB, derechos de la mujer...), la propia autora afirma que, mientras este lenguaje es útil dentro del marco democrático-liberal, "no les hace justicia a la pasión, a la pena y a la ira —a todo aquello que nos arranca de nosotros mismos, nos liga a otros, nos transporta, nos desintegra, nos involucra en vidas que no son las nuestras, irreversiblemente, si es que no fatalmente" (2006: 51). Aunque llegamos a reclamar nuestros cuerpos —y esto está bien y es necesario—, esto no es, para Butler, una presuposición, sino un logro que, además, no viene asegurado. Si recordamos y entendemos nuestro estado original como dependiente de otros, nuestro vínculo con los demás y cómo existimos por y para los demás, podemos entender la violencia como "la explotación de ese lazo original, de esa forma original por la que existimos, como cuerpo, fuera de nosotros y para otros" (2006: 54). Para Butler, "no podemos representarnos como simples seres individuales, porque los otros que originalmente pasaron por mí no solo quedaron asimilados al límite que me contiene [...] sino que también rondan el modo en el que periódicamente, por así decirlo, me desintegro y me abro a un devenir ilimitado" (2006: 54).

El duelo, por tanto, entendido como un modo de redefinir nuestros lazos sociales con el otro —con el que también pierde—, nos puede ofrecer una perspectiva "desde la cual se pued[e] empezar a pensar la situación global", (2006: 54); aunque el duelo no es para Butler "la meta de la política" *per se*, sí que supone una condición necesaria para "oponernos a la violencia" y "elaborar en forma compleja el sentido de una comunidad política" (2006: 21; 49). Así, tanto el entendimiento del duelo de Butler como el de Derrida nos apuntan hacia un Otro que vaya más allá de los límites inmediatos de nuestra experiencia personal y tiene la potencialidad de cambiar nuestra visión de cómo entendemos la violencia y la pérdida en abstracto sufridas por otros.

1.2. El duelo y la literatura

La relación entre el duelo y la literatura cuenta con una larga tradición que se remonta a siglos atrás, bien sea mediante el duelo como tema —siendo *Antígona* de Sófocles o *Hamlet* de Shakespeare los ejemplos por excelencia— o la literatura como medio de expresión de ese duelo —de lo que la tradición de la elegía sería el mejor ejemplo—. Aunque Freud contemplaba sobre todo reemplazos humanos como sustitutos en su modelo consolatorio, en el ámbito de la literatura, la visión consolatoria del duelo se ha aplicado al producto literario como objeto sucedáneo que reemplaza lo perdido, como en el caso del poema elegíaco: "from Spenser to Yeats basically reflects a Freudian economy, where consoling substitution becomes the central aim" (Clewell 2004: 48). La elegía refleja habitualmente las principales fases del duelo consolatorio: negación, sustitución y consolación. Para el poeta, la elegía sirve para superar la negación de la pérdida del objeto querido, pues sirve al poeta para encontrar su creatividad y usa el lenguaje como compensación. Clewell cita el trabajo del poeta sudafricano Peter Sacks sobre el poema "On My First Son" de Ben Jonson, escrito tras la muerte de su hijo, llamado Benjamin como él, en el que la voz del hijo explica que, tras su muerte, se ha unido con el "mejor poema" de su padre: el poema en sí es un texto que trasciende y reemplaza el objeto original (el hijo). En palabras de Sacks, el objeto perdido "is thus eventually transformed into something very much like a consolation prize —a prize that becomes the prize and sign of poethood" (Sacks en Clewell 2004: 50).

Según la lectura de Clewell, "The elegy consoles, then, because the poet has accepted his surviving and masterful use of language as an adequate compensation for the loss [...] by accepting an arbitrary linguistic totality —the poem itself— as a consoling substitute [...] the elegist redirects emotional ties from the other to a literary object that in some sense replaces and transcends the one it mourns" (2004: 50). En otras palabras, Sacks propone una visión del proceso creativo y su producto final como un ejercicio terapéutico que consuela al artista, llevando al doliente por un proceso sanador de duelo, con el fin de superar la pérdida original. Aunque el proceso creativo puede constituir un modo de expresión personal, Clewell nos advierte de que entender el producto literario como objeto sustitutivo despierta ciertas sospechas éticas e incluso políticas, ya que esta visión entiende la singularidad única del ser querido difunto como algo reemplazable, y recuerda la fidelidad al otro de Derrida. Esta advertencia es especialmente pertinente en el caso que aquí nos concierne, ya que las pérdidas que tratamos son colectivas (víctimas de la guerra, víctimas de represión, etc.) y abstractas (no solo muertos, también pérdida de tierras, de derechos y libertades, de ideales) y porque los autores en cuestión no vivieron las épocas sobre las que escriben y por tanto las pérdidas que reconocen y buscan tratar a través de su obra son pérdidas heredadas. Sam Durrant aborda esta problemática en *Postcolonial Narrative and the Work of Mourning* (2004), donde plantea algunas preguntas fundamentales sobre el papel de la literatura en el duelo: primero, ¿deben los novelistas poscoloniales (o novelistas de la generación de la posmemoria), que se encuentran alejados temporalmente del momento de la tragedia, seguir el ejemplo del psicoanalista y buscar catalizar a través de su obra un proceso de duelo que lleve a la superación por medio del reemplazo? Y segundo, ¿pueden los novelistas ofrecer un modo de cerrar el pasado y sanar al sujeto doliente que es, en este caso, una colectividad?

A las preguntas planteadas por Durrant sobre el papel de la literatura y el duelo podemos responder que el deber de la literatura no es el mismo que el del psicólogo o el psicoanalista: adhiriéndonos a la advertencia de Clewell, no entendemos la literatura como una fuerza que pueda (o deba) ofrecerse como sustituto de las pérdidas del pasado, ya que esto implicaría la superación total de la pérdida y la negación de la identificación original con todo aquello que se perdió. Hemos de buscar, entonces, un modo de inscribir la literatura dentro de una narrativa de duelo que no pretenda consolar o curar.

Respecto a una literatura de duelo, Clewell propone en este sentido una nueva visión del proceso de duelo que dista mucho del primero de Freud (paradigma consolatorio). La propuesta entiende la literatura como partícipe de un proceso de duelo que rechaza toda forma simbólica de consolación, y especialmente aquellas fórmulas religiosas, filosóficas y culturales que siempre han prometido la liberación de la aflicción y del duelo: "the conception of death as the great social leveler, the religious doctrine of the soul's immortality, the idea of nature as a cycle of decline and rebirth, and, perhaps most significantly, *the notion of literature as an aestheticization of loss*"[19] (2009: 3). Según esta visión que Clewell llama "ongoing mourning", la labor del duelo deja de ser un proceso fijo con el fin de romper con las ataduras del sujeto con su objeto para superar su pérdida y deviene un proceso que pretende sostener la pérdida.

En su artículo sobre la aplicación de las teorías sobre el afecto al ámbito de los estudios hispánicos, Jo Labanyi nos anima a considerar los textos culturales como prácticas, como "cosas que hacen cosas"; es decir, un texto que nos comunica algo en concreto, algo capaz de tocarnos, de herirnos, de afectarnos. Labanyi propone una mirada de los textos culturales no —o no solo— mediante un análisis de la representación sino de los textos como ejemplos de cultura expresiva. Meera Atkinson y Michael Richardson, en el libro *Traumatic Affect*, que une los campos de estudio sobre el trauma y el afecto, plantean la siguiente pregunta: si bien el trauma en una sociedad se puede ignorar o justificar, ¿qué se puede hacer con el afecto, entendido como una reacción generada por el trauma o algo que genera el trauma en sí mismo? ¿Cómo hemos de inscribir el sufrimiento ajeno del pasado, que nos interpela, nos "dice algo", dentro de un discurso más amplio de tragedia y sufrimiento? ¿Somos capaces hoy en día de ser afectados[20] por una tragedia

---

[19] La letra cursiva es mía. El rechazo hacia el duelo y a favor de la melancolía se debe en parte a esta consolación estética, religiosa, etc.: "much of the hostility to mourning among current literary critics also stems form the largely unwarranted association of the Freudian model of mourning with the long tradition of elegy in Western literature, which has urged the bereaved to accept religious and aesthetic consolation from their world deprivations" (Moglen 2007: 242).

[20] Aquí entiendo el participio *afectados* como una respuesta que pone de manifiesto una concienciación de aquellas cosas del pasado. Labanyi matiza las diferencias entre los sentimientos y el afecto y aborda la posible problemática sobre el empleo de estos términos en castellano: los sentimientos (*emotions*), son por definición resultados de una decisión consciente, muchas veces relacionadas con un juicio moral (amor, odio, etc.). El afecto se refiere más bien a la respuesta de un estímulo exógeno que ocurre a un nivel precognitivo y prelingüístico antes de que la conciencia pueda procesarlo (2010: 224). En inglés, Labanyi distingue entre *emotion* y *feeling*, por un lado, y *affect* por otro. En castellano, "afecto" sería equivalente a "sentimiento". En la presente sección usaré *sentimiento* para referirnos a lo que en inglés es *emotion*, y *afecto* para referirnos al término del inglés *affect*. Sobre la distinción entre estos dos

que sabemos que "está allí", pese a la distancia temporal? ¿Y, a su vez, de afectar al otro en nuestra propia condición de afectados?

Las teorías del afecto, aunque diversas y variadas, se remontan al concepto del *cuerpo* manejado por Deleuze en sus escritos sobre Spinoza: "un cuerpo afecta otros cuerpos distintos o es afectado por ellos; este poder de afectar o de ser afectado define también un cuerpo en su individualidad" (2004: 150). En la introducción a *The Affect Theory Reader*, Melissa Gregg y Greg Seigworth definen el afecto de manera especialmente elocuente: "Affect is in many ways synonymous with *force* or *forces of encounter*. [...] In fact, it is quite likely that affect more often transpires within and across the subtlest of shuttling intensities: all the miniscule and molecular events of the unnoticed. The ordinary and its extra-. Affect is born in *in-between-ess* and resides as accumulative *beside-ness*" (2010: 2). Por otra parte, Ignacio Fernández de Mata subraya "la importancia del afecto en el contexto de recordar" en la medida en que "va más allá de la mera implicación de ciertos estados emocionales apropiados. El afecto le confiere significado a nuestras experiencias, es determinante a la hora de hacerlas recordables o dignas de mentar" (2016: 38).

Del mismo modo que Labanyi nos insta a considerar los textos como prácticas, podemos entenderlos en términos deleuzianos como cuerpos capaces de afectar. En este caso, podemos entender el afecto como algo que va más allá de la empatía o la identificación, como una "unconditional and response-able openness to be affected by others — to be shaped by the contact with others" (Athanasiou y otros 2008: 6). Esta interrelación llevada a la obra literaria, concebida como *práctica cultural*, la convierte en un escenario propicio para los afectos; un espacio en el que tanto las relaciones entre personajes (la temática) como la relación entre el texto y el lector (mediante la poética) se construyen sobre esta interconexión y esta capacidad de afectar el uno al otro. La *práctica narrativa* entonces es considerada un acto privilegiado, capaz de trascender las barreras físicas y temporales al yuxtaponer a través de sus páginas contextos y tiempos que, de otro modo, no podrían coexistir: no solo nos permite resaltar las conexiones y asociaciones existentes sino también generarlas (Athanasiou y otros 2008: 7). Concibo, por tanto,

---

términos en inglés, véase el trabajo de Brian Massumi, *Parables for the Virtual: Movement, Affect, Sensation* (2002, y, en particular, el primer capítulo).

las narrativas postraumáticas de duelo persistente como la práctica *afectiva* de responder —es decir, en respuesta a nuestra capacidad de ser afectados— a los traumas y las pérdidas del pasado desde el presente postraumático, mediante la narración.

Las narrativas aquí tratadas son postraumáticas en la medida en que sus autores forman parte de una generación posterior a la que vivió en directo los acontecimientos traumáticos, de una segunda o tercera generación. Cabe señalar que mucho se ha escrito sobre los efectos y las consecuencias en los hijos de los supervivientes del Holocausto —la segunda generación o los llamados 2G (Bukiet 2002)—, entre los cuales se han identificado síntomas de un trauma desplazado mediante la transferencia intergeneracional no solo de testimonios de sus experiencias (Codde 2011: 674), sino también por medio de la transferencia de dolor no procesado, enfado o agresión a través de ciertos modos de relación de una generación con sus hijos (Kansteiner 2004: 105). Si bien se puede decir que la segunda generación sufre una especie de trauma por el Holocausto —no por la hecatombe en sí, pero sí por sus secuelas en unos padres directamente traumatizados—, los miembros que integran la tercera generación no viven ese trauma de modo igual: la transferencia traumática a la tercera generación no es probable, ya que esta opera mediante unos mecanismos que no están necesariamente presentes en estas relaciones (el compartir testimonios directos o la herencia de silencios inquietantes, etc.). Sin embargo, muchos de los críticos afirman que si analizamos la obra de escritores judíos de tercera generación, podemos observar que comparten muchas veces las mismas inquietudes y preocupaciones que las de segunda generación (Codde 2011: 675).

En el caso de las obras recogidas en cuestión, estas proceden de autores de ambas generaciones, pertenecientes a una misma cohorte que reúne a las dos bajo el calificativo de *postraumática*. Aquí, el término *postraumática* no se refiere a una traumatización heredada *per se*, sino a un tiempo posterior al momento traumático, más propio de lo que Jeffrey Alexander denomina "trauma cultural"; es decir, algunos forman parte de la segunda generación —hijos de la generación que vivió y sufrió las épocas violentas en cuestión en cada contexto— y la tercera —nietos de los que las vivirían directamente—. Sostengo, sin embargo, que aunque ciertos factores particulares e individuales pueden situar a los diferentes autores más o menos cerca de dichos acontecimientos, como puede ser, por ejemplo, el caso de un familiar de un miembro de un ejército o víctima directa de represión, etc., podemos identificar las mismas características independientemente de la generación a la que pertenecen sus autores. Asimismo, dadas las acotaciones temporales dentro de las que se publican las obras del corpus, los lectores se situarían dentro del mismo contexto postraumático.

Dentro de los llamados estudios sobre el trauma, la literatura es considerada un medio de expresión privilegiado. Cathy Caruth define trauma de la siguiente manera: "an overwhelming experience of sudden or catastrophic events in which the response to the event occurs in the often delayed, uncontrolled repetitive appearance of hallucinations and other intrusive phenomena" (1996: 11). Basándose en en el trabajo de Freud sobre las experiencias de veteranos de la Primera Guerra Mundial (las nociones de *Nachträglichkeit* —el *après-coup*— y la compulsión de repetición), Caruth nos recuerda que el trauma —proveniente del griego τραῦμα (herida)— supone un síntoma atrasado de un acontecimiento que no se pudo explicar, asimilar o incluso experimentar en el momento; el trauma no es meramente una enfermedad o una aflicción, sino "always a *story* of a wound that cries out, that addresses us in the attempt to tell us of a reality or truth that is not otherwise available" (1996: 5)[21]. Como ejemplo de cómo el trauma es "la historia de una herida", Caruth recurre al poema épico de Tasso, *Gerusalemme liberata*, también citado por Freud en "Más allá del principio del placer" (1920), en el que

> [...] el héroe, Tancredo, dio muerte sin saberlo a su amada Clorinda cuando ella lo desafió revestida con la armadura de un caballero enemigo. Ya sepultada, Tancredo se interna en un ominoso bosque encantado, que aterroriza al ejército de los cruzados. Ahí hiende un alto árbol con su espada, pero de la herida del árbol mana sangre, y la voz de Clorinda, cuya alma estaba aprisionada en él, le reprocha que haya vuelto a herir a la amada (Freud 1992b: 22).

El trauma en la historia de Tancredo no se limita solo a la repetición inconsciente (el segundo asesinato de su amada), sino también a la historia de aquella herida (la voz que emana del árbol). Sobre ese lugar privilegiado de

---

[21] La cursiva es mía.

la literatura y el trauma, Caruth escribe que la literatura "is interested in the complex relation between knowing and not knowing. And it is at the specific point at which knowing and not knowing intersect that the language of literature and the psychoanalytic theory of trauma meet" (1996: 3).

Si extrapolamos esta idea de que el nexo entre la teoría psicoanalítica sobre el trauma y la literatura está localizado entre el saber y el no saber al concepto de la Historia, la Historia del trauma sería entonces la de aquello que no se puede percibir o asimilar en el momento de su acontecimiento: "a history can be grasped only in the very inaccessibility of its ocurrence" (Caruth 1996: 18). El acontecimiento traumático constituye "una ruptura de la barrera entre yo y otro, no solo porque uno lleva inconscientemente las huellas de una historia anterior, sino también porque estas huellas solo son inteligibles a través de otros" (Martín-Cabrera 2016: 154). Según Caruth, el hecho de que la Historia sea traumática significa que los acontecimientos solo pueden ser históricos en la medida en que implican a otros (1996: 18).

Esta noción de que toda Historia es la Historia del trauma ha sido cuestionada y descrita como "una ontologización del trauma"[22], una generalización que Dominick LaCapra denomina "una cultura de la herida" (*wound culture*): esto es, la idea de que todo el mundo es víctima de la Historia y, por tanto, un superviviente (2005: 97). Para evitar los posibles problemas derivados de semejante aseveración, Dominick LaCapra nos insta a distinguir entre "trauma estructural" (*structural trauma*) y "trauma histórico" (*historical trauma*). Según esta distinción, toda sociedad sufre trauma estructural y este está relacionado con una ausencia esencial en el origen mismo de una sociedad (el pecado original, separación de la madre, etc.). El trauma histórico, por otro lado, es específico y se refiere a un acontecimiento en concreto. En este caso, no todos están sujetos a los efectos del trauma y las nociones de quién es víctima se restringirían, por tanto, a una clase específica de posición respecto a ese trauma histórico. Junto a esa distinción entre "trauma estruc-

---

[22] Para el historiador, la lectura que hace Caruth de la historia como trauma no tiene base, ya que en cierto modo prescinde de la experiencia histórica misma. No obstante, "Caruth's vision of history as trauma proposes not so much a mode of historical inquiry but rather the performance of trauma through postmemorial modes of writing that favour mediation and indirection over discursive expression" (Fuchs 2008: 51).

tural" y "trauma histórico", LaCapra insiste también en una distinción entre *absence* (ausencia), la cual se vincula con el trauma estructural, y *loss* (pérdida), vinculada al trauma histórico. En la historiografía y, más frecuentemente aún, en las narrativas sociales que se van tejiendo en los tiempos posteriores a un acontecimiento violento, estos términos se confunden, complicando y posiblemente impidiendo una elaboración de esas pérdidas y privando al individuo de la oportunidad de abordar las consecuencias del pasado en el presente[23]. Según LaCapra, cuando la ausencia es convertida en pérdida, la angustia resultante de esa ausencia se proyecta en "un objeto identificable —el objeto perdido—", suponiendo "que hubo (o, al menos pudo haber) una unidad, totalidad, seguridad o identidad original" (2005: 79). Lo contrario también se puede dar, cuando una pérdida es convertida en ausencia, lo cual degenera en una especie de melancolía sin final. LaCapra insiste en la importancia de reconocer una ausencia o una pérdida para evitar la interrupción de un proceso de elaboración de las pérdidas: cuando estos dos términos se confunden, "la importancia o la fuerza de pérdidas históricas particulares (como el *apartheid* o la Shoah) puede volverse ininteligible o generalizarse apresuradamente. Se encuentra uno así frente a ideas dudosas, como la de que todos somos víctimas (incluso los perpetradores o los colaboradores), la de que toda la historia es traumática o la de que todos padecemos una esfera pública patológica" (2005: 85). No obstante, una distinción rígida entre los que están afectados por el trauma y los que no tienen vínculo directo con este supone un problema para esta visión del trauma como una ruptura con la barrera entre el yo y el otro. En el caso que aquí nos concierne del presente *pos*traumático, la noción de posmemoria de Marianne Hirsch nos puede servir para superar los posibles problemas éticos a la hora de distinguir entre víctimas directas de un trauma histórico y los que vienen después (Martín-Cabrera 2016: 155). También el término *posmemoria* puede servirnos para distinguir el desconcierto particular que pueden sentir los miembros de la tercera generación (Codde 2011: 675).

La posmemoria constituye la consecuencia en la segunda generación del recuerdo traumático de la primera y Hirsch ha aplicado su teoría para abar-

---

[23] Opto por utilizar el término *ausencia* con su definición convencional. En el caso de que me refiera al término en el sentido en que lo usa LaCapra, quedará señalado.

car no solo textos narrativos, sino también la fotografía, la escultura y las instalaciones: las expresiones de posmemoria son variadas en cuanto a su forma[24]. Aunque Hirsch asienta los fundamentos de la posmemoria en el contexto de la familia (como en el caso de Art Spiegelman), nos dice que la posmemoria no tiene por qué restringirse a la familia o un grupo en concreto[25]. La posmemoria es, por tanto, un modo de caracterizar la respuesta por parte de la generación posterior ante el trauma colectivo vivido por los testigos directos de la generación anterior. Esta respuesta se construye mediante una "memoria" a la que los constituyentes de la generación posterior solo han accedido a raíz de historias, fotografías, imágenes o, en muchos casos, silencios y una carencia de estos elementos mnemónicos. Hirsch nos dice que la "postmemory is not identical to memory: it is 'post', but at the same time, it aproximates memory in its affective force" (2008: 109). Si bien esto ocurre dentro del contexto de la familia, es lo que Hirsch describe como una transmisión *inter*generacional, dentro de lo que Jan Assmann denomina "memoria comunicativa"; si ocurre dentro del contexto de un grupo más amplio, dentro de lo que Assmann llama "memoria cultural" (memoria política/ nacional o cultural/archivística), constituye una transmisión *trans*generacional (Hirsch 2008: 110).

Así, propongo una visión de las narrativas postraumáticas de duelo persistente como obras de posmemoria, sean productos de una transmisión intergeneracional o transgeneracional. Desde un mismo presente postraumático, entiendo que tanto los autores como los lectores son testigos postraumáticos de segunda o tercera generación en su aproximación al pasado violento. Y las obras de estos testigos de segunda o tercera generación, pese a su ficcionalidad —un factor que, veremos a continuación, es para mí la clave de su

---

[24] Véase Hirsch (2008) para una lista de lo que llama *postmemoirs*, obra literaria, artística, cinematográfica, etc., realizada por individuos de la segunda generación. A continuación, daré algunos ejemplos que Hirsch también analiza.

[25] "[…] this form of remembrance need not be restricted to the family, or even to a group that shares an ethnic or national identity marking: through particular forms of identification, adoption, and projection, it can be more broadly available" (Hirsch 2001: 9-10). Más tarde, Hirsch matizaría su concepto en sus aplicaciones más allá del ámbito familiar en lo que denomina "posmemoria afiliativa", que es una "extension of the loosened familial structured occasioned by war and persecution" (2012: 36).

función como vehículo para el duelo—, las veo como testimonios, no de las experiencias vividas por las generaciones anteriores, sino precisamente de su realidad postraumática. Aunque soy consciente de que la cuestión de la ficción y el testimonio directo ha estado en el centro de los debates en torno a la representación literaria y los horrores del pasado[26], sostengo que tanto autor como lector de las narrativas postraumáticas de duelo persistente son lo que podríamos llamar "testigos vicarios" (Zeitlin 1998) [27] o "testigos secundarios".

Integral al acto de testimoniar es la figura del oyente o el espectador: "Bearing witness to a trauma is, in fact, a process that includes the listener. For the testimonial process to take place, there needs to be a bonding, the intimate and total presence of an other —in the position of one who hears" (Laub 1992: 70-71). Cuando el oyente o el espectador, quien no vivió el acontecimiento relatado, recibe ese testimonio con empatía y ayuda a guardarlo y transmitirlo, este se convierte en "testigo secundario" (Assmann 2006: 269). Aunque LaCapra discreparía con el uso del adjetivo *vicario*, también reflexiona sobre la condición del testigo secundario, el cual no constituye una relación directa con el trauma histórico. Para este testigo secundario, la empatía, o lo que LaCapra denomina "el desasosiego empático", es imprescindible, e "implica una suerte de experiencia virtual a través de la cual uno se pone en la posición del otro aunque reconoce la diferencia de

---

[26] El testimonio del superviviente y la ficción parecerían estar necesariamente en desacuerdo. Mientras el testimonio directo del Holocausto como género insiste en la naturaleza incognoscible e incomprensible del Holocausto —"un acontecimiento *sin* testigo" según Dori Laub o lo que Giorgio Agamben denomina "la aporía de Auschwitz"—, las narrativas ficcionales del Holocausto parecerían insistir mediante la identificación con narrador o personajes que "this incomprehensible event [can] become comprehensible and so [...] normalized, part of experience" (Eaglestone 2004: 22). Entre los demás debates que han surgido en torno al testimonio y la ficción destaca el de quién tiene derecho a hablar sobre el pasado. El escritor Henri Raczymow resume bien las complejidades de desear escribir sobre un pasado heredado que, sin embargo, uno no vivió: "My question was not '*how* to speak' but '*by what right* could I speak?', I who was not a victim, survivor, or witness. To ask, '*by what right* could I speak', implies the answer, 'I have no right to speak'" (1994: 102).

[27] El "testimonio vicario" (*vicarious witnessing*) de Froma Zeitlin es solo uno de los términos que Hirsch recoge por su similitud a la posmemoria. Otros incluyen "memoria heredada", "historia recibida", "memoria ausente", etc. Véase Hirsch (2008: 105).

tal posición y, por lo tanto, no ocupa su lugar" (2005: 97). Entiendo que es este desconcierto empático, en parte, lo que mueve la creación de narrativas postraumáticas de duelo, y la asunción del carácter de testigo secundario y lo que les dota con esa capacidad de afectar[28].

El carácter testimonial de las narrativas postraumáticas de duelo es dual y corresponde ligeramente a esa primera distinción que he hecho anteriormente entre temática y poética: estas narrativas son, primero, testimonios de lo ocurrido en el pasado (la temática) y, segundo, testimonios de su posición posmemorial en el presente sobre cómo responder ante dicho acontecimiento pasado mediante la expresión escrita (la poética). Cabe insistir en que esta visión del autor y del lector como testigos no pretende sustituir al testigo superviviente. Si de entrada precisa hacer una distinción entre el testimonio de los que perecieron ante la barbarie y los que sobrevivieron —"El auténtico testimonio", en palabras de Txetxu Aguado, "no es una operación de esclarecimiento de los significados escondidos e inconscientes en los discursos, transcurriendo por debajo de ellos como una corriente subterránea, sino de alumbramiento de lo que no existe porque se ha ido con el desaparecido" (2010: 53)—, ¿qué naturaleza tendría el testimonio del que viene *después* del superviviente; es decir, el del testigo posmemorial? Derrida aborda esta problemática en su análisis del poema "Aureola de cenizas" (*Aschenglorie*) de Paul Celan. Ante los últimos versos del poema —"Nadie / testimonia por el / testigo" (*Niemand / zeugt für den / Zeugen*)— Derrida plantea tres posibles hipótesis sobre su significado: uno puede testimoniar en defensa de otro, de parte de otro o, la tercera posibilidad, *para* otro (2005: 86-90). Nadie puede testimoniar por el testigo, pero a través del poema de Celan, somos testigos precisamente de esa imposibilidad.

Así, estas narrativas constituyen testimonios justamente de lo ocurrido en el pasado, de sus restos y secuelas en el presente postraumático —de nuevo, la temática—. En cuanto a la poética, llaman al lector a asumir ese desasosiego empático, convirtiéndolo también en testigo secundario y partícipe

---

[28] Aunque LaCapra describe el desasosiego empático como deseable para el testigo secundario, tanto para el historiador como para el autor de ficción, nos advierte de los peligros si esa "experiencia virtual" da paso a una victimización vicaria y la empatía con la víctima se convierte en identidad (2005: 97).

de esta práctica postraumática a través de la lectura. Para dar otro ejemplo de la poesía, se asemeja a la petición que nos lanza la voz poética en forma de un imperativo interrumpido en la última línea de "Written in Pencil in the Sealed Railway-Car" del poeta israelí Dan Pagis: "here in this carload / i am eve / with abel my son / if you see my other son / cain son of man / tell him that i" (1989: 29). Así, el lector asume la responsabilidad de decir ese silencio, esa ausencia, dando testimonio de su propia realidad de heredero de una ausencia.

Es mediante esta práctica postraumática, posmemorial, como entiendo estas narrativas postraumáticas como partícipes de un duelo que defino como *persistente*. Mi entendimiento del duelo tal y como funciona en estas narrativas va más allá del binomio freudiano original de 1917. Partiendo de las reevaluaciones hechas por el propio Freud y otros —LaCapra, Moglen, Butler, etc.—, entiendo también la melancolía como parte integral al duelo. Las características asociadas a la melancolía —fragmentación, restos, etc.— se pueden encontrar y, de hecho, conforman y caracterizan algunos de los recursos presentes en muchas de las novelas aquí analizadas, pero opto por no usar el término *melancolía* para evitar caer en lo que Forter llama "una celebración de la melancolía" (2003: 139).

No obstante, insisto en que las críticas hacia el duelo freudiano y la reivindicación de la despatologización de la melancolía han asegurado la incorporación del aspecto ético-político en las teorías actuales. Además, según esta definición de duelo persistente, entendemos la consolación mediante el reemplazo —esto es, la obra literaria— como una opción imposible y poco ética. Asimismo e independientemente de la sustitución, tampoco entiendo la obra literaria como algo que puede ofrecer consolación; de hecho, todo lo contrario. Nouri Gana asevera —y correctamente, según mis propias lecturas— que desde la izquierda literaria crítica se ha llegado a un consenso en los recientes estudios sobre el duelo, por lo menos en cuanto a su papel en la literatura: la obra literaria no ofrece consolación; al contrario, incita a la *in*consolabilidad (Gana 2011: 180)[29].

---

[29] Pese a reconocer este consenso, Gana también ha teorizado sobre los posibles peligros que la inconsolabilidad puede suponer: "I do nonetheless think that inconsolability has to be deployed carefully in terms of the geopolitical stakes involved. Otherwise, former colonizers

En su trabajo sobre el duelo y la literatura en las sociedades latinoamericanas posdictatoriales, Idelber Avelar se hace eco de esta visión de un duelo que resiste a la consolación y desdeña la recuperación y trascendencia. Para Avelar, todo proceso de duelo exige naturalmente restitución; según el entendimiento freudiano de la economía del duelo, para que el proceso de duelo sea eficaz, ha de pasar por una serie de transacciones metafóricas a través de las cuales el sujeto reinvierte en objetos nuevos. Sin embargo, según Avelar, el proceso se paraliza en el momento en que el sujeto se percata de la unicidad del objeto perdido y, por tanto, se resiste a la transacción simbólica por otro. Avelar destaca este momento de resistencia no como un momento de vacilación que luego se superará mediante otro objeto sucedáneo sino como "el *locus* mismo en el que el duelo se convierte en una práctica afirmativa" (Avelar 2000: 283). Si primamos ese momento de resistencia como el momento clave del proceso de duelo, entonces este por naturaleza se resiste a su propio cumplimiento y se plantea de entrada siempre como una tarea irrealizable (Avelar 1999: 206).

Esa resistencia a la sustitución ha llevado a críticos como Patricia Rae a emplear el término "duelo resistente" (*resistant mourning*) que parte de un rechazo total de la consolación (2007). Estas narrativas son persistentes en su resistencia con el paso del tiempo, haciendo hincapié no solo en el duelo irrealizable mediante la sustitución, pero también sin final definido. Esto es reminiscente de lo que Clewell había acuñado como "ongoing mourning" o "sustained remembrance" o lo que Paul de Man llama "vrai deuil": si el duelo exitoso es precisamente ese proceso que se realiza y se lleva a cabo para superar la pérdida, el "verdadero duelo" de Man es la incapacidad de

---

and colonized peoples, alike, would equally stake claims to inconsolability, the former for their loss of the old empire status [...], the latter for their loss of their precolonial sovereignty" (2011: 180). A esto podríamos añadir las observaciones de Butler en *Vida precaria*, donde la inconsolabilidad de EE. UU. después de los atentados del 11-S parecía justificar guerras preventivas. David Rieff, en sus trabajos en contra de la memoria histórica —*Against Remembrance* (2011) y *In Praise of Forgetting: Historical Memories and its Ironies* (2016)—, afirma que existe también un "imperativo del olvido" y aboga por un final para el duelo sin el cual estamos destinados a la inconsolabilidad: "Everything must end, including the work of mourning [...]. Without forgetting, we would be wounded monsters, unforgiving and unforgiven...and, assuming we have been paying attention, inconsolable" (2011: 133).

asimilar la pérdida dentro de una narrativa histórica: "Successful mourning enables the past to be assimilated or digested; one remembers in order to be consoled, ultimately in order to forget. By contrast, true mourning confronts an indigestible past, a past that can never be fully remembered or forgotten" (Durrant 2004: 31).

Ahora bien, si nos atenemos a la idea de que el proceso de duelo siempre es *a priori* y por naturaleza una tarea irrealizable, ¿cómo se manifiesta esto a través de la narrativa? Sobre la representación del Holocausto en la literatura, Geoffrey Hartman destaca el olvido como resultado final y necesario para poder superar el trauma en el caso de individuos, pero matiza cuando se trata de un proceso que se lleva acabo a través de la literatura: "curing mourning through memorialization is a strange physic, since the healing of psychic wounds is usually achieved, if at all, by forgetfulness over time. This, however, is precisely where fiction enters as a *faithful* type of forgetfulness" (2010: 32). La ficción, según la afirmación de Hartman, se ofrece como medio para acoger los relatos de la violencia del pasado y así permanecer fiel ante el olvido. Durrant se hace eco de esta misma idea distinguiendo entre el duelo para el individuo y para el colectivo, aplicándola al ámbito literario: "For the individual, mourning would seem to be a process of learning how to bury the dead, how to attain what analysts refer to as 'symbolic closure'. For the collective [...] the possibility of a just future lies in our ability to live in remembrance of the victims of injustice" (2004: 8). La literatura convertida en un acto de conmemorar las injusticias y tragedias del pasado constituye un intento paralelo de conjurar a los muertos a la vez que enterrarlos.

Este eterno acto de conmemoración al que autores y lectores por partes iguales están llamados a acudir reside principalmente en conseguir, a través de la narrativa, una mímesis de la catástrofe que retrate no solo el dolor de un pasado violento, sino también nuestro estado de afectados por la historia, pese a la imposibilidad de acercarnos del todo al vacío dejado por dicha tragedia y nuestro estado de "inconsolables ante la historia". La novela de duelo, entonces, "is confronted with the impossible task of finding a mode of writing that would not immediately transform formlessness into form, a mode of writing that can bear witness to its own incapacity to recover a history" (Durrant 2004: 6). El lugar de enunciación de la novela de duelo se encuentra entre dos fuerzas igual de intensas: entre el imperativo de enfrentar el pasado, cuestionando los fundamentos injustos del presente y la inhabilidad de desenterrar el pasado del todo.

En resumen, esta es una literatura que se resiste activamente a la substitución, renunciando a la posibilidad de consolación, donde la resistencia a la transacción metafórica mediante el sustituto constituye el lugar mismo en el que el duelo deviene en una práctica afirmativa, sin final concreto. Dicho de otro modo, la narrativa literaria sobre el pasado traumático no puede, ni debe, ofrecer consolación por las pérdidas pasadas y, según la cita anterior de Durrant, no puede pretender dar forma a las ausencias del pasado que, por su esencia, carecen de forma. Mientras que para el individuo esto resultaría en un proceso frustrado y detenido, para el colectivo la labor de duelo no acabada permitiría una elaboración de las pérdidas que estuviera siempre abierta a través de la literatura posmemorial y postraumática, donde las pérdidas son reconocidas como irreparables e irrecuperables, donde las ausencias heredadas se buscan sostener activamente a través de la obra literaria: ante las pérdidas de la historia, permanecemos inconsolables y llevar a cabo el duelo es dar testimonio de nuestra *incapacidad* de conocer del todo estas pérdidas en el presente, y mucho menos empezar a remediarlas. Susan Suleiman se extiende sobre ese carácter *imposible* e *interminable* del duelo a manos del escritor a partir de la definición de duelo según Lacan. Si la muerte de un ser querido abre un agujero en lo Real —en términos lacanianos—, el trabajo de duelo sería un intento *simbólico* en el registro del significante de rellenar ese agujero que, no obstante, siempre será insuficiente. Aunque en esa primera distinción entre duelo y melancolía de Freud el duelo se caracterizaba precisamente por esa posibilidad de llevarse a término, Suleiman afirma que "if Lacan is right that the work of mourning takes place in the register of the signifier, then for a writer, an *endless* mourning is not necessarily debilitating: it can be an endless source of creativity" (2007: 341).

1.3. Características de las narrativas postraumáticas de duelo

En cuanto a la figura del narrador en las narrativas postraumáticas de duelo, existe bastante diversidad, aunque lo que es una constante es la existencia de una polifonía de voces en la narración: más de un narrador, narradores extradiegéticos que interrumpen el flujo natural de la narración, cambios bruscos de narrador, o distintos narradores correspondientes a los distintos capítulos, secciones o incluso relatos múltiples que conforman una obra mayor. Por un lado, la multiplicidad de voces y el consecuente efecto coral otorga un carácter democrático y abierto a la narrativa. Por otra parte, otro efecto de la naturaleza polifónica es el de romper con una narratividad "tradicional": un narrador fiable o una linealidad cronológica. La polifonía de voces es una reflexión mimética de los diversos recuerdos y de los diversos afectados por la pérdida que, en el caso de una sociedad colectiva en posconflicto, provienen de diferentes personas o grupos que tienen diferentes recuerdos.

Más allá del narrador, siempre hay una brecha temporal entre el tiempo de la narración y el tiempo de lo narrado. Aunque esta separación se manifiesta de modo más obvio en unas obras que en otras, la heteroglosia[30] resultante es constante en todas las obras y fundamental en la constitución de ese carácter testimonial: son testimonios de sus propios intentos de recordar pese a la ausencia, que no deja de constituir el centro de la narración. En estas narrativas, la brecha temporal es lo que separa esos dos discursos distintos. El primero, el que aborda lo ocurrido en el pasado, en un tiempo más cercano a los acontecimientos traumáticos que dieron lugar a las pérdidas, funciona mediante la recreación de diálogos por parte del narrador —estilo directo o indirecto— o relatos sobre lo ocurrido. El segundo discurso sería el propio del narrador, que narra desde un tiempo o bien presente o alejado del tiempo de lo perdido, donde relata la búsqueda de información sobre el pasado o sus propias reflexiones sobre su posición temporalmente alejada de dicho pasado. La interacción entre estos dos discursos, la heteroglosia, es lo que permite al lector identificarse con el narrador en su discurso desplazado con respecto al pasado, al compartir una misma posición respecto a las pérdidas del pasado. En buena parte de las obras, estos dos niveles de discurso —uno que está asociado al pasado y otro al presente— se complican más con una narración

---

[30] Este término *heteroglosia* (*raznorečie*) —a veces traducido al castellano como *plurilingüismo*— se refiere a lo que Bajtín describe como la interacción entre "las unidades compositivas fundamentales" que son "el discurso del autor y del narrador, los géneros intercalados, los lenguajes de los personajes" (1989: 81).

que a veces puede ser caótica: interrupciones de otros narradores, voces o fuentes de información, pero también saltos temporales, la incorporación de componentes foráneos mediante documentos, cartas, fotos, citas, etc.

La última característica que hace que estas narrativas sean partícipes de un duelo persistente es a través de lo que podríamos llamar "una poética de ausencia" o la ausencia como tropo, donde el objetivo es localizar la pérdida para luego hacerla patente y sostenerla en la obra en su totalidad. El sostenimiento de esa ausencia convierte el acto de crear y el acto de leer en un modo de participar en esa labor de duelo. El carácter irrecuperable, incognoscible e irreparable del pasado se manifiesta a través del recurso necesario a la invención, la suposición y la ficción misma, resultando en una narrativa que aloja la pérdida en abstracto como su centro. Esto se logra principalmente mediante tres técnicas: 1) el reconocimiento de la falta de información, 2) el recurso a la ficción, y 3) la insistencia en la relevancia y los efectos de esa ausencia del pasado en el presente. Al albergar esa ausencia mediante estas técnicas, estas narrativas recuerdan las pérdidas del pasado a la vez que las lamentan: si el reconocimiento de vacíos constituye un ejercicio de memoria, asumirlos como constituyentes del presente supone un modo de dejarse afectar por ellos y significar ese proceso de duelo persistente.

En la primera técnica, la falta de información o la imposibilidad de acceder a toda la información sobre el acontecimiento pasado es necesariamente el producto de una búsqueda entre los restos, fragmentos de la Historia o de un esfuerzo por narrarlos: el relato de un episodio traumático de la Historia, la búsqueda de más información sobre un acontecimiento pasado o una persona en concreto. Sin embargo, en el caso de estas narrativas, este "tejer de trozos", que es propio de la tarea de todo autor en palabras de Raczymow, es una tarea imposible e interminable (1994: 102). Intrínseco a la condición del postrauma y de la posmemoria, el vacío inevitable impide la recuperación *total* de historias: "¿Cómo aceptar no conocer? Leemos libros sobre Auschwitz. El deseo de todos, allá, el último deseo: sepan lo que pasó, no se olviden, y al mismo tiempo nunca sabrán" (Blanchot 1987: 74).

En estas narrativas, la falta de información, el vacío, se reconoce o se introduce en la forma literaria o bien al nivel de la diégesis a través de la mencionada narración fragmentada o polifónica o bien por medio de un narrador incapaz de relatarnos todo lo ocurrido en el pasado. Nos encontramos ante un narrador que admite abiertamente no conocer todo sobre el pasado traumático de un personaje o de un acontecimiento en concreto; otros, en un intento de relatar algún episodio del pasado, lo hacen a través de lo que el lector percibe como una narración difícil, ultramediada. En este segundo caso, el narrador transmite la información que va descubriendo a través de un tercero, y por tanto nos llega a los lectores por medio del filtro de este narrador, con la falta de ciertos datos concretos. Mientras otros, en el caso de un narrador extradiegético, pueden ofrecer, a través de una especie de tropo prosopopéyico, una interpelación o un conjuro de lo perdido o lo no presente. Y aún otros pueden optar por incorporar la ausencia directamente en la narrativa misma a través del empleo de elipsis o cambios intencionadamente bruscos entre tipos de narración, dejando literalmente vacíos informáticos en la narración.

Recordemos que Hirsch afirma que la transmisión intergeneracional o transgeneracional de historias, imágenes, símbolos, etc. tanto como *la falta* de esa transmisión pueden condicionar el carácter posmemorial. La respuesta constituida por una falta Raczymow la describe como una "memoria agujereada" (*mémoire trouée*), donde en sus palabras, lo no dicho, lo no transmitido, el silencio, son en sí elocuentes (1994: 100). Aunque es cierto que la falta de transmisión tiene un mayor efecto en el caso de un núcleo familiar particular y menos en el caso de la memoria cultural de toda una sociedad, el reconocimiento de la ausencia, el desconocimiento y el silencio pueden constituir una respuesta posmemorial y, por supuesto, llevar a un proceso de duelo por parte de esta generación posterior. Raczymow escribe que para los que vienen después, el acto de aceptar y asumir ese vacío constituye la fuerza impulsora de la escritura, un acto comparable a la resistencia a la sustitución que hace del duelo una práctica afirmativa: "My books do not attempt to fill an empty memory. They are not simply part of the struggle against forgetfulness. Rather, I try to present memory *as empty*. I try to restore a non-memory, which by definition cannot be filled in or recovered" (1994: 104). Cuando esa incapacidad de rellenar el vacío es reconocida en una sociedad postraumática y mediante la narrativa, la labor del duelo persistente consiste en buscar "a mode of writing that can bear witness to its *own incapacity* to recover a history" (Durrant 2004: 6).

La segunda técnica propia de esta poética de ausencia es el recurso a la ficción y viene estrechamente vinculada con la primera: ante los vacíos del pasado, la imposibilidad de saber, el narrador opta por la invención, la inferencia o la suposición. Al narrador que admite no saber todo sobre los hechos ocurridos —posiblemente en contra de su propia voluntad y deseo de saber— no le queda más remedio que reconocer su fracaso y pasar a la invención a sabiendas del lector: recrear diálogos, inferir, preguntarse, etc. Más que una mera inferencia —"supongo que…"—, las suposiciones en estas narrativas de duelo proliferan y llegan a marcar el tono general de la obra en su totalidad. Aquí la ficción deviene no en un modo de reemplazar lo perdido, lo incognoscible, sino todo lo contrario: la invención a manos del narrador o el autor se erige como monumento, constante recordatorio y reconocimiento de nuestra incapacidad de recuperar el pasado del todo y remediarlo desde el presente. Aceptar a conciencia esta ignorancia y entregarse a la ficción permite también al lector colaborar en la erección de ese monumento de reconocimiento de la irrecuperabilidad y de la inconsolabilidad. El papel de la ficción, de la verdad ficcional, sirve para subrayar la realidad presente condicionada por nuestra incapacidad de recuperar del todo el pasado y para situar la ausencia en el centro de la narrativa. La ficción —de nuevo, la suposición, la invención— viene a ser el modo por excelencia de relacionarnos con las ausencias dejadas por el pasado. Aquí, la labor del duelo persistente mediante la novela es dar testimonio de su propia incapacidad de recuperar una historia; la labor mediante la novela no atañe a la recuperación factual ni a la recuperación psicológica *de* la Historia, sino a la insistencia en que quedamos inconsolables *ante* la Historia (Durrant 2004: 24). Dan testimonio, por tanto, de una verdad particular en el momento presente. En su libro *The Holocaust and the Postmodern*, Robert Eaglestone distingue entre dos tipos de verdad que pueden operar a la vez: existen "truth as explanation, corresponding to evidence and states of affairs and truth as in some way revealing of ourselves, of 'who and how we are'" (2004: 7). Las narrativas postraumáticas de duelo constituirían sobre todo un ejercicio en esta segunda verdad, una que es capaz de revelarnos "quiénes somos y cómo estamos" ante una catástrofe como el Holocausto. A la observación de Lyotard de que el Holocausto nos dejó sin los instrumentos necesarios para siquiera medir los daños[31],

---

[31] Sobre Auschwitz, Lyotard escribe: "Millions of human beings were exterminated there. Many of the means to prove the crime or its quantity were also exterminated. […] Suppose that an earthquake destroys not only lives, buildings, and objects but also the instruments

Geoffrey Hartman responde que el terremoto no se pudo medir, pero hoy las réplicas son mensurables (Eaglestone 2004: 2). Las narrativas postraumáticas de duelo, testimonios de "quiénes somos y cómo estamos" ante el pasado, suponen un ejercicio literario en el que la ficción se convierte en una herramienta para medir los efectos que aún perduran en el presente, una suerte de lo que Aleida Assmann llama "verdad experiencial" (2006: 269).

Por último, la tercera manera dentro de lo que he llamado esta "poética de ausencia" es la insistencia en la relevancia y los efectos de la ausencia del pasado en el presente. Gracias a esa brecha temporal existente entre el tiempo de la narración y el tiempo de lo narrado, nos encontramos a menudo en el tiempo de la narración en un mismo lugar o espacio relevantes a lo ocurrido anteriormente: un narrador o un personaje pasa por los mismos lugares y transita las mismas calles donde se produjeron las pérdidas. En algunos casos, vemos también la irrupción del pasado en el presente mediante fantasmas o voces del pasado: para los que no vivieron el acontecimiento catastrófico del pasado, pero sí sus consecuencias, "quizás no se pueda hablar a los fantasmas, sino solo escucharlos" (Francisco Solano, en Aguado 2010: 60). Cuando las narrativas postraumáticas de duelo persistente insisten en esa conexión entre pasado y presente, en la presencia de los fantasmas, y en esa irrecuperabilidad de las pérdidas de la Historia, fijando esa noción el tiempo presente, no se trata desde luego de "(re)abrir viejas heridas", pero tampoco de cerrarlas; si el objetivo fuera cerrar heridas, correríamos el riesgo de que se volvieran a abrir. Se trata más bien de un *convivir* con esas heridas que en la actualidad nos afectan, de reconocer las heridas en el momento que se abren en el presente, una política de convivir con los fantasmas del pasado que aún están entre nosotros en el presente y que exigen nuestra atención.

Esa convivencia con las heridas del pasado (y con sus fantasmas) implica también una noción de justicia que no está ligada a términos legales o judiciales: la novela de duelo entiende que independientemente de que se hayan establecido víctimas, culpables, perdón o reconciliación, los fantasmas del pasado viven (in)directamente en el presente. La justicia "concerns not only

---

used to measure earthquakes directly and indirectly. The impossibility of quantitatively measuring it does not prohibit, but rather inspires in the minds of the survivors the idea of a great seismic force" (Lyotard 1988: 56).

our debt to the past but also the past's legacy in the present; it informs not only our obligation to the future but also our responsibility for our (ghostly) presence in that future" (Brown 2001: 147). Derrida se empeña en ese convivir con los fantasmas en su *Espectros de Marx*, libro en el que el autor vincula esa convivencia con el concepto de justicia como único modo de unirnos en el presente al sufrimiento del pasado: "aprender a vivir *con* los fantasmas [...] a vivir de otra manera. Y mejor. No mejor: más justamente. Pero *con* ellos. No hay *ser-con* el otro, no hay *socius* sin este *con-ahí* que hace al *ser-con* en general más enigmático que nunca. Y ese ser-con los espectros sería también, no solamente pero sí también una *política* de la memoria, de la herencia y de las generaciones" (1998: 12). Wendy Brown se explaya sobre esta idea de Derrida de que "aprender a vivir" implica necesariamente "vivir con los fantasmas", añadiendo que aprender a vivir significa también aprender a vivir con el "unmasterable, uncategorizable, and irreducible character of the past's bearing on the present" y que aprender a vivir también quiere decir vivir sin "systematizing, without conceits of coherence, wthout a consistent and complete picture, and without a clear dileaneation between past and present" (2001: 146).

Pero esta insistencia en la conexión entre dos tiempos y el peso del pasado en el presente ocurre a través del reconocimiento de ese tercer elemento del modelo triádico de duelo de Moglen: sujeto doliente, objeto perdido, más las fuerzas sociales responsables de la pérdida. El reconocimiento de dichas fuerzas o condiciones sociales y la insistencia en que las mismas que provocaron las pérdidas pasadas siguen en juego en el tiempo de la narración son otro modo de reconocer y situar la pérdida en el presente.

La labor de duelo que se ha de realizar en un presente temporalmente alejado del momento traumático pasado es una tarea perpetua y siempre abierta. El carácter interminable de dicho proceso no implica que el duelo persistente sea una tarea fútil o sin objetivo claro, pero se podría decir que su final no es fácilmente identificable. La finalidad de las narrativas postraumáticas de duelo sería constituir a través de ellas una práctica en la que autores y lectores pudieran participar. Este acto performativo, de asumir el papel de testigo posmemorial y de reconocer la irrecuperabilidad de las pérdidas del pasado, acaba asentando las bases para la constitución de una comunidad. Del mismo modo en que Derrida explica que el duelo tiene que resistir su propio cumplimiento para ser fiel, esta comunidad también tiene que permanecer incompleta, irrealizada, siempre abierta y sensible a las pérdidas irrecuperables del pasado y otras posibles futuras pérdidas (Durrant 2004: 111). De este modo, las narrativas postraumáticas de duelo persistente miran hacia el pasado —reconocen las pérdidas del pasado, su carácter traumático, que son insuperables y que nos conciernen— pero también tienen la mirada puesta en el presente y la echan hacia el futuro: en el presente, nos incitan a tomar conciencia de los fundamentos injustos del presente y a asumir una responsabilidad social que es un imperativo ético y político, pero también una necesidad psíquica (Moglen 2007: 25); mirando hacia el futuro, son obras infundidas con lo que Amir Eshel denomina *futuridad* (*futurity*), "new modes of expression [...] that change the world. Metaphors and creative narratives enable us to reshape habits, feelings, and even social relations. Their imaginative power contributes to the process by which a community can reconstitute itself" (2013: 7).

Capítulo II
NARRATIVAS DE DUELO EN EL CONTEXTO EUROPEO DEL POST-HOLOCAUSTO

2.1. Ejemplos de la Europa del post-Holocausto

En su libro *Present Pasts: Urban Palimpsest and the Politics of Memory* (2003), Andreas Huyssen explica lo que llama "la globalización de la memoria histórica", un proceso según el cual el Holocausto ha servido como tropo universal que ha resultado en la transformación de la tragedia de la Shoah en una especie de vara de medir para compararla con otros contextos. Esa construcción del Holocausto como memoria universal en Occidente se consolida a partir de los años 80 gracias al debate sobre el Holocausto generado por producciones culturales y las múltiples conmemoraciones públicas que se celebran para marcar el 40 y 50 aniversario de los acontecimientos más importantes relacionados con la Alemania nazi y el Holocausto.

Como sugiere el autor, el efecto de este proceso es doble: por un lado, ha posibilitado e incluso alentado ciertos discursos sobre pasados traumáticos que, de no haber sido por esa internacionalización del discurso del Holocausto, tal vez no habrían podido consolidarse; por otro lado, al internacionalizar o deslocalizar el Holocausto, este pierde sus connotaciones específicas y en algunos casos acaba sirviendo no como un tropo que aviva el debate y la reflexión sobre pasados traumáticos en otros contextos, sino como "un recuerdo encubridor" (2003: 13-14)[1]. No obstante, la globalización de los

---

[1] Aunque Huyssen no hace referencia a Freud, este concepto de "recuerdo encubridor" o "recuerdo pantalla" viene del término empleado por el psicoanalista austríaco: *Deckerinnerung*. Michael Rothberg explica que muchas de las críticas hacia la inauguración del Museo del Holocausto en Washington proponen una lectura del Holocausto en la sociedad estadounidense como "un recuerdo encubridor". Según esta teoría propuesta por Freud dentro del campo del psicoanálisis, el Holocausto como recuerdo encubridor impediría el acercamiento

discursos sobre la memoria se ha extendido y asentado tanto que es imposible desvincular los procesos y el desarrollo de la memoria en un contexto nacional en concreto de los vaivenes del movimiento global (Assmann y Conrad 2010).

A continuación, quiero presentar cuatro obras como ejemplos de narrativas postraumáticas de duelo: de dos países diferentes que sufrieron de forma directa la ocupación y el exterminio nazis —*Austerlitz* (2001) del alemán W. G. Sebald y *Dora Bruder* (1997) del francés Patrick Modiano— y dos obras españolas escritas sobre el Holocausto —la novela *El comprador de aniversarios* (2003) de Adolfo García Ortega y la obra de teatro *El cartógrafo: Varsovia (1:400.000)* (2010) de Juan Mayorga—.

El principal propósito de este capítulo es presentar más ejemplos de cómo podemos entender una narrativa como partícipe de un duelo colectivo mediante su tratamiento de ciertos temas, en concreto, así como mediante su forma. No considero estos ejemplos internacionales —la obra de Sebald y Modiano— y transnacionales como precursores o inspiración para las narrativas postraumáticas de duelo españolas sobre la Guerra Civil; el objetivo es la constatación de que esta caracterización de narrativa, con sus rasgos y retórica comunes, constituye un modo de participar en ese duelo social colectivo que se lleva a cabo desde un presente alejado del pasado traumático en el que acontecieron las pérdidas originales. Sostengo que en los cuatro contextos —el de la Alemania, la Francia y la España del post-Holocausto y el de la España post-Guerra Civil— la obra literaria sirve como vehículo para la expresión de ese duelo colectivo social y una práctica afectiva que trasciende la brecha temporal entre pasado y presente. Dicho esto, cabe insistir en que el análisis de dichas obras se ceñirá a aquellos aspectos que los calificarían como narrativas postraumáticas de duelo y, por tanto, en la medida en que se podrían comparar con los ejemplos españoles sobre la Guerra Civil. No se tendrá en cuenta el impacto que cada una de las obras tuvo en sus respectivos

---

o la elaboración de otras memorias traumáticas, como la del genocidio de los indígenas norteamericanos, la esclavitud o la guerra de Vietnam. Pero Rothberg arguye que incluso ese desplazamiento provocado por los recuerdos encubridores tiene la capacidad de crear relaciones y conexiones productivas: "the displacement that takes place in screen memory (indeed, in all memory) functions as much to open up lines of communication with the past as to close them off" (2009: 12).

entornos ni tampoco cómo encajan o desafían los discursos particulares y nacionales sobre la memoria en los diferentes países.

Considero que una comparación de contextos y, en este caso, de obras procedentes de distintos países sienta las bases para un ejercicio de lo que Michael Rothberg denomina memoria multidireccional (Rothberg 2009). Si bien es cierto que Huyssen afirma la existencia de esa memoria global, también nos recuerda que el lugar de las prácticas de memoria sigue siendo el del Estado nación y no un lugar posnacional o global (2003: 16). Aun así, un concepto de duelo colectivo social que está basado en el reconocimiento de las pérdidas del pasado como trágicas, irrecuperables e irreparables puede resultar productivo a la hora de comparar contextos.

En *Signifying Loss*, Nouri Gana apunta hacia "una poética de duelo narrativa", centrándose en la obra de varios autores, procedentes de distintos lugares, que lidia con las pérdidas traumáticas en sus propios contextos. En la coda del mismo estudio, Gana sienta las bases para lo que él llama "una geopolítica de duelo", planteando la pregunta de si un repensar de las pérdidas y del duelo puede o no llevar a "the production of viable affective bonds that might in turn foster a sense of transnational solidarity and global community?" (2011: 182). Concibo algunas de la cuestiones que aquí se plantean como una posible respuesta a la pregunta hecha por Gana, donde las narrativas postraumáticas de duelo persistente, al establecer esas conexiones transnacionales bien mediante un análisis comparativo de obras o bien en una obra —como las de Adolfo García Ortega o Juan Mayorga en las que un autor español aborda el Holocausto desde su propio punto de vista—, no solo nos permiten reconocer las pérdidas y el dolor del otro, sino también demostrar cómo podemos ser afectados y, a veces, implicados en un trauma que no es siempre nuestro, propio, posibilitando un intercambio de "memoria multidireccional".

La reflexión de Judith Butler en *Vida precaria* (2006) sobre la comunidad y el estado de dependencia como la condición humana original explica el modo en que estamos, entrelazados no solo unos con otros en la actualidad, sino también con los que vinieron antes: la violencia así "consiste siempre en la explotación de ese lazo original", ya que "los otros que originalmente pasaron por mí no solo quedaron asimilados al límite que me contiene [...], sino que también rondan el modo en el que periódicamente, por así decirlo, me desintegro y me abro a un devenir ilimitado" (2006: 54). No obstante, Butler aborda el hecho de que esta noción de vulnerabilidad corporal se construye a menudo según definiciones nacionales o raciales, dejando las pérdidas de algunos como impensables e indoloras, como fue el caso de la reacción por parte de Estados Unidos ante los atentados del 11-S, según la cual la guerra unilateral y preventiva excluye de entrada la necesidad del duelo por el otro.

Desde un punto de vista transnacional, entiendo esto, en parte, como un problema de lo que Nancy Fraser llama "la ausencia de representación mediante la ausencia de un marco adecuado": cuando las nociones de vulnerabilidad corporal compartida se limitan al marco keynesiano-westfaliano —esto es, el Estado-nación—, se les deniega a comunidades enteras de individuos afectados por injusticias presentes o pasadas el derecho a la queja. En un mundo que está en pleno proceso de globalización, donde las crisis que nos asolan ya existen y funcionan transnacionalmente (cambio climático, guerras, situación de refugiados, migraciones, etc.), la ausencia de representación que ocurre debido a una falta de marco adecuado no hace sino multiplicar y exacerbar la represión y la desigualdad, privando a muchos de la posibilidad de exigir justicia o incluso de exigir que sus quejas y pérdidas se entiendan como reclamaciones legítimas. Sin embargo, pese a esa privación de derechos a comunidades enteras gracias al sistema dispar donde no existen barreras ni fronteras para los bienes pero sí para las personas, estamos más conectados que nunca, implicados en y entrelazados con muchas de esas injusticias. En otras palabras, hoy, más que nunca, "el principio del Estado territorial ya no brinda una base adecuada para determinar el 'quién' de la justicia en todos los casos" (Fraser 2005: 43).

Sin embargo, podemos desafiar los actuales modos de establecer marcos en lo que Fraser llama "el planteamiento transformador" (*transformative approach*), según el cual "el objetivo es corregir las injusticias derivadas del empleo de un marco inapropiado cambiando no solo las fronteras del 'quién' de la justicia, sino también el modo de su constitución y, por tanto, la forma en la que ellas mismas son trazadas" (2005: 44). Si nos atenemos a la noción de Butler de vulnerabilidad y la aplicamos a este planteamiento transformador de cómo se establecen esas fronteras y marcos, podemos empezar a concebir un proceso de duelo que empezaría con nuestras propias experiencias de violencia —las nuestras y aquellas que heredamos filial y culturalmente— y que acabaría con la comprensión de nuestra interconectividad —o a veces complicidad— con otros actos de violencia: "La pérdida nos reúne a todos en un tenue 'nosotros'", donde "nos arranca de nosotros mismos, nos liga a otros, nos transporta, nos desintegra, nos involucra en vidas que no son las nuestras, irreversiblemente, si es que no fatalmente" (Butler 2006: 46; 51).

Al pensar las narrativas postraumáticas de duelo persistente transnacionalmente, las entiendo como una herramienta para combatir la precariedad intrínseca al mundo globalizado como un modo de redibujar o reestablecer los marcos de la esfera pública por medio del texto literario, donde las pérdidas que no son directamente nuestras se pueden reconocer como merecedoras de un duelo, como irreparables e irrecuperables, iniciando así un proceso de duelo que no solo persiste en su resistencia a los llamamientos a la consolación, sino también a los modos actuales de reclamar contra las injusticias.

En el caso particular de España, algunos críticos ya han apuntado hacia el potencial político de relacionar y/o comparar las memorias y los efectos de la Guerra Civil y la represión franquista con otros contextos o con otros casos de injusticias, tanto pasados como presentes. El historiador Pedro Ruiz Torres plantea la pregunta de si mediante la recuperación y la reivindicación del sueño, la esperanza y la mirada hacia el futuro del proyecto republicano por parte de cierto sector de la izquierda española "hay otros futuros posibles que nos permitan abrigar de nuevo la esperanza de acabar con las injusticias del presente" (2007a: 330). De modo parecido y refiriéndose a las consecuencias de las políticas neoliberales impuestas a la fuerza en los años posteriores a la última crisis económica, Gómez López-Quiñones afirma que la memoria de la Guerra Civil y la represión franquista "could be reconnected with some of the most pressing political discussion of our time" (Gómez López-Quiñones 2012: 89). Asimismo, Sebastiaan Faber sugiere que un modo de evitar una fosilización distorsionadora de la memoria, tanto de la represión franquista como de la dictadura o el exilio, sería precisamente compararlas con otros casos relevantes y contemporáneos como, por ejemplo, la experiencia de inmigrantes latinoamericanos o norteafricanos, refugiados políticos o económicos (Faber 2005: 216). Faber plantea esas sugerencias a partir de unas reflexiones hechas, a su vez, por José María Naharro-Calderón, quien en el año 2006 hacía hincapié en la posibilidad de establecer relaciones productivas entre las privaciones propias del pasado español y ejemplos contemporáneos de injusticia:

¿Se podrán desfosilizar las supramemorias exílicas que vivieron en el destierro y se hundieron en el interior como arqueología, para reemerger como recuerdo de su instalación en una América Latina que ha invertido el sentido del viaje o una zona norteafricana que ya acogió a judíos, moriscos y republicanos desterrados al final de épocas plurales en la historia española? ¿Podrá la ejemplaridad de los exilios todavía mostrarnos no solo retrospectiva sino *proyectivamente*, un marco de "solidaridad" para las diásporas actuales [...]? (2006: 116)[2].

A continuación, ofrezco un breve recorrido por las obras inter/transnacionales de duelo persistente con un enfoque en aquellos aspectos que hacen que se puedan considerar como tal. Huelga decir que cada una de las obras siguientes merecería un estudio aparte sobre las complejidades, los entresijos y las particularidades respecto a cómo se posicionan ante el pasado traumático, además de un análisis a fondo de las obras en conjunto con otras de los mismos autores y en su contexto particular. Insisto de nuevo en que el objetivo principal es que sirvan como prólogo para luego abordar las obras españolas también como ejemplos de narrativas postraumáticas de duelo persistente en el contexto de España a partir del año 2000, distanciada temporalmente de la Guerra Civil y la Transición. Aquí, servirán como ejemplos expositivos de narrativas postraumáticas de duelo persistente y de cómo las podemos concebir como una práctica y un modo de acercarnos al pasado traumático que tiene como su objetivo no recuperar el pasado sino reflexionar precisamente sobre su irrecuperabilidad. Así, afirmo que estas narrativas constituyen un modelo alternativo para entender nuestra posición en el presente con respecto al pasado —con un énfasis particular en nuestra *afectabilidad*— y un modo de participar de ese duelo colectivo.

W.G. Sebald: Austerlitz *(2001)*

La melancolía y el duelo constituyen ejes centrales en la totalidad de la obra de Sebald —tanto en la temática como en el estilo— y ello es contrastable no solo en los críticos que han tildado su obra como "melancólica" sino

---

[2] La cursiva es mía.

también por los propios escritos de Sebald. Sontag resume la naturaleza de la "grandeza literaria" de Sebald en el título de su reseña de *Vértigo* (*Schwindel. Gefühle*, 1992) —"A mind in mourning" (2000)— y para Amir Eshel, la prosa del autor alemán está caracterizada por un tono melancólico que califica de "reflexiva" en vez de "deprimente" (2003: 73). El duelo y la melancolía —y particularmente como procesos o estados colectivos y su relación con la literatura— le conciernen al propio Sebald, en referencias y reflexiones explícitas a esas nociones —en el título de *Los anillos de Saturno*, fuerza astrológica y mitológica asociada con la melancolía o en sus ensayos[3]— y, por supuesto, de modo más implícito, en su literatura. En su análisis, Luisa Banki ubica la obra de Sebald entre el duelo y la melancolía, entre una elaboración de las pérdidas del pasado y un aferramiento a la pérdida en forma de resistencia (2012: 41). Sebald mismo escribiría sobre la melancolía no como una fuerza reaccionara o de inacción sino como un modo de resistencia (McCulloh 2003: 141)[4].

En definitiva, las obras literarias de Sebald son como los mismos anillos de Saturno que desafían el paso del tiempo y permanecen como testimonios de un pasado cataclismo violento, postraumáticos en más de un sentido. No solo se presentan como textos ideados y creados en un presente postraumático y colectivo, sino que se reflejan también en un nivel individual en sus personajes: "sus relatos comienzan a menudo [...] en un lugar de reposo, tras una enfermedad o una crisis nerviosa, tras una convalecencia. Son, por tanto, postraumáticos: como nuestro extraño siglo XXI". En su obra, "nunca cesa la

---

[3] Para otros ensayos sobre el duelo y la melancolía y su relación con la literatura de Sebald, véanse *Sobre la historia natural de la destrucción* (*Luftkrieg und Literatur*, 1999) y *Campo Santo* (2003).

[4] Sebald escribiría sobre la resistencia en un ensayo sobre Jean Améry que se publicó en la edición inglesa de *Luftkrieg und Literatur* (1999) —la traducción al castellano no recoge el ensayo sobre Améry en *Sobre la historia natural de la destrucción* (2003, Anagrama)—. Aunque Sebald no emplea la palabra *melancólico*, su descripción del escritor austríaco es reminiscente de la melancolía de Sebald: "One of the most impressive aspects of Améry's stance as a writer is that although he knew the real limits of the power to resist as few others did, he maintains the validity of resistance even to the point of absurdity. Resistance without any confidence that it will be effective, resistence *quand même*, out of a principle of solidarity with victims and as a deliberate affront to those who simply let the stream of history sweep them along, is the essence of Améry's philosophy" (Sebald 2004: 155-156).

crítica crónica, la empatía con las víctimas" y se consolida "la acción política en forma literaria" (Carrión 2015: 8-9; 10).

La perspectiva de su obra respecto a las tragedias del pasado queda resumida en unas reflexiones que hace el narrador en *Los anillos de Saturno* al contemplar la pintura del panorama de Waterloo, una representación artística de la batalla homónima en la llamada Colina del León:

> Así que esto, pienso caminando lentamente en círculo, es el arte de la representación de la historia. Se basa en una falsificación de la perspectiva. Nosotros los supervivientes lo vemos todo desde arriba, vemos todo al mismo tiempo y, sin embargo, no sabemos cómo fue. [...] En la noche tras la batalla se habrán podido oír, en este mismo lugar, estertores y gemidos polifonos. Ahora aquí no hay nada más que tierra marrón. ¿Qué habrán hecho en su día con todos los cuerpos y con todos los restos mortales? ¿Están enterrados bajo el cono del monumento? ¿Nos encontramos sobre una montaña de muertos? ¿Acaso nuestro observatorio, en definitiva, no es más que esto? (*Los anillos de Saturno*: 142).

Ese punto de partida de la obra de Sebald se puede entender, en cierta medida, como la de toda narrativa postraumática de duelo. Pese a estar condicionado por ese "sin embargo no sabemos cómo fue", el autor opta por la invención, la ficción ante lo desconocido, convirtiendo el acto de leer o escribir en un desafío ante lo desconocido y en un acto de duelo al que no le queda más remedio que reconocer, de modo casi paradójico, el carácter irrecuperable e incognoscible del pasado y, a la vez, su peso en el presente: "bajo las ciudades y los campos europeos reposan los cementerios romanos, los huesos de las guerras religiosas, civiles y mundiales, las fosas de nuestro mercado común. También bajo todas las páginas de Sebald: el mismo polvo de los mismos huesos" (Carrión 2015: 10).

En el caso de *Austerlitz*, podemos identificar cuatro aspectos esenciales de esa poética de ausencia: 1) una falta de narración directa y explícita sobre los acontecimientos del Holocausto que podríamos llamar "ausencias presentes" (Codde 2011); 2) una narración en estilo indirecto o una narración ultramediada; 3) la prosopopeya demaniana; 4) el recurso a la ficción mediante las fotografías y la narración. Estas cuatro características hacen que podamos considerar la novela de Sebald como una narrativa que responde a las pérdidas del pasado y como un testimonio precisamente de nuestra incapacidad de testimoniar por los que ya no están.

Mediante un narrador que no revela nunca su nombre —sabemos que es alemán y que ha pasado mucho tiempo fuera de su país natal—, la novela nos presenta la historia de Jacques Austerlitz, un historiador de arte afincado en Londres, a quien el narrador conoce por primera vez en la segunda mitad de los años 60 en la ciudad belga de Amberes. A partir de su primer encuentro, los dos volverán a encontrarse varias veces en Londres hasta el año 1975, cuando el narrador tiene que volver a Alemania, desde donde le escribe a Jacques Austerlitz sin tener respuesta por su parte. Aunque poco después, el narrador vuelve a abandonar su Alemania natal, no se encuentra con Austerlitz hasta el año 1996 en Londres, veintiún años más tarde. En ese momento de reencuentro, Austerlitz le dice al narrador que "había pensado en [sus] encuentros belgas hacía ya tanto tiempo, y que pronto tendría que encontrar para su historia, que solo en los últimos años había averiguado, un oyente como el que [el narrador] había sido en Amberes, Lieja y Zeebrugge" (Sebald 2014: 47)[5].

El narrador procede a contarnos la historia de Austerlitz, que había permanecido desconocida para él mismo durante años. Austerlitz revela mediante el narrador que descubrió que había sido enviado a Reino Unido en uno de los llamados *Kindertransport*, una iniciativa para rescatar a casi 10.000 niños judíos de Alemania, Austria, República Checa y Polonia en 1939. Con solo cuatro años y medio, apenas tenía recuerdos de su vida anterior cuando se fue a vivir con sus padres adoptivos, un pastor calvinista galés y su mujer, quienes le habían puesto de nombre Dafyd Elias. Austerlitz le cuenta al narrador que no fue hasta que escuchó un reportaje sobre los *Kindertransport* en la radio en una librería en Londres que empezó a recordar algunos de los detalles de su infancia y a sospechar que él había sido uno de los niños refugiados. Pese a que no quedaba ningún documento en Londres que corroborase que él había estado en los *Kindertransport*, Austerlitz viaja a Praga donde, en los archivos oficiales del Estado, descubre información sobre sus padres y sobre Vera, la mujer que lo cuidaba de pequeño. A través de Vera, íntima amiga de su madre, Austerlitz descubre que su madre, Ágata,

---

[5] A partir de aquí me referiré a esta misma edición con las letras iniciales *Aus*.

había sido actriz y cantante de ópera, y que había muerto seguramente o en el campo de concentración de Theresienstadt o en otro. Su padre, Maximilian, había logrado escapar a Francia nada más estallar la guerra. Después de recabar toda la información posible sobre su madre en Praga e incluso hacer una visita al museo de Theresienstadt, Austerlitz va en busca de información sobre su padre en París. Allí descubre que este había estado internado en el campo de concentración de Gurs. Así se entera el narrador de la historia de Austerlitz, y a su vez, decide revelárnosla mediante la narración. Aunque es cierto que Austerlitz acaba conociendo más detalles sobre su vida anterior a su llegada a ese pueblo galés, no consigue llenar del todo las lagunas de su conocimiento. La novela trata, por tanto, de una "frustración deliberada de detección" y para Austerlitz de la "perpetuación de un enigma" (Wood 2011: 18), una frustración que al final solo da paso a vacíos de los que los lectores llegamos a ser testigos gracias al narrador.

Tras el descubrimiento de su historia personal, Austerlitz reflexiona sobre cómo había mantenido y perpetuado esa ausencia sobre su pasado personal, aunque quizás de manera inconsciente, al evitar a todo coste referencias a aquellos años de la Segunda Guerra Mundial. Aunque Austerlitz es un estudioso y académico de la historia de la arquitectura, huía de aquellos años más oscuros de la historia europea más reciente, como revela él mismo al narrador, y este reproduce sus palabras en primera persona:

> Me di cuenta entonces de qué poca práctica tenía en recordar y cuánto, por el contrario, debía de haberme esforzado siempre por no recordar en lo posible nada y evitar todo lo que, de un modo o de otro, se refería a mi desconocido origen. Así, por inconcebible que hoy me parezca, no sabía nada de la conquista de Europa por los alemanes, del Estado de esclavos que establecieron, ni de la persecución a la que yo había escapado, o si algo sabía, no era más de lo que sabe la chica de una tienda, por ejemplo, de la peste o del cólera. Para mí, el mundo acababa al terminar el siglo XIX. Más allá no me atrevía a ir, aunque, en realidad, toda la historia de la arquitectura y la civilización de la edad burguesa que yo investigaba se orientaba hacia la catástrofe que ya se perfilaba entonces. No leía periódicos, porque, como hoy sé, temía revelaciones desagradables, encendía la radio solo a horas determinadas, perfeccionaba cada vez mis reacciones defensivas y creaba una especie de sistema de cuarentena e inmunidad que, al mantenerme en un espacio cada vez más estrecho, me ponía a salvo de todo lo

que de algún modo, por remoto que fuera, estuviera en relación con mi historia anterior (*Aus*: 142).

Aunque el protagonista deja de huir de su pasado y enfrenta su propia historia, la novela no deja de alojar en su centro la ausencia. Las lagunas en la historia de Austerlitz no se limitan únicamente a detalles concretos sobre el derrotero de sus padres, sino que la novela en sí carece de una narración de o incluso de referencias explícitas a los traumas específicos del Holocausto, lo que antes he llamado "ausencias presentes". A pesar de nombrar lugares como los campos de concentración de Theresienstadt y Gurs o "la conquista de Europa por los alemanes", la novela no narra de forma directa ni menciona los campos de exterminio, las cámaras de gas, ni aparecen las palabras *Holocausto* o *Shoah*. En su lectura, Theodore Koulouris afirma que la novela une nociones de ausencia permanente con "our inability to address the systematic extermination of life via conventional forms of textual mourning" (2016: 55). Para Koulouris, la noción de "impensabilidad" que la muerte de Lyotard supone para Derrida en su *The Work of Mourning* nos sirve como planteamiento o aproximación a cómo retratar o abordar la tragedia del Holocausto mediante la obra literaria: esto es, una noción de impensabilidad que no suponga una traición a los muertos, sino un duelo textual que presupone su propia imposibilidad (Koulouris 2016: 57). En *Austerlitz*, abordar el Holocausto mediante su impensabilidad es mantener ausentes los detalles y las historias más cruentos de la tragedia pero de manera constante. Aunque están muy presentes algunos de los símbolos más emblemáticos e infames del Holocausto —los trenes y las estaciones, por ejemplo—, nunca se hacen referencias explícitas, de modo que se convierten en ausencias que permanecen siempre presentes a lo largo de la narración. En una entrevista con Michael Silverblatt que se emite ocho días antes de su muerte prematura, Sebald cavila sobre esa característica de su obra, asentando las bases de lo que se podría interpretar como una ética de la representación que apuntala en la novela *Austerlitz* y en su obra en general:

> [...] the main scenes of horror are never addressed. I think it is sufficient to remind people, because we've all seen images, but these images militate against our capacity for discursive thinking, for reflecting upon these things. And also

paralyze, as it were, our moral capacity. So the only way in which one can approach these things, in my view, is obliquely, tangentially, by reference rather than by direct confrontation (Silverblatt 2007: 80).

Estas "ausencias presentes" son varias y la sensación que provocan en la lectura de la obra es que la narración siempre está apuntando hacia un lugar que, sin embargo, al final no es nombrado nunca. Cuando Austerlitz nos cuenta mediante el narrador cómo se enteró en el año 1949, antes de empezar sus estudios universitarios, y gracias al director de la escuela, de que no se llamaba Dafyd Elias sino Jacques Austerlitz, el profesor le explica que su apellido hace referencia a una batalla decisiva de las guerras napoleónicas y omite cualquier información de relevancia mayor: que, además de un lugar de batalla, se trata de una zona de Checoslovaquia que contaba con una importante población judía y que, además, seguramente se trataba de un nombre de origen judío (Long 2011).

Sin embargo, la "ausencia presente" más significativa, y para Long "the most beautiful act of Sebald's withholding", es el borrado de la palabra *Auschwitz*, lugar al que seguramente fueron mandados sus padres —su madre, Ágata, desde Theresienstadt en 1944, su padre desde el campo francés Gurs en 1942 (Long 2011: 18) —. Al que fue el campo de exterminio que a más personas mató solo se le refiere metonímicamente cuando Vera le dice a Austerlitz que, seis años más tarde, ella "supo que, en septiembre de 1944, Ágata había sido enviada al Este con otros mil quinientos internados de Terezín" (*Aus*: 206)[6].

A este modo de mantener presentes los horrores del Holocausto sin nombrarlo, sin recuperarlo, se le suma también el apellido mismo de Jacques Austerlitz, un nombre que, por su semejanza con ese lugar inefable debido a que comparten las primeras y las últimas tres letras —Austerlitz/Auschwitz—, recorre la narración entera, aludiendo constantemente a ese lugar sin tener que pronunciarlo entero. Debido a la estructura narrativa —que abordaré en breve— todo lo que el narrador nos cuenta se narra en estilo indirecto,

---

[6] Aunque se insinúa que la madre de Austerlitz fue enviada a Auschwitz —"al Este", no se alude al destino final de su padre. Del campo de Gurs —establecido para refugiados de la Guerra Civil española— se deportaron miles de presos judíos a Drancy, quienes fueron mandados después a Auschwitz a finales del año 1942.

obligando al narrador a repetir constantemente el nombre de Austerlitz. De forma parecida, el nombre de ese lugar que se ha convertido en la metonimia por excelencia para la catástrofe del Holocausto se alude en otro momento cuando Austerlitz le cuenta al narrador una visita que hizo junto a una amiga, Marie, al pueblo de Marienbad, en la República Checa, en el año 1972, antes de conocer los detalles sobre su propio pasado. Después de descubrir a través de Ágata que allí habían pasado las vacaciones en familia cuando era niño, Austerlitz entiende por qué "precisamente allí, en Marienbad, no s[intió] más que un terror ciego ante el mejor giro que quería tomar entonces [su] vida" (*Aus*: 208). En esa zona, el narrador nos cuenta que "el último día de [su] estancia, siguió finalmente Austerlitz, [fueron] a través del parque al atardecer, en cierto modo como despedida, a los llamados manantiales de Auschowitz" (*Aus*: 2016). De nuevo la semejanza entre *Auschwitz* y *Auschowitz* es un modo de apuntar hacia el lugar de la catástrofe sin nombrarlo plenamente.

El segundo aspecto de *Austerlitz* que la hace una narrativa postraumática de duelo es la narración constante en estilo indirecto. Long describe esa narración como una "atribución repetida" que parodia el lenguaje periodístico (2011: 16) y Amir Eshel la describe como "una narración periscópica" (2003: 78). Esta narración "ultramediada" hace hincapié en el hecho de que todo detalle y dato que nos pueda llegar sobre el pasado de Austerlitz nos viene ya mediado por varias personas: todo lo que sabemos sobre el personaje de Jacques Austerlitz nos llega mediante el narrador; todo lo que Austerlitz descubre sobre sus padres lo aprende de Vera, pero a los lectores nos llega doblemente mediado: primero a través de Austerlitz; después, del narrador. Los ejemplos de este tipo de narración que Sebald supuestamente aprendió del escritor austríaco Thomas Bernhard (Long 2011; Eshel 2003) son una constante en la novela: un ejemplo de una frase particularmente compleja, con sus distintas capas, sobre algo que Vera le cuenta a Austerlitz sobre su padre: "Maximilian contaba ocasionalmente, según recordaba Vera, dijo Austerlitz, cómo una vez, en primavera de 1933 [...]" (*Aus*: 170). Este tipo de narración llega a formar la estructura esquelética de la novela entera, produciendo un efecto de mareo que a veces roza la confusión, y cuyo efecto principal es el de erigir unas barreras que recorren la narración y dificultan el acceso al pasado. Si antes establecía como una de las características principales de las narrativas de duelo la brecha temporal entre el tiempo de lo narrado y el tiempo de la narración, en *Austerlitz* esa heteroglosia supone la coexistencia de varios niveles temporales narrativos: el pasado del personaje de Jacques Austerlitz, el de los distintos encuentros entre el protagonista y el narrador a lo largo de los años, los reencuentros con Vera y, por último, el tiempo de la narración del narrador que transcurre años después de todos los encuentros que ha tenido con Austerlitz. Esto es lo que Amir Eshel llama "una poética de suspensión" según la cual el tiempo, lo sucedido, la cronología se suspenden en cuanto a su funcionamiento tradicional y la escritura, en vez de ser una representación transparente o descripción de un acontecimiento, constituye un acontecimiento en sí misma y asume una temporalidad literaria única que une los distintos niveles temporales, acercándonos al pasado, pero con unas barreras levantadas que sirven para recordarnos la imposibilidad de aproximarnos del todo a sus pérdidas, independientemente de la necesidad, interés o curiosidad urgentes que pueda haber (2003: 74).

De modo parecido opera el tropo de la prosopopeya en la medida en que esta reconoce la presencia de los muertos, de los que ya no están, pero siempre con una distancia que es inabarcable desde el presente. Aquí entiendo la prosopopeya según la define De Man en sus escritos sobre la autobiografía: "the fiction of an apostrophe to an absent, deceased, or voiceless entity, which posits the possibillity of the latter's reply and confers upon it the power of speech" (1979: 96). Así, la prosopopeya constituye un tropo recurrente en la obra de Sebald —"De modo que es así como regresan los muertos. A veces, al cabo de más de siete decenios, emergen del hielo y yacen al borde de la morrena, un montoncillo de huesos limados y un par de botas con clavos" (*Los emigrados*: 32)—, y en *Austerlitz* el tropo de la prosopopeya constituye otra modalidad de esas "ausencias presentes". Jacques Austerlitz es cada vez más consciente de la presencia de los muertos, de su retorno o, quizás, de su eterna presencia, primero a través de sus estudios sobre la arquitectura de edificios públicos europeos y, más tarde, en su propia búsqueda sobre el destino final de sus padres: de su madre en Theresienstadt y luego de su padre en París. Los personajes de *Austerlitz* están poseídos por un temor, un desasosiego y una amenaza constante que surgen de esa constante comunión con los muertos (Long 2011).

Austerlitz es siempre consciente de las presencias fantasmales que permanecen *a posteriori* y esto ocurre no solo en lugares relacionados con el Holocausto —como veremos en breve—, sino también en otros. Reminiscente de la aseveración de Benjamin en su séptima tesis de que "no hay ningún documento de cultura que no sea al tiempo documento de la barbarie", nos cuenta el narrador en varias ocasiones cómo Austerlitz tiene presente a los que ya no están en varios momentos de la novela: en la estación de Amberes, en su primer encuentro Austerlitz, se pregunta en voz alta delante del narrador al contemplar "los altos espejos de la sala de espera [...] *combien d'ouvriers périrent, lors de la manufacture de tels miroirs, de malignes et funestes affectations à la suite de l'inhalation des vapeurs de mercure et cyanide*" (*Aus*: 16-17)[7]; en la estación de Liverpool Street, edificada sobre los antiguos cimientos del Bethlam Royal Hospital, donde Austerlitz decía que sentía "una especie de dolor de corazón que, como empezaba a sospechar, se debía a la vorágine del tiempo pasado. [...] y a menudo me he preguntado si el sufrimiento y los dolores que se acumularon allí durante siglos han desaparecido realmente alguna vez, si todavía hoy, como creía sentir a veces en un frío soplo de aire en la frente, no nos cruzábamos con ellos en nuestros recorridos por las naves y en las escaleras" (*Aus*: 131-132). Con una capacidad y una sensibilidad para atisbar las estelas aún visibles del sufrimiento del pasado, tras el descubrimiento de su propio pasado y su encuentro con Vera, y durante su visita al Museo del Gueto en Theresienstadt, Austerlitz entraría en contacto "por primera vez con una idea de la historia de la persecución, que [su] sistema de prevención había mantenido tanto alejada de [él] y que ahora, en aquella casa, [le] rodeaba por todas partes" (*Aus*: 200). Tras leer sobre las sesenta mil personas que habitaban el campo en diciembre de 1942 —fecha en la que su madre, Ágata, habría llegado—, Austerlitz relata sus sensaciones, transcritas por el narrador: "[...] me pareció como si no se los hubieran llevado de allí, sino que vivieran, lo mismo que entonces, apretados en las casas, en los sótanos y en los desvanes, como si subieran y bajaran incesantemente las escaleras, mirasen por las ventanas, deambularan en gran número por las calles y callejas, y llenaran incluso, en asamblea silenciosa, todo el espacio del aire, rayado en gris por la fina lluvia" (*Aus*: 202). Lejos de tratarse de una

---

[7] El fragmento citado aparece en francés en el original. El narrador nos explica que, habiéndose conocido primero en Amberes, Austerlitz y él se hablaban en francés. Luego se comunicarían también en inglés (*Aus*: 36).

restauración de los perdidos o lo muertos, se trata de presencias que, pese a otorgárseles esa cara (*prósopon*) y, por tanto, como dice De Man, la posibilidad de la respuesta, en la obra de Sebald no responden, no hablan, sino solo son capaces de hablar mediante el reconocimiento por parte de Austerlitz, quien, a su vez, se lo transmite a quien le escucha, al narrador, y este a nosotros, los lectores.

Esa presencia de los muertos que carecen de respuestas posibilita, sin embargo, un reencuentro que tiene una potencial *empifánica* —en palabras de Nouri Gana: de *empatía* y *epifanía*—: al sujeto doliente le proporciona acceso a la alteridad irreductible del otro a la vez que a la realidad de la muerte, la pérdida y el proceso de duelo en sí (Gana 2011: 31). Sin embargo, Gana no entiende ese encuentro facilitado por el tropo de la prosopopeya como un acto consolatorio, sino un modo de hacer que el sujeto doliente se tope una vez más con esa aporía del duelo de Derrida: una demanda de llevar a cabo el duelo, aunque este sea irrealizable del todo (2011: 31). Austerlitz reflexiona sobre ese encuentro con los muertos, tanto en Theresienstadt como en cualquier otro lugar, en una de las conversaciones reproducidas por el narrador:

> No me parece, dijo Austerlitz, que comprendamos las leyes que rigen el retorno del pasado, pero cada vez me parece más como si no hubiera tiempo, sino diversos espacios, imbricados entre sí, entre los que los vivos y los muertos, según el talante en que se encuentran, van de un lado a otro, y cuanto más lo pienso más me parece que nosotros, los que todavía nos encontramos con vida, a los ojos de los muertos somos irreales y solo a veces, en determinadas condiciones de luz y requisitos atmosféricos, resultamos visibles (*Aus*: 186-187).

Esa convivencia con los muertos para los personajes de *Austerlitz* y ese conjurarlos por parte de Sebald no posibilita sin embargo una resurrección de los muertos, aunque, en palabras de Long, en *Austerlitz* los muertos vuelven como testigos mudos que juzgan precisamente el fallido intento de salvarlos. Dicho de otro modo, rescatar a los muertos constituye el proyecto imposible de Jacques Austerlitz y también de Sebald (Long 2011).

El último aspecto de esa poética de ausencia que caracteriza las narrativas postraumáticas de duelo persistente en *Austerlitz* es el aspecto metaliterario del recurso a la ficción como modo de abordar lo irrecuperable, lo incognoscible. En la novela de Sebald, esto se lleva a cabo sobre todo mediante las numerosas fotografías que se incorporan a lo largo de la narración, una característica no solo de *Austerlitz* sino de la obra de Sebald en general[8]. Aquí, la función de las fotos en una novela de ficción como *Austerlitz* no es la de refrendar ciertas afirmaciones presentando la fotografía como documento histórico, sino más bien todo lo contrario: extirparlas de su contexto histórico para ponerlas al servicio de la ficcionalización. Aunque bien es cierto que algunas de las fotografías intercaladas en la narración corresponden a los lugares visitados en el texto —el Fuerte de Breendonk, que más tarde se utilizaría como campo de concentración, o la estación de Liverpool Street, etc.—, la gran mayoría forman parte de la "campaña audaz" (Long 2011) de Sebald de ficcionalizar las imágenes para que encajen en y coincidan con la ficción narrada. Dicho de otro modo, Sebald coge fotografías —hechas por él o encontradas—, las desvincula de cualquier sentido que podrían tener y se las reapropia: en la obra de Sebald las fotografías "se pueden entender como *imágenes pensativas*, en el sentido de Jacques Rancière: fotografías cuyo sentido [se ha] divorciado radicalmente de la intención de quien las tomó" y han sido puestas al servicio de la ficción (Carrión 2015: 9). Esa ficcionalización reapropiadora a menudo pasa desapercibida, como por ejemplo en el caso de las fotos del niño rubio o en el de la foto de los padres de Austerlitz, Maximilian y Ágata en la representación teatral, ambas proporcionadas a Austerlitz gracias a Vera y reproducidas en el texto. Como lectores, nos dejamos engañar por el juego de Sebald y damos por sentado que el niño rubio —el mismo que cubre las portadas de las ediciones de la novela tanto en alemán como en inglés o castellano— es en realidad una foto del joven Austerlitz. En el caso de que nos sustraigamos del pacto narrativo y contemplemos las fotos de Sebald fuera del nivel diegético, nuestra primera inclinación es suponer, como han sugerido algunos según J. J. Long, que tal vez se trata de una fotografía del joven Sebald[9].

---

[8] Las cuatro obras de ficción más reconocidas de Sebald —*Vértigo, Los emigrados, Los anillos de Saturno* y *Austerlitz*— incorporan imágenes que acompañan el texto.

[9] Long nos confirma que, al contrario de lo que han sugerido algunos, en definitiva no se trata de una foto de Sebald. Long afirma, además, que según el propio Sebald, en una novela como *Los emigrados*, un 30 por ciento de las fotografías son ficcionales (2011: 17).

Si no caemos en la "trampa" y nos percatamos de que semejante supuesto constituiría una suerte de falacia biográfico-fotográfica, contemplar las fotos incorporadas por Sebald cobra un sentido distinto que remite a las reflexiones hechas por Barthes en su *Cámara lúcida*: ante las fotos en las que aparecen personas —una del equipo de rugby del que formaba parte Austerlitz (*Aus*: 78); una de dos personas en un escenario que podrían ser los padres de Austerlitz, aunque esto Vera lo desmiente más tarde (*Aus*: 183); la del niño rubio (*Aus:* 184); o la de Ágata, que el propio Austerlitz descubre (*Aus:* 253)—, nos damos cuenta de que son lo que Barthes llama *memento mori*, anunciantes de la catástrofe de la muerte del sujeto, "tanto si el sujeto ha muerto como si no, toda fotografía es siempre esta catástrofe" (1989: 147).

El ejemplo más escalofriante es el último, el de la fotografía de Ágata encontrada por el propio Austerlitz. Tras su primera visita y reencuentro con Vera, Austerlitz se dedicaría a estudiar de forma minuciosa el extenso trabajo del poeta alemán y superviviente del Holocausto H. G. Adler sobre el campo de Theresienstadt, donde había estado preso antes de ser deportado a Auschwitz. Gracias al libro de Adler, titulado *Theresienstadt. 1941-1945. Das Antlitz einer Zwangsgemeinschaft* (*El rostro de una comunidad forzada*), Austerlitz descubre la existencia de una película de propaganda rodada por los nazis, quienes, aprovechando las reformas y las mejoras hechas en el campo como parte de la llamada "campaña de embellecimiento" (*Verschönerungsaktion*) para la visita de la comisión danesa de la Cruz Roja en verano de 1944, dejaron para la posterioridad esas imágenes falseadas con el fin de blanquear sus crímenes. Tras leer en el libro de Alder que una copia de la película titulada *El Führer regala una ciudad a los judíos*[10] debe de haber sobrevivido, Austerlitz intenta hacerse con ella como sea, ya que según dice a través del narrador, le "resultaba imposible situar[se] en el gueto e imaginar[se] que Ágata, [su] madre, hubiera estado en ese lugar" (*Aus*: 245). Cuando por fin Austerlitz consigue visionar lo que había sobrevivido de la película en el Imperial War Museum en Londres, no ve a su madre en ninguna toma, lo que le

---

[10] Este es el título al que refiere Austerlitz (*Aus*: 246-247), pero la película de propaganda también se conoce por el título *Theresienstadt: Un documental sobre el reasentamiento judío*. Sobre los preparativos para el rodaje y su producción, véase el libro de H. G. Adler (2017), en particular las páginas 147-149.

lleva a encargarle una copia a cámara lenta del fragmento que mostraba imágenes del campo. Allí, con una versión ralentizada que duraba cuatro veces más, Austerlitz analiza con detalle todos los rostros de las personas que salen con el objetivo de localizar a su madre. Hacia el final, entre los asistentes de un concierto falso, fingido y forzado, cree reconocerla:

> Parece exactamente, pienso, tal como, según mis débiles recuerdos y los escasos puntos de referencia que hoy tengo, me imaginaba a la actriz Ágata, y miro una vez y otra vez ese rostro, para mí igualmente extraño y familiar, dijo Austerlitz, rebobino la cinta, fotograma a fotograma, mirando el indicador de tiempo del extremo superior izquierdo de la pantalla, las cifras que le tapan una parte de la frente, los minutos y los segundos, de 10.53 a 10.57, y las centésimas de segundo, que pasan tan rápidas que no se las puede descifrar… (*Aus*: 251-252).

Pese a estar convencido de que la mujer que sale en la película de propaganda nazi es la misma mujer que coincide con los borrosos recuerdos que tiene de su madre, más tarde en una segunda visita a Praga, Vera desmiente las sospechas de Austerlitz con una leve sacudida de cabeza a la vez que deja al lado la copia del fotograma: no es Ágata. No obstante, en ese mismo viaje a Praga, Austerlitz encuentra en el Archivo Teatral de la ciudad una foto de una actriz sin nombre que "parecía concordar con el oscuro recuerdo de mi madre". Austerlitz enseña la foto del archivo a Vera, quien "reconoció inmediatamente y sin duda alguna, como dijo, a Ágata, tal como era en aquella época…" (*Aus*: 253).

La expropiación del sentido original de la imagen y su subsiguiente reapropiación como punto de partida de la ficción es lo que hace que J. J. Long tilde la obra de Sebald de "audaz": según Adler, un año después del rodaje, la mayoría de los que habían participado en ella ya estaban muertos (2017: 149). Entiendo lo que hace Sebald como parte integral de ese duelo colectivo a través de la literatura y desde un presente temporalmente distanciado del momento de la pérdida: ante el vacío, un pasado hecho de fragmentos y restos, la decisión de recurrir a la ficción convierte la imposibilidad de recuperar el pasado en acción mediante el acto literario, del cual tanto autor como lector pueden participar. Sebald dejó resumida la posición que adopta en *Austerlitz* nueve años antes en lo sugerido por el narrador de *Los anillos de Saturno*, tras su visita al monumento de la batalla de Waterloo citado anteriormente: "el arte de la representación de la historia [...] se basa en una falsificación de la perspectiva. Nosotros los supervivientes lo vemos todo desde arriba, vemos todo al mismo tiempo y, sin embargo, no sabemos cómo fue" (*Los anillos de Saturno*: 142).

Si podemos entender la ficción como una reapropiación de los restos del lenguaje después de la catástrofe, podemos entender la imagen también como otro tipo de reapropiación de los restos: "Pero solo tenemos palabras e imágenes para dar cuenta de la Europa del siglo XX, para acometer el intento de reconstrucción y de restitución, en el espacio de la página, ese lugar del posible encuentro" (Carrión 2015: 9). Sin embargo, ese lugar de encuentro es el del reconocimiento de un intento fallido: del mismo modo en el que el personaje de Austerlitz, por mucho que lo intente, no logra rescatar del todo a sus padres, siempre quedarán lagunas de información; para nosotros los lectores y los que somos propios de este presente postraumático, también.

Patrick Modiano: Dora Bruder *(1997)*

Pasar de una obra de Sebald a una de Modiano resulta una tarea no solo hacedera sino también productiva: en su totalidad la obra de Sebald y la de Modiano comparten ciertos rasgos en cuanto al estilo y las preocupaciones generales subyacentes que motivan su producción creativa. En particular, una comparación más específica entre *Austerlitz* y *Dora Bruder* (1997) revela más semejanzas aún, empezando por el año de nacimiento de ambos —Sebald en 1944, Modiano en 1945— o las fechas de publicación —*Austerlitz* (2001) y *Dora Bruder* (1997)—, y terminando con los rasgos compartidos no solo en cuanto a la temática sino también a la estructura.

En las dos obras nos encontramos con un narrador que se parece bastante a sendos autores: aunque podríamos clasificar *Dora Bruder* como una obra de autoficción, *Austerlitz* tal vez se alejaría demasiado de las principales características que la calificarían como tal. En ambas narraciones nos encontramos con un narrador (novela de Modiano) o un protagonista (Austerlitz en la novela de Sebald) que pretenden reconstruir una historia desconocida del pasado: en el caso de *Dora Bruder*, se trata de la búsqueda de información sobre una joven judía francesa primero huida de casa, después deportada y exterminada en Auschwitz. Más allá de ese objetivo central de recabar información sobre el pasado, las dos novelas comparten otros elementos y tema recurrentes: los paseos, la convivencia en el presente con los mismos espacios importantes del pasado, o las fotografías. Huelga decir también que ambas obras comparten esas características que las hacen narrativas postraumáticas de duelo persistente: en su análisis comparativo, precisamente, de la obra de Sebald y Modiano, Eurídice Figueiredo aborda directamente las nociones de duelo afirmando que ambos autores llevan a cabo un proceso de duelo mediante unos libros lagunosos que no pretenden explicar ni dar cuenta de lo ocurrido (2013: 13).

Son varias las obras de Modiano que podrían haberse incluido como ejemplos de narrativas postraumáticas de duelo en el contexto de la Europa del post-Holocausto. En unas declaraciones hechas en su discurso de aceptación del Premio Nobel de Literatura en 2014, el propio Modiano afirma tener la sensación de escribir siempre el mismo libro, curiosamente una crítica recurrente respecto a su obra. Son muchos los críticos, sin embargo, que ven en esta calidad repetitiva la propia de un duelo interminable, un constante retorno a los temas irresueltos del pasado sintomático, una inquietud por atender precisamente a las demandas de duelo que emanan del pasado (Suleiman 2007: 342).

Se ha generado debate en torno al género de *Dora Bruder*: en general, se ha caracterizado como una obra híbrida, entre biografía, ficción y autobiografía (Suleiman 2007), una investigación, un relato histórico, una biografía (Nordholt 2008: 100), mientras que otros la han caracterizado como "una investigación inacabada", "el relato de una investigación" o "un libro de conmemoración que trasciende los recuerdos personales" (Cooke 2005: 288). Pese a las críticas a los que la han tildado de novela —según Susan Suleiman, sería una distorsión significativa llamar a la obra de Modiano una novela (2007: 346)— no me decantaría exclusivamente por la calificación de investigación: prescindir del vínculo con un género literario y con la ficción sería igual de falaz que deshacerse de toda referencia al aspecto de investigación de la obra. Sobre el género de *l'enquête* —la investigación—, Annelies Schulte Nordholt afirma que si la investigación gira en torno a una persona que realmente existió, "cela ne fait de Modiano ni un historien ni un chroniqueur. Il reste encore et surtout écrivain et *romancier* et se met en scène en tant que tel. L'art du roman, loin d'être le pôle opposé de l'enquête, est ici une des voies" (2007: 85). Es precisamente ese lidiar con lo que podemos saber e incluso rescatar del pasado y lo que es el deber y la vocación del escritor de crear e inventar, la tensión resultante de esos dos polos, lo que hace que *Dora Bruder* sea partícipe de ese duelo en un presente postraumático: en un momento temporalmente alejado del momento de las pérdidas, la novela de Modiano mimetiza y ejemplifica las dificultades epistemológicas y éticas de relacionarnos con el Holocausto y su legado (Rose 2008: 3).

En su intento de recabar toda la información posible sobre la joven durante su desaparición y, más tarde, su detención, internamiento y deportación a Auschwitz, el narrador pretende ceñirse de manera minuciosa a lo fáctico y contrastable, dejando siempre bien marcado lo que constituye una suposición por su parte. Cuando el narrador no consigue averiguar algún dato, admite siempre esa ignorancia. Pese a los motivos éticos de querer llevar a cabo una investigación que recogiera todos los datos posibles sobre Dora, ese rescate total de la joven resulta imposible y, ante el vacío que ha devorado a la joven, al narrador no le queda más remedio que recurrir a la ficción de una manera que contrasta considerablemente con sus esfuerzos por no enmascarar sus especulaciones y suposiciones previas. Es precisamente a través de ese recurso a la ficción que la entiendo como modo de reafirmar el carácter irrecuperable del pasado: mediante la yuxtaposición de tanta insistencia por un lado de dejar claro lo que es inferencia y, por otro lado, recurrir a la ficción, la ausencia total de Dora Bruder como víctima del Holocausto llega a constituir el eje central de la obra.

La novela *Dora Bruder* constituye en realidad la última pieza de un largo proyecto emprendido varios años antes por el propio autor. Buena parte del proceso de dicho proyecto de búsqueda ha quedado plasmado en la novela donde el narrador explica la investigación llevada a cabo: todo empieza tras descubrir en 1988, en un viejo ejemplar del periódico *Paris-Soir* del año 1941, la información de la desaparición de una joven judía de 15 años. Conmovido por la noticia, Modiano publica dos años después la novela *Viaje de novios* (*Voyage des noces*, 1990) en la que la joven Ingrid Teyrsen, inspirada en la joven desaparecida del recorte de prensa, desaparece y es asesinada. El narrador de *Dora Bruder* hace referencia a la publicación de esa novela —novela que decidió escribir "para no dejar de pensar en ella" (Modiano 2015: 68)[11]—, en una reflexión sobre los pocos datos de los que disponía sobre la joven: "Me parecía que jamás lograría encontrar la menor huella de Dora Bruder. Entonces, la frustración que experimentaba me impulsó a escribir una novela, *Viaje de novios*, una manera como otra cualquiera de seguir concentrando mi atención en Dora Bruder, y quizá, me decía a mí mismo, de dilucidar o adivinar alguna cosa suya, algún lugar por donde había pasado, algún detalle de su vida" (*DB*: 51).

Como sugiere el narrador de *Dora Bruder*, la novela *Viaje de novios* sería un primer intento de plasmar una posible historia inspirada en la desaparición de Dora Bruder en una obra de ficción. Tras la publicación de la obra, Modiano retomaría su propia investigación, que resultaría bastante fructífera gracias al trabajo realizado por el historiador Serge Klarsfeld sobre las deportaciones de judíos franceses[12]. Habiendo publicado *Le Mémorial de la déportation des juifs de France* en 1978, Klarsfeld publica en 1994 la primera edición de su trabajo dedicado exclusivamente a las víctimas menores de edad en *Le Mémorial des enfants juifs de France 1940-1944* (1994). Aunque esa primera edición no recogía el nombre de Dora Bruder, ya que en el momento de su publicación se desconocía su año de nacimiento, Modiano responde públicamente en un artículo titulado "Avec Klarsfeld contre l'oubli" en el diario *Libération* en el que loa el trabajo de Klarsfeld y reflexiona sobre sus propios intentos de conmemorar esa historia a través de la ficción y las dificultades que semejante tarea le suponía:

> Son mémorial m'a révélé ce que je n'osais pas regarder vraiment en face, et la raison d'un malaise que je ne parvenais pas à exprimer. [...] Après la parution du mémorial de Serge Klarsfeld, je me suis senti quelqu'un d'autre. [...] Et d'abord, j'ai douté de la littérature. Puisque le principal moteur de celle-ci est souvent la mémoire, il me semblait que le seul livre qu'il fallait écrire, c'était ce mémorial, comme Serge Klarsfeld l'avait fait (Modiano 1994).

---

[11] A partir de aquí las referencias a esta edición se señalarán con las iniciales de la obra: *DB*.

[12] Sobre la colaboración y la correspondencia entre Modiano y el historiador Klarsfeld y el efecto y la influencia que tuvieron en la escritura de *Dora Bruder*, véase el artículo de Alan Morris (2006).

En el mismo artículo, Modiano confiesa que Dora y sus padres "ne cessent de [le] hanter" y que, seguramente gracias a Klarsfeld, podrá saber algo más sobre ella. Pese a sus dudas sobre el papel de la literatura, Modiano sigue adelante con su investigación. Al año siguiente se publicaría una segunda edición de ese libro sobre los niños deportados en el que Klarsfeld incluye no solo datos sobre Dora Bruder sino también una fotografía y una mención a Modiano (1996: 1599). Con la ayuda de Klarsfeld, Modiano empieza a escribir lo que sería su novela sobre la búsqueda de información relacionada con la joven.

Encontramos en *Dora Bruder* esa misma poética de ausencia, que en este caso se manifiesta a través de ese recurso a la ficción al toparse con agujeros que surgen inevitablemente en la investigación sobre la historia de la joven, situando su ausencia en el centro de la narración. De nuevo una ausencia presente que, por su propia esencia lagunosa, impide un final cerrado y resuelto, aspecto que Steven Ungar ha denominado propio de "una narrativa modiana", al ser este un final recurrente en la totalidad de su obra (2007: 394). De modo parecido al de *Austerlitz*, aunque el narrador de *Dora Bruder* consigue rescatar algunos detalles sobre su historia, es incapaz de saldar la deuda epistémica del todo. A pesar de ese fracaso, sin embargo, la obra de Modiano constituye un acto de lo que Susan Rubin Suleiman llama "identificación empática" del otro —o, en este caso, de *la otra*— que acaba convirtiendo la obra de Modiano en una especie de acto ético o político que insiste en nuestra afectabilidad e incumbencia por el pasado, aun si el vacío dejado por ese pasado es inabarcable del todo.

Es a partir de esa "identificación empática" que Suleiman lee la novela de *Dora Bruder* como un proceso de duelo por parte del autor que es catalizado, en una primera instancia, por un interés en y una identificación con la historia de la joven parisina a partir de experiencias que comparte el autor con la joven Dora. Consciente de los peligros y las sospechas éticas de una identificación excesiva —la autora menciona el caso de Dössekker, por ejemplo, o plantea lo problemático que sería que Modiano se apropiase de la historia de una joven víctima del Holocausto para contar su propia historia personal—, Suleiman explica que entiende que un proceso de duelo a partir de la historia de Dora surge precisamente a partir del reconocimiento de las *diferencias* por parte de Modiano entre él y Dora Bruder. Según esta identificación empática, el sujeto se identifica con el otro, con su historia y sus condiciones, pero el énfasis permanece en el otro: "that person resembles (or could resemble) me, and therefore what happens to that person concerns me" (2007: 334). Reminiscente de las nociones de vulnerabilidad corporal compartida de Butler y las advertencias de Derrida contra la negación del otro en el duelo, Suleiman sugiere que Modiano logra identificarse con Dora mediante la reconstrucción de su historia, pero sin apropiarse de ella.

Resuelto y empeñado en su búsqueda de descubrir la historia de la joven, el narrador admite, sin embargo, los límites de su propio conocimiento: en su análisis, Suleiman apunta precisamente hacia la especulación por parte de Modiano ante alguna incógnita sobre la historia de Dora como prueba de que el autor mantiene de forma cuidadosa y cautelosa la distancia y la diferencia entre la posición y la historia del propio Modiano y la de Dora (2007: 336). Así, aunque tiene como objetivo informar sobre el proceso de investigación y la historia de Dora, la obra está plagada de incógnitas que el propio narrador no deja de reconocer en ningún momento, cuya impotencia ante lo desconocido parece provocarle más frustración al recorrer los mismos espacios y calles que la familia Bruder: "Dicen que los lugares conservan por lo menos cierta huella de las personas que los han habitado. Huella: marca en hueco o en relieve. Para Ernest, Cécile y Dora, yo diría: en hueco. Me embargaba una sensación de ausencia y de vacío cada vez que me encontraba en un lugar donde habían morado" (*DB*: 31).

En las calles de París, tan cerca y a la vez tan lejos de Dora Bruder y su historia, las preguntas continuas del narrador, los "no lo sé", las preguntas retóricas y ciertos verbos o construcciones sintácticas llegan a teñir la narración en su totalidad con esa sensación de cautela, de querer acercarse lo más posible a la ausencia que rodea a Dora y a su familia, sin llenarla. Sobre los orígenes del padre de Dora, Ernest Bruder, y su pasado en la legión francesa, el narrador nos dice que "*debió de pasar* su infancia en Leopoldstadt, el barrio judío de [Viena]. Sus padres *seguramente* eran oriundos de Galitzia, de Bohemia o de Moravia [...] ¿era tal vez de origen menos miserable que los refugiados del Este? ¿Hijo de un comerciante de la Taborstrasse? ¿Cómo saberlo? [...] *Debió de ser* liberado en su alistamiento en la legión a causa de su herida. *Supongo* que no habló de ellos con nadie" (*DB*: 26-27; 29)[13]. O,

---

[13] La cursiva es mía.

sobre la vida personal de Dora en el pensionado católico donde sus padres la mandaron a estudiar y de donde más tarde se fugaría —y por eso, el anuncio en el periódico—, el narrador insiste: "*Ignoro* si Dora Bruder hizo alguna amistad en el pensionado del Sagrado Corazón de María. O si se mantenía apartada de las demás internas. Hasta que no recabe el testimonio de alguna de sus antiguas compañeras deberé limitarme a la *mera suposición*" (*DB*: 43)[14]. Sobre Dora no hay nada que nos indique algo sobre aquellos meses que pasaron entre su desaparición y su vuelta a casa, antes de su posterior deportación: "No he encontrado ningún indicio, ningún testigo que pudiera iluminarme sobre sus cuatro meses de ausencia, que quedan para nosotros como un blanco en su vida" (*DB*: 81). Más tarde, el narrador explica que después de ver el anuncio en el periódico descubrió que Dora había estado internada en el campo de concentración de Drancy tras una breve estancia en el campo de Tourelles en París. Sin embargo, el narrador no tiene ningún indicio que explique los motivos por los que Dora fue internada inicialmente en Tourelles: "¿En qué momento y por qué razones concretas Dora Bruder fue enviada a Tourelles? Me preguntaba si existía algún documento, una pista que me pudiera proporcionar una respuesta. *Me era imposible* ir más allá de las meras suposiciones" (*DB*: 57-58)[15]. De las 26 secciones que forman el libro, 10 empiezan con una pregunta, un vacío, una falta de información: "Me pregunto qué hizo Dora Bruder el 14 de diciembre de 1941 en los primeros momentos de su fuga" (*DB*: 68); 11 de ellas acaban de ese modo[16]: "¿Había preparado Dora Bruder su fuga mucho tiempo antes, con la complicidad de algún amigo o amiga? ¿Se había quedado en París o había intentado pasar también a la zona libre?" (*DB*: 69). Un tercio de ellas empieza con un hecho, dato o documento, pero estos siempre vienen seguidos por preguntas o posibles hipótesis: "El 9 de mayo de 1940, Dora Bruder, a los 14 años, es matriculada en un internado religioso [...] ¿Por qué sus padres decidieron matricularla en este internado? (*DB*: 38).

Las admisiones por parte del narrador de su ignorancia mediante preguntas retóricas y la insistencia en que no puede hacer sino especular no se

---

[14] La cursiva es mía.
[15] La cursiva es mía.
[16] Sobre el análisis de la organización de las distintas secciones, véase Cooke (2005: 293).

limitan únicamente a la figura de Dora Bruder o su familia. Tras recibir un documento procedente de los archivos del Yivo Institute de Nueva York y dirigido a una tal "Señorita Salomon", trabajadora de la Union Géneral des israélites de France (UGIF)[17], el narrador comprueba que allí constan el regreso de Dora tras su segunda fuga y el internamiento de su padre (*DB*: 92). Tras un período de indagación adicional, el narrador se hace con una fotografía de dos jóvenes trabajadoras de la UGIF delante de un edificio que describe para los lectores: "La cabeza y la gorra de la morena ocultan la mitad de los rótulos de la placa inferior. Pero se puede leer de todos modos: *Sección de...* INSPECTORES. Abajo, una flecha: 'Pasillo derecho, puerta...' Nunca conoceremos el número de esa puerta" (*DB*: 98). Hasta en la información y la documentación secundaria, el narrador parece no querer ir más allá de sus "meras suposiciones" y deja que la ausencia de datos hable por sí misma. De modo parecido, ante la falta de algún documento que refrendase los motivos por la detención de Dora y su internamiento en Tourelles y después en Drancy —nos informa el narrador de que muchos fueron destruidos después de la guerra—, el narrador reproduce restos de órdenes de detención que sí se salvaron de la destrucción (*DB*: 95-96). También, ante la falta de documentos o información sobre el internamiento de Dora o su padre en Drancy antes de su deportación a Auschwitz, el narrador opta por incluir en su totalidad una carta de un hombre que estuvo en el convoy de Drancy del 22 de junio de 1942 —uno de los primeros trenes en salir y el primero con mujeres—: "Hace dos años encontré por casualidad, en una librería de los muelles del Sena, la última carta de un hombre que partió en el convoy del 22 de junio [...] La carta estaba en venta, como cualquier otro autógrafo, lo que quería decir que sus destinatarios y sus parientes más próximos habían desaparecido también. [...] Copio la carta, este miércoles 29 de enero de 1997, cincuenta y cinco años después" (*DB*: 109). De este modo, el narrador yuxtapone el vacío en torno a la historia de Dora con la integridad de otros documentos

---

[17] Nos dice el narrador que la UGIF era "un organismo dirigido por notables israelitas franceses y que agrupaba durante la Ocupación todas las obras de asistencia destinadas a la comunidad judía. [...] Los alemanes pensaban que un organismo semejante bajo su control serviría a sus designios, como las *Judenrate* que habían creado en las ciudades de Polonia" (*DB*: 96-97).

que, aunque no directamente relacionados con la joven y su familia, sí nos pueden ofrecer algún atisbo sobre las circunstancias que llevaron a su detención, internamiento y deportación.

Pese a la insistencia por parte del narrador de rechazar reiteradamente la omnisciencia en su búsqueda de cualquier pista sobre los derroteros de Dora Bruder, la obra de Modiano cuenta con elementos novelísticos e incluso alguna incursión cautelosa dentro del terreno de la ficción. En el comentario citado arriba hecho por Suleiman sobre el género de la obra de Modiano, la autora permanece reacia a la calificación de *Dora Bruder* como novela —sería una "distorsión" llamarla como tal—; aunque Suleiman reconoce las múltiples especulaciones hechas por el narrador ante las varias incógnitas sobre la vida de Bruder o incluso lo que llama alguna "narración novelística", afirma que lo sorprendente son los *pocos* ejemplos de ese tipo de narración (2007: 336). Si bien es cierto que los ejemplos de narración novelística son pocos en número, según mi propia lectura, se trata precisamente de invenciones ficcionales o decisiones por parte de Modiano que, del mismo modo en el que J. J. Long describe la obra de Sebald, se podrían describir como audaces. Es precisamente en esos momentos en los que el narrador se acerca ligeramente a la ficción, situando la narración a medio camino entre esta y la investigación —dos voces: "il emprunte principalement deux voies: d'une part, la contextualisation historique, de l'autre *l'imagination* romanesque" (Nordholt 2008: 105) — que el texto se acaba de consolidar como narrativa de duelo, donde el recurso a la invención o a la imaginación no hace sino realzar la irrecuperabilidad total del pasado mediante la yuxtaposición con especulación comedida, situando así la ausencia de Dora en el centro de la narración, como una especie de "marca en hueco", de la huella dejada por ella. Como sugiere el propio narrador al reflexionar sobre la inferencia y el papel del novelista:

> Creo [...] en el don de clarividencia de los novelistas (la palabra 'don' no es exacta porque sugiere una especie de superioridad; no, eso forma parte del oficio: el esfuerzo de la imaginación imprescindible en la profesión, la necesidad de fijar la atención en los pequeños detalles —y eso de manera obsesiva—para no perder el hilo y dejarse llevar por la pereza, toda esa tensión, esa gimnasia cerebral pueden sin duda provocar a la larga fugaces intuiciones 'concernientes

a sucesos pasados y futuros', como dice el diccionario Larousse en la entrada "Clarividencia" (*DB:* 51).

Podemos distinguir entre dos tipos de invención ficcional. El primero de estos sería una especie de inferencia presentada como perspicacia por parte del narrador basada en los datos disponibles y las circunstancias. Más que invención total, estas inferencias producen lo que Dervila Cooke llama un "sutil efecto de ficción" (2005: 295), que sirve para establecer una conexión con Dora o con otros personajes. A veces el narrador se permite imaginar escenas o intuir los pensamientos de Dora. El narrador nos cuenta que Dora pasó el verano del 1940 allí y que los domingos visitaba a sus padres. En una suerte de destello de los pensamientos de Dora, el narrador nos cuenta que para ella volver al internado a finales de verano "era como volver a la cárcel" (*DB:* 45). O, por ejemplo, sin saberlo a ciencia cierta, el narrador se imagina la ruta que seguiría para ver a sus padres durante el año escolar: "Dora pasó el verano de 1940 en el internado en la calle Picpus. Sin duda visitaba los domingos a sus padres [...] Observo el plano del metro e intento imaginar el trayecto que seguía. [...] Ella debía de seguir el mismo camino al regreso" (*DB*: 45). Estas especulaciones sobre los pensamientos o sentimientos no se limitan exclusivamente a Dora. Tras su fuga, el narrador reflexiona sobre cómo podrían haber sido esos días para Ernest y Cécile Bruder: "Dora se había fugado trece días antes y Ernest Bruder había esperado hasta entonces para denunciar su desaparición. Es posible imaginar su angustia y sus dudas a lo largo de trece largos días (*DB*: 70-71). El narrador describe a Cécile Bruder como "desesperada como la mayor parte de judíos" cuando, sola después de la detención previa de su marido, dice que era "probable que Cécile Bruder hubiera recurrido a" la UGIF (*DB*: 97).

El segundo tipo de invención, mucho más atrevida, consiste en afirmaciones o escenas directamente inventadas, las cuales se presentan dentro del texto sin ningún tipo de indicación que las denote como tal. Pese a estar integrados dentro del flujo normal de la narración, extraña que esas invenciones no estén marcadas, ya que en tantas otras ocasiones el narrador admite su ignorancia o explica que ciertas observaciones son simples conjeturas: el efecto resultante es el de un lector que se pregunta sobre el origen de esa información (Cooke 2005: 295). Uno de los momentos más llamativos sería la narración del último día de Dora en Tourelles, antes de ser trasladada a Drancy: "A las diez de la mañana del día 13 pasaron lista interminablemente en el patio del cuartel, bajo los castaños. Último desayuno a la sombra de aquellos árboles. Una ración miserable que te dejaba hambriento. Llegaron los autobuses. En cantidad suficiente, al parecer, para que cada prisionera pudiera sentarse. Dora como todas las demás" (*DB*: 124-125).

La descripción novelística, producto de la invención imaginativa por parte del narrador, continúa una vez que explica que Dora llega a Drancy. A pesar de afirmar que, en agosto de 1942, Drancy sufría un problema de sobrepoblación y que "llegaban por millares en trenes de mercancías" desde otros lugares, nos dice el narrador que "en Drancy, entre el barullo, Dora encuentra a su padre, internado desde marzo" (*DB*: 125). Ese reencuentro, tras meses de separación, se trata de una escena completamente inventada e imaginada; aunque líneas después el narrador explica que, debido a la sobrepoblación, se traslada a los judíos de nacionalidad francesa al campo de Pithiviers. "Dora, que era francesa, habría podido dejar Drancy con ellos. Pero no lo hizo por una razón fácil de *adivinar*: prefirió quedarse con su padre" (*DB*: 126)[18]. Del mismo modo, el narrador también se atreve a imaginar un reencuentro entre Ernest Bruder y Cécile durante la semana que ella estuvo internada en Drancy en julio de 1942 —luego fue liberada al haber nacido en Hungría y en ese momento los alemanes aún no daban órdenes de detener a los judíos de origen húngaro: "La madre de Dora, Cécile Bruder, fue detenida [...] e internada en Drancy. Se encontró con su marido durante algunos días, mientras su hija permanecía en Tourelles" (*DB*: 126).

Pese a que el narrador dispone de documentos que confirman las estancias o las deportaciones desde Drancy, estos reencuentros son invenciones propias de una novela de ficción: son escenas que sutilmente apelan a la emotividad y a una especulación que choca frontalmente con la mucha documentación anterior. Esas escenas imaginadas no solo llaman la atención por la dosis de ficción, sino que también quedan marcadas por un cambio morfológico. En su análisis de la novela, Birgit Schlachter (2006) afirma que los elementos de ficción quedan marcados no tanto por lo que se puede entender como detalles decorativos —como que desayunaron "una ración miserable" "bajo

---

[18] La cursiva es mía.

los castaños"— como por un cambio gramatical: si la información que va descubriendo sobre Dora la transmite en el *passé composé* —un tiempo verbal entendido como en contacto con el presente (Jurt 2007:103)—, la sección en cuestión la narra en el *passé simple*, un tiempo verbal que queda relegado precisamente al lenguaje escrito y, particularmente, la narrativización. Además, a diferencia del resto de la novela, el narrador no ofrece ninguna información sobre la procedencia de esa información. Aunque Suleiman insiste en que son muy pocos los ejemplos de ficción, por las razones aquí enumeradas —y, especialmente en su versión original por el cambio de tiempo verbal—, esas escenas se destacan inmediatamente en la lectura del texto como diferentes. El efecto final es producto de una sutil fricción entre lo que supondría la narración de índole histórica, archivística incluso —datos, nombres, fragmentos de documentos y cartas—, y esa narración más propia de la narrativa. Como lectores acabamos identificándonos con el narrador en su posición en el presente postraumático: por mucho que lo intentemos, una recuperación total es imposible y, una vez que lleguemos al límite de lo cognoscible, solo nos queda la ficción.

El propósito de *Dora Bruder* sería, por tanto, rescatar a Dora del olvido, pero insistiendo también constantemente en que ese rescate es imposible. Aunque parecería que el objetivo de Modiano es esclarecer todo lo que podría estar relacionado con la vida, la desaparición y la subsiguiente deportación a Auschwitz de Dora, sabemos, gracias al trabajo de análisis de Alan Morris citado anteriormente, que Modiano realizó una serie de correcciones y adiciones para la segunda edición de la obra (1999), dos años después de la primera, en la que optó por no incluir *toda* la información de la que disponía: datos concretos sobre los padres de Dora o incluso fotografías de Dora y su familia, algunas de las mismas que se describen en la obra[19]. Esto, junto a la confusión producida por una narración no lineal y lo que es la mayor

---

[19] En la primera edición francesa y las ediciones traducidas al castellano, no se publicó ninguna fotografía. En otras ediciones, como la americana (1999) o la japonesa, sí se publicarían algunas de las fotografías además del recorte de prensa que anunciaba la desaparición de Dora y algún mapa de los distritos parisinos habitados por la joven. El objetivo de incluir esa información era supuestamente dotar a la obra de un carácter más documental (Nordholt 2012: 527). Para un análisis de los paratextos de distintas ediciones internacionales de la obra, véase Nordholt (2012).

omisión por parte de Modiano —cualquier referencia a la colaboración del historiador Klarsfeld— demuestra que la técnica de Modiano no es la de un simple cronista o investigador, donde "el silencio, la ausencia, los vacíos, la información oculta o perdida y lo no contado son fundamentales" a la coherencia de la obra en sí (Morris 2006: 283)[20].

Para Nordholt, la decisión de omitir a conciencia toda referencia a Klarsfeld manifiesta el deseo de Modiano de hacer de su obra algo más que una mera investigación: *Dora Bruder* se trata de "enquête *et* roman, témoignage *et* fiction, témoignage qui passe par la fiction, par l'imagination, afin de pouvoir être pleinement témoignage" (2008: 97). Las correcciones hechas para la segunda edición constituyen un paso más en un proyecto continuo que no tiene un fin concreto, ya que nunca podremos rellenar esa huella dejada en hueco. Igual que el duelo persiste, el proyecto de Modiano se concibe como una tarea irrealizable del todo, lo cual no supone un fracaso sino todo lo contrario, un proceso en el presente que permanece perpetuamente abierto. Entendida como modelo afectivo de nuestra relación en el presente con el pasado irrecuperable, así podemos entender la obra como, en palabras de Nordholt, un testimonio *pleno*, un testimonio que mimetiza una afectabilidad de todos los que venimos después.

2.2. La tragedia europea vista desde España

Adolfo García Ortega: El comprador de aniversarios *(2003)*

El comprador de aniversarios (2003) es la sexta novela del escritor Adolfo García Ortega. El narrador, convaleciente en un hospital en Fráncfort tras sufrir un accidente de coche que se produce camino a Auschwitz —"Una peregrinación tal vez pero nunca de turismo. ¿Cómo hacer turismo en Auschwitz?" (García Ortega 2003: 11)—[21], cuenta cómo ha llegado a ese hospital y desvela sus pensamientos durante el período de recuperación. Sus reflexiones giran en torno a las víctimas del Holocausto, en concreto a los niños y espe-

---

[20] La traducción es mía.
[21] En adelante citaré esta edición de *El comprador de aniversarios* con las iniciales ECA.

cíficamente al niño Hurbinek, el niño mencionado en *La tregua* de Primo Levi: "Hurbinek no era nadie, un hijo de la muerte, un hijo de Auschwitz. Parecía tener unos tres años, nadie sabía nada de él, no sabía hablar y no tenía nombre: aquel curioso nombre se lo habíamos dado nosotros" (Levi 2011: 263). Ante el horror del sufrimiento y asesinato de un niño como Hurbinek a manos de la crueldad nazi, y consciente de su lugar en el tiempo y el espacio, alejado de las atrocidades de la Shoah, el narrador asume la tarea de imaginar y de inventarse una vida posible para Hurbinek, ya que, como recuerda el propio narrador citando a Levi, "Nada queda de él: el testimonio de su existencia son estas palabras mías" (Levi, en García Ortega: 13) Pese a que el narrador siente gratitud por las palabras de Levi, por haber evitado que el recuerdo de Hurbinek se borrase de la Historia, admite que no se puede saber nada sobre él. ¿Cómo sería Hurbinek hoy en día? ¿Quiénes eran sus padres? ¿De dónde venía? Consciente de la irrecuperabilidad del pasado, el narrador entiende que, para contestar esas preguntas, solo nos queda la inferencia o la invención. De este modo el narrador acaba con la posible ambigüedad y así marca el tono desde las primeras páginas de la novela: "No se sabe, ni se sabrá nunca", "Su nombre nadie lo sabe", "Tal vez fuera así o tal vez no" (*ECA*: 17; 24; 113).

El narrador intercala las narraciones de su recuperación solitaria con ficciones sobre Hurbinek: de dónde venían sus padres, cómo es que llegaron al campo, qué familia tenía. Dice que no pretende contar una historia sobre las víctimas del Holocausto, la solución final y la eficacia casi mecánica al servicio del asesinato, que solo quiere hablar de Hurbinek, porque es "el más atroz símbolo del silencio que jamás haya podido crear la Historia"; un silencio al que solo se puede responder con la ficción: "Quiero que Hurbinek exista. Que exista otra vez. Que exista por más tiempo. Que dure su existencia. Que tenga una vida *inventada*, posible. Fabricada por mí. [...] Quiero regalarle, comprarle años, celebraciones de cumpleaños, si eso no fuese una quimera" (*ECA*: 10, 87).

En el cuarto capítulo, el narrador relata la posible historia de los padres de Hurbinek a través de secciones que no se leen cronológicamente, pero que empiezan con el subtítulo de "X años antes/después" de la muerte de Hurbinek, dejando claro que las vidas de estas personas giran en torno al niño. En el séptimo capítulo, dividido en varias secciones, cada una titulada con el nombre de un hombre que podía haber sido Hurbinek, desarrolla posibles vidas para este, como si hubiese sobrevivido. Las *posibles* vidas inventadas por el narrador corresponden a vidas ficticias, cosa que sabemos los lectores por admisión propia del narrador. En cada uno de los ejemplos, el narrador construye una posible historia de cómo podía haber llegado el pequeño Hurbinek a sobrevivir, a ser adoptado o a encontrar hogar en algún lugar, años después. En muchos de los casos, el narrador afirma que seguramente el propio Hurbinek ni siquiera sería consciente de su propio pasado. Este capítulo está plagado de adverbios y frases que invocan la duda, la incertidumbre, la posibilidad: tal vez, o bien esto, quizás, etc.: "Tal vez la vida de Hurbinek sea de verdad la vida de ese individuo, de ese tal Farin, de nacionalidad rusa; una vida vivida de manera interpuesta, decidida por mí, creador de su futuro. ¿Por qué no? ¿Y por qué no más vidas? ¿Por qué no otras vidas posibles?" (*ECA*: 117).

El recurso de la invención no se limita únicamente a los detalles sobre la posible vida de Hurbinek antes de su muerte y las hipotéticas vidas que habría tenido de haber sobrevivido a Auschwitz. El narrador también nos relata episodios de la vida de Primo Levi y Henek, el joven de 15 años —cuyo nombre verdadero era Belo König—, que se dedica a cuidar de Hurbinek, según el testimonio de Levi. Una vez que el narrador nos sitúa claramente en el territorio de la invención, este prosigue narrando escenas e inventando detalles sobre personas que realmente existieron, y así los convierte en ficción: "Sigo a Primo Levi con el pensamiento" (*ECA*: 46). Por ejemplo, el narrador recrea el día en el que Primo Levi se suicida, narrando lo que hacía, lo que sentía, observaciones e inferencias que van mucho más allá de lo que podemos saber por datos bibliográficos o cualquier información contrastable sobre la vida de Levi: "Primo Levi anduvo a tientas por el pasillo de su casa, donde vivía con su mujer Lucía. [...] Estaba muy deprimido, más que nunca tal vez, y le preocupaba su cáncer de próstata. Ya no amaba la vida, y se preguntaba de dónde sacaría argumentos para amarla nuevamente" (*ECA*: 42-43). Más tarde relata que en un paseo en un callejón, el mismo día de su muerte, Primo Levi se da cuenta de que ha "olvidado el rostro de su madre cuando era joven. Era para él la premonición que antecede a la verdadera y definitiva muerte" (*ECA*: 44). O, en el caso de Henek/König, el narrador nos cuenta que sobrevive a Auschwitz y vuelve a su Hungría natal para luego alistarse en el ejército, donde llega "pronto al rango de capitán de las fuerzas que se enfrentaron a los soviéticos en 1956 en las calles de Budapest" (*ECA*: 78).

La línea entre realidad e invención se vuelve menos clara todavía cuando la ficción desborda los límites de la narración e invade los paratextos. Después del último capítulo, García Ortega incluye una dedicatoria en la que brinda la novela a la memoria de las personas que aparecen allí nombradas. Todos, menos Belo König (Henek), son personajes inventados: las personas que compartieron los últimos días de Hurbinek con él, los padres de Hurbinek, los que tuvieron algún contacto con Hurbinek durante su tiempo en el campo y luego Ari Pawlicka, el nombre "real" que el narrador inventa para Hurbinek. Como lectores, dudamos al leer estos nombres en la dedicatoria, pero pronto nos damos cuenta de que, primero, se trata de los personajes de la trama de la novela y, segundo, que ante la imposibilidad de saber tantos otros nombres de los que perecieron en el anonimato, a García Ortega no le queda más remedio que dedicar su novela a sus personajes inventados, quienes convivieron en sus historias y vidas creadas por el propio autor con aquellas personas reales y anónimas que no volvieron: "Esta novela está dedicada a la memoria de Schlomo Buczko, Belo König, Rubem Yetzev […] que con otros nombres existieron" (*ECA*: 245).

A pesar de todas estas invenciones, la novela no sufre una pérdida de realismo. Luís María Romeu Guallart comenta este uso de la imaginación por parte del narrador en la novela de García Ortega: el autor "demostrará que no por trabajar desde la imaginación su novela es menos realista que las que tratan de servirse exclusivamente de la documentación" (Romeu Guallart 2010: 169). García Ortega rompe con cualquier noción de ambigüedad a través de la admisión por parte del narrador de que no puede saber todos los detalles sobre lo que le pasó a Hurbinek o a los otros, construyendo un relato que es ficticio pero verdad a la vez, convirtiendo las "lagunas del conocimiento" sobre Hurbinek en símbolos a través de la imaginación donde el resultado final es una ficción que es "una nueva forma de conocimiento" (Romeu Guallart 2010: 169). Acerca de *El comprador de aniversarios*, Muñoz Molina escribe sobre el poder de la ficción: "Quizás necesitemos algo más, un grado de identificación —no de escuchar a los otros sino de acercarnos más a ellos, de ponernos de algún modo en su lugar— que solo puede ofrecernos, paradójicamente, el arte de la ficción" (2003: 76).

Estoy de acuerdo con lo que escribe Muñoz Molina, que ante la ausencia de la tragedia del Holocausto, ante ese "evento sin testigo", hoy en día, desde el presente, lo único que nos queda para reaccionar ante esa ausencia es la ficción. Pero matizaría sus palabras: una identificación con Hurbinek, ponernos en su lugar, no es posible y no *debería* serlo. Con quien nos podemos identificar por medio de la novela de García Ortega es con el narrador. Podemos ponernos en su lugar, el lugar de alguien temporal y espacialmente distanciado de Auschwitz y, sin embargo, tocado, herido y afectado por la violencia terrible del siglo xx. Ese es también nuestro lugar como lectores: como lo que nos relata el narrador al principio de la novela "Auschwitz está demasiado cerca" (*ECA:* 9). Nos afecta, nos incumbe. Y, sin embargo, somos como el narrador, quien "iba a Auschwitz, pero ya no" (*ECA:* 243).

Juan Mayorga: El cartógrafo: Varsovia (1: 400.000) *(2010)*

El cartógrafo Varsovia (1: 400.000) del dramaturgo Juan Mayorga fue incluida en el libro *Memoria — política — justicia. En diálogo con Reyes Mate* (Alberto Sucasas y José A. Zamora, eds. 2010) que se publicó como homenaje a quien fuera el tutor de tesis del dramaturgo. La obra aborda de forma directa el Holocausto mediante la yuxtaposición de dos tiempos en el mismo escenario: Blanca y Raúl, un matrimonio español que vive en la Varsovia actual, y El Anciano (cartógrafo) y La Niña, dos judíos que viven en el gueto de Varsovia. En su ensayo "Educar contra Auschwitz" —una referencia al libro *Educar contra Auschwitz* de Jean-François Forges—, Mayorga subraya la idoneidad propia del género del teatro como herramienta de educación sobre un tema como la catástrofe de la Shoa: "Ningún medio artístico realiza la puesta en presente del pasado con la intensidad con que lo hace el teatro, en el que personas de este tiempo encarnan vida pasadas, se hacen responsables de ellas" (2016: 55). En *El cartógrafo*, vemos cómo la protagonista, Blanca, va descubriendo la historia de la ciudad que habita y se ve afectada por el sufrimiento de las víctimas del gueto de Varsovia y del Holocausto, un trauma que en un principio podría serle ajeno al no ser judía pero que le ayuda a mirar hacia dentro para enfrentar sus propias pérdidas. Así, pese a la diferencia intrínseca del género, la obra de Mayorga la podemos considerar una narrativa postraumática de duelo precisamente por su tratamiento de esa convivencia de pasado y presente, además de la incorporación de ausencias para abarcar esas pérdidas pasadas. Vemos, pues, cómo los protagonistas se dejan impactar y conmover por el sufrimiento ajeno, pese a la distancia temporal, geográfica e incluso cultural que los separa de ciertos traumas pasados y de quienes los sufrieron.

Un matrimonio español, Blanca y Raúl, llega a Varsovia para que él pueda asumir su nuevo puesto en la embajada española después de haber vivido y trabajado en varias ciudades del mundo. Blanca se dedica a recorrer Varsovia y va descubriendo la historia de la ciudad, sus calles, los límites del viejo gueto y el sufrimiento de los 400.000 judíos que vivían allí encerrados. En la primera escena, Blanca vuelve tarde a casa de un paseo por la ciudad en el que ve una exposición de fotografías supuestamente tomadas en el gueto. Después de ver la exposición, sale a pasear y a buscar las mismas calles que aparecen en las fotos; Blanca se sorprende al ver que algunos de los nombres de las calles se mantenían y, sin embargo, se encuentra con muchos espacios vacíos también: "[...] Una de las fotos decía que ahí empezó la rebelión, pero no hay señal de ello [...] Pero lo que más impresiona, es el vacío alrededor, el vacío que rodea las estatuas. [...] En una de las fotos esa calle estaba llena de niños, era la calle más alegre del mundo. Hoy no hay nada. Aquí me di cuenta de que era de noche y de que había estado todo el día caminando" (Mayorga 2014: 605)[22]. Blanca se queda perpleja ante la ausencia que encuentra en Varsovia; ante toda la Historia vinculada a los espacios que transita, ¿cómo puede ser que sean los mismos lugares? Lo son y a la vez no lo son, porque faltan cosas, personas, edificios, y no obstante algunos nombres y espacios son iguales. A pesar de los espacios vacíos con los que se encuentra, Blanca se siente atraída, horrorizada, afectada por el mero hecho de cohabitar, de coexistir con esas mismas calles que fueron testigos de lo ocurrido años atrás: Blanca le dice a Raúl "Esta casa, mira el mapa. ¿Te das cuenta de que nuestra casa está dentro del gueto?" (*EC*: 605).

La atracción que siente Blanca por la historia de aquellas calles y aquellas personas que fueron condenadas a perecer trasciende cualquier vínculo generacional o nacional: después de su primer paseo se disculpa por la tar-

---

[22] A partir de ahora citaré esta edición de *El cartógrafo* con las iniciales *EC*.

danza: "Lo siento. Perdí la noción del tiempo" (*EC*: 603). Ante el interés y la emoción que siente, Blanca decide que quiere hacer un mapa en el que se vean los límites de la zona del gueto, "un mapa para los que viven aquí. [El gueto] es parte de la ciudad. Debe estar en el mapa", y "marcar en el suelo la silueta del gueto" (*EC*: 613). Sin embargo, Raúl se siente incómodo ante la insistencia de su mujer, no entiende qué tiene que ver todo aquello con ellos: "Imagina que un extranjero llegase a Madrid dándonos lecciones sobre nuestra historia. Que se le ocurriese marcar en el mapa, en el suelo, las atrocidades de nuestra guerra civil. ¿No te sentirías ofendida? [...] No somos polacos, no somos judíos, no somos alemanes. ¿Qué ciudad no tiene sus heridas, sus sombras?" (*EC*: 613). Ante los reproches de Raúl, Blanca insiste: para ella, las ideas que tiene para desarrollar un mapa para los habitantes de Varsovia y para marcar las calles no tienen que ver con educar ni conmemorar ("no se trata de museos ni de monumentos"), ni mucho menos con corregir o criticar, sino que se trata más bien de hacer constancia de que estamos unidos físicamente con el pasado a través de los espacios, que convivimos con el pasado, aunque no siempre seamos conscientes de ello, que los cuerpos del pasado nos afectan.

Esta noción de la coexistencia de distintas personas y de dos tiempos diferentes se hace patente también en la propia estructura de la obra. Las escenas en las que Blanca habla sobre sus paseos y sus descubrimientos de las calles de Varsovia se intercalan con otras en las que aparecen el Anciano y la Niña, dos judíos que viven en el gueto en los años 40, y más tarde con escenas en las que aparece Deborah, una cartógrafa profesional —y superviviente del gueto— quien se dedica a hacer mapas para libros escolares y, más tarde, como cartógrafa independiente. En las escenas que transcurren en los años del gueto, el Anciano, un cartógrafo viejo que nunca sale de casa, le enseña a la Niña la importancia de hacer mapas y esta sale por las calles del gueto y se dedica a hacer mapas para poder enseñar y contarle al Anciano qué está ocurriendo fuera de casa.

Los dos tiempos —el tiempo del gueto y algún momento "entre 1940 y la actualidad"— se juntan en algunas escenas en las que no hay diálogo, solo acotaciones sobre acciones de personajes de tiempos diferentes que cohabitan en los mismos espacios pese a la brecha temporal: la escena seis "*Blanca camina siguiendo un mapa. La Niña mide distancias con sus pasos*" (*EC*: 612) o la escena duodécima "*La Niña mide distancias con sus pasos. Blanca dibuja en la tierra un mapa*" (*EC*: 626). En estas escenas sin interacción entre los personajes vemos cómo Blanca y la Niña cohabitan los mismos espacios pese a la disparidad temporal.

Por último, el afecto y el interés que Blanca siente por el pasado violento de Varsovia, a pesar de las críticas de su marido, cobran un sentido nuevo al yuxtaponerse su insistencia y preocupación con los comentarios hechos por el Anciano, a la vez que él ve en tiempo real cómo se despliega el horror ante sus ojos: "¿Cómo puede nadie asombrarse de lo que está pasando?" (*EC*: 611) y "¿Pueden dormir, comer, besarse, sabiendo lo que sucede a este lado?" (*EC*: 630). A pesar de la distancia temporal, es como si Blanca oyese las preguntas del Anciano ante la catástrofe que está viviendo en el gueto. La capacidad de Blanca de ser afectada por lo que queda de los gemidos y susurros que resuenan y emanan de los adoquines de las calles de Varsovia se evidencia en su insistencia en querer quedarse en Varsovia:

> RAÚL. Puedo conseguir un destino tranquilo en algún lugar agradable donde tengamos tiempo para nosotros.
> BLANCA. Pide ese traslado si quieres. Yo no voy a irme de Varsovia.
> RAÚL. Desde que estamos aquí, todo ha ido a peor. Tienes que salir de aquí. Voy a sacarte de aquí.
> BLANCA. No voy a irme de Varsovia. […] No voy a irme de Varsovia (*EC*: 633-634).

En otra escena, que ocurre años más tarde, la cartógrafa Deborah se hace eco de esta idea cuando explica unos mapas que ha hecho para ella misma: podemos convivir con el pasado a través del espacio, ser conscientes de compartir lugares que fueron testigos de atrocidades o, lo contrario, vivir ignorantes y desvinculados de otros. Deborah cuenta que le interesaría hacer mapas biográficos en los que plasmaría los sitios más frecuentados por personalidades famosas de otras épocas en Varsovia: "Resulta asombroso comparar algunos de esos mapas. Ver cómo hombres separados por siglos eligen las mismas calles, los mismos rincones" (*EC*: 639). A esto le responde Dubowski, el hombre que la está interrogando: "También puede suceder lo contrario. Que dos personas vivan al tiempo en una misma ciudad, pero en mundos distintos" (*EC*: 639).

Hacia el final de la obra, Raúl le dice a Blanca que está preocupado por ella, que ha hablado con su familia y que piensan mandarla de vuelta a Madrid. Al preguntarle a Blanca por los mapas que dibuja con su propia silueta, y que ocupan todo su tiempo, se nos revela que ella ve en su propio cuerpo, igual que en un mapa, los distintos lugares y personas que la han marcado:

> BLANCA. Miras tu cuerpo y aparecen cosas. Personas, animales, palabras. Colores, fechas. Sonidos. Lugares. Madrid. Varsovia. Londres. Cosas que estaban separadas, aparecen juntas. Cosas olvidadas vuelven. Tú cuando te conocí. Alba el día que nació. Alba el primer día de colegio.
> RAÚL. Blanca…
> BLANCA. Alba caminando sola por Londres. Alba el día que murió.
> RAÚL. Blanca…
> BLANCA. ¿Por qué nunca hablamos de ella?
> RAÚL. No hablamos de ella porque nos hace daño hablar de ella (*EC*: 643).

Como lo que cuenta Dubowski en la conversación con Deborah, vemos cómo después de sufrir la pérdida de su hija, Raúl y Blanca son capaces de vivir en el mismo lugar, pero en sitios distintos. Y después de esta escena, entendemos por qué Blanca se deja afectar tanto por todas las pérdidas que la rodean en Varsovia: tras conocer la vulnerabilidad física de su hija tras su suicidio en Londres, Blanca es capaz de reconocer la vulnerabilidad física de tanta muerte y destrucción aún presentes en las calles del antiguo gueto. Y es solo a través de este reconocimiento del horror, del sufrimiento de los judíos del gueto y de este dejarse afectar por la Historia, que es capaz de volver la mirada hacia dentro y entender su propia vulnerabilidad, la propia pérdida, la pérdida de su hija.

Hacia el final de la obra, después de enseñarle a Raúl cómo entiende su propio cuerpo como un mapa, Blanca, aún intrigada por la historia de Varsovia y específicamente por el cuento del Anciano y la Niña cartógrafos, encuentra a una Deborah ya mayor, a quien Blanca cree la misma Niña de la leyenda. Blanca le revela a Deborah que la ha encontrado tras conocer un libro suyo, *Cartografía de la ausencia*, "mapa del exilio republicano español, mapa de la limpieza étnica en Yugoslavia…Una cartografía de la desaparición" (*EC*: 646). Deborah le enseña otros mapas que ha hecho que, habiendo sobrevivido el Holocausto, siempre parten desde su punto de vista de la experiencia del gueto. Entre los mapas que le enseña a Blanca está el que hizo de Sarajevo para marcar los puntos desde los que disparaban los francotiradores durante la guerra o el "Mapa de Europa para africanos". Sobre este último, Deborah dice que "desde que me jubilé, solo hago mapas útiles. Cómo entrar, dónde obtener ayuda… mapas para gente que huye. Yo veo el mundo desde el gueto" (*EC*: 648).

En *El cartógrafo*, el Anciano le explica a la Niña que el tiempo es lo más difícil de representar en los mapas, pero lo más importante: "Lo más importante del espacio es el tiempo" (*EC*: 611). El personaje Deborah reitera esta idea hacia el final de la obra en un paseo con Blanca en el que le dice "No basta mirar, hay que hacer memoria, lo más difícil de ver es el tiempo" y reconoce que con el tiempo, todo se borrará, aunque "lo último que se borrará es lo que nadie podría dibujar. […] El ruido del gueto, los gemidos que nunca cesaban, de día y noche, el silencio del gueto" (*EC*: 649). El personaje de Blanca es capaz de abrirse a escuchar aquellas voces que habían sido silenciadas a la fuerza e incluso de dejarse afectar y herir, a pesar de no ser, como le recuerda su marido, ni polaca, ni judía, ni alemana. La obra elabora una narrativa que demuestra las conexiones y entresijos entre pasado y presente, nuestra capacidad de afectar al otro y de ser afectado por otro. La lectura de la obra puede llevarnos más allá de las conexiones temporales pasado-presente para ver no solo cómo uno puede estar y ser afectado por ese pasado y el presente sino también cómo podemos estar implicados en o formar parte de otras injusticias actuales y futuras y cómo las ausencias del pasado integran nuestro propio presente.

Capítulo III
DUELOS INCONCLUSOS EN LA ESPAÑA DEL SIGLO XXI

> Superar exige asumir, no pasar página o echar en el olvido. En el caso de una tragedia requiere, inexcusablemente, la labor del duelo, que es del todo independiente de que haya o no reconciliación y perdón. En España no se ha cumplido con el duelo, que es, entre otras cosas, el reconocimiento público de que algo es trágico y, sobre todo, de que es irreparable. Por el contrario, se festeja, una y otra vez, en la relativa normalidad adquirida, la confusión entre que algo sea ya materia de historia y el que no lo sea aún, y en cierto modo para siempre, de vida y de ausencia de vida. El duelo no es ni siquiera cuestión de recuerdo: no corresponde al momento en que uno recuerda a un muerto, un recuerdo que puede ser doloroso o consolador, sino a aquel en que se patentiza su ausencia definitiva. Es hacer nuestra la existencia de un vacío.
>
> Carlos Piera, epígrafe de *Los girasoles ciegos*

3.1. LA NECESIDAD DE UN DUELO

En unas reflexiones sobre la cuestión del duelo y, en particular, sobre la naturaleza de ese proceso en clave colectiva, el historiador Santos Juliá afirma que "el duelo no crea una duda permanente en la sociedad"[1]. En las escasas declaraciones recogidas por la nota de prensa, el historiador desvin-

---

[1] Estas declaraciones provienen de un artículo publicado por Europa Press después de las V Jornadas "Lecciones y Maestros" celebradas en Santillana del Mar en 2011. Véase el artículo en http://www.europapress.es/cultura/noticia-santos-julia-aboga-pasar-pagina-guerra-civil-duelo-no-crea-deuda-permanente-20110621161522.html.

cula el concepto del duelo de la noción de una tarea pendiente o necesaria que concierne al colectivo y considera nuestro presente como un tiempo en el que el duelo ya se ha superado. Aunque semejante aseveración no hace sino cimentar esa visión privada de la memoria, desvinculando las penas aún vigentes de ciertas familias, estas declaraciones de Juliá tienen menos que ver con un veredicto al estilo Fukuyama y más con la preocupación por los usos y posibles abusos de la memoria, al llevar a cabo la lectura del pasado a la luz de las preocupaciones del presente. En el debate entre Juliá y el historiador Pedro Ruiz Torres publicado en la revista *Hispania Nova* en 2007, Juliá elucida y matiza esa preocupación escribiendo que "cuando se trata de recordar el pasado no vivido y se intenta que ese recuerdo sea compartido por otros con el propósito de celebrar colectivamente lo sucedido —como *duelo*, como exaltación, como reconocimiento...— entra en acción inevitablemente aquella capacidad para transformar el pasado en función de las exigencias del presente [...]" (2007: 789)[2]. En su réplica, Ruiz Torres hace mención precisamente del duelo al plantear la pregunta de si el trabajo del historiador atañe solo a las causas o también a las consecuencias de un conflicto: "¿Carece de relevancia para el conocimiento histórico de la guerra civil [...] el que unas víctimas estén enterradas en grandes mausoleos que durante muchos años magnificaron su recuerdo y otras hayan desaparecido sin dejar rastro y sin que su familiares puedan siquiera llevar a cabo el duelo?" (2007b: 841). De forma más tajante, el historiador Francisco Espinosa Maestre describe la postura de Juliá como una censura de las reclamaciones de ciertos sectores de la sociedad: "No se sabe aún el número de víctimas causadas por el fascismo ni su identidad ni la fosa donde acabaron y dice que las familias superaron ya el duelo [...] y dice que hay que dar el caso por cerrado" (2015: 383). Como sugieren Ruiz Torres y Espinosa Maestre, la proposición de la superación del duelo no solo es una forma de menospreciar o ningunear el dolor de cierto sector de la población —sin entrar en que semejante afirmación parece seguir el mismo rumbo del imaginario franquista sobre una falsa reconciliación que, forzada e impuesta, tiene su máxima expresión en el Valle de los Caídos, pero también, del discurso de la reconciliación de la Transición construido sobre esa noción equívoca de la supuesta "generosidad de las víctimas"—,

---

[2] La letra cursiva es mía.

sino que desoye y desatiende las posibles implicaciones de divorciar el duelo individual del colectivo. Lo contrario de anunciar la superación del duelo sería reconocer la existencia de duelo(s) pendiente(s), incluso de un duelo que nos es ajeno. En una sociedad compuesta de distintas memorias y experiencias, esto constituiría el primer paso de esa labor: en sus escritos sobre el tema en cuestión, Derrida afirmaba que es imposible hablar del duelo sin ser partícipe de esa labor: "one cannot hold a discourse *on* 'the work of mourning' without taking part in it" (2001: 142).

Más allá de las cuestiones relacionadas con el duelo que han surgido a partir del debate entre memoria e historia, la noción de un duelo inconcluso ha estado presente en muchos ámbitos de la sociedad española a partir del cambio de siglo, sin duda como resultado —en parte— del inicio de las exhumaciones a cargo de asociaciones como la ARMH. La aseveración de que "en España no se ha cumplido con el duelo" (Piera, en Méndez 2004) por las pérdidas producidas por la Guerra Civil y el franquismo no se limita únicamente al ámbito de la literatura —como es el caso de la cita del epígrafe a la novela de Méndez—, sino que abunda en diversos campos de estudio que van desde la historiografía o la sociología hasta la psicología y el psicoanálisis. Un breve recorrido por la literatura sobre el duelo en el contexto español a partir del cambio de siglo basta para dar con una diversidad de distintos sinónimos que denominan ese proceso no cumplido, imperfecto o que está por hacer: "duelo no resuelto" o "duelo inconcluso" (Fernández de Mata 2016); "duelo congelado" (Armañanzas Ros 2012; Valverde Gefaell 2014); "duelo silenciado" o "duelo impedido" (Morandi 2012); "duelo paranoide" o "duelo maníaco" (Tizón 2014); "duelo inevitable" (Thiebaut 2008) e incluso "duelo falso" (De Diego 2012)[3]. Pese a la diversidad disciplinar de los ámbitos en los que estos términos se emplean, en cada uno de los casos se aplican al contexto español y hacen referencia a una *labor* o un *trabajo* que aún está por realizar. En el caso de España, hablar de una labor de duelo que está por hacer supone plantear cuestiones fundamentales: ¿por qué no se ha podido

---

[3] Conviene precisar el contexto de este último. Estrella de Diego afirma que en España los muertos no se han enterrado ni se han llorado del todo —sería este un duelo falso, "fake mourning"—, el cual, según la autora, ha repercutido en la sociedad y ha dado paso a una especie de melancolía (2012: 199).

elaborar ese proceso? ¿A quién afecta esa labor no realizada y a quién le corresponde (re)tomar esa tarea? ¿Al individuo o al colectivo? ¿A la sociedad o al Estado? Además, requiere mirar con atención la presencia o la ausencia de políticas de memoria, cómo se ha gestionado la memoria, tanto dentro de la esfera pública como en el contexto familiar.

Dentro del marco temporal que aquí nos concierne, podemos entender la figura del desaparecido español como el nexo donde convergen todas las cuestiones a las que un duelo no realizado atañe. Tanto la existencia de esta figura en el contexto español como la necesidad de la misma para ciertas familias —"muchos españoles reconocieron su historia familiar en esa palabra" (Rubin 2015: 18)— ponen de manifiesto la exigencia de unos *duelos* en plural: al nivel individual para aquellas personas que aún tienen a familiares en las cunetas y fosas comunes, pero también para el colectivo. La extrapolación del duelo privado y familiar al nivel colectivo no supone ninguna contradicción teórica si recordamos que el duelo ha incumbido siempre a lo social a través de los actos y ritos colectivos y que no es hasta las reflexiones de Freud y el psicoanálisis que el duelo se plantea primariamente como un proceso individual que ocurre *dentro* de la psique del individuo. En el contexto de España a partir del siglo XXI, podemos considerar, por tanto, la demanda, la necesidad de llevar a cabo o a término un duelo a estos dos niveles como dos aspectos de una misma cuestión. No obstante, estando estos dos procesos relacionados, la labor en sí, las tareas que integran esa labor, serán diferentes.

3.2. El duelo inconcluso de los vencidos

Al nivel individual —el de los veteranos y heridos de la guerra y el de los familiares de las víctimas—, las pérdidas por las que habría que elaborar un proceso de duelo se refieren principalmente a la pérdida de seres queridos de los vencidos —personas fusiladas o desparecidas, cuyo paradero es desconocido— o a las personas represaliadas durante y después de la guerra, y durante el franquismo. Además de la pérdida directa de seres queridos, los parientes de los que permanecieron fieles a la Segunda República sufrieron en la retaguardia y, más tarde, tras su derrota en todo el territorio, "encarcelamientos, torturas, robos, expropiaciones, extorsiones, humillaciones, vejaciones públicas, etc."; en esencia, toda una serie de pérdidas —materiales y psicológicas— que a su vez requerirían su propia elaboración de duelo (Fernández de Mata 2016: 4). En el caso de los familiares de los ajusticiados por las fuerzas golpistas en la retaguardia o por el Estado franquista más tarde, la imposibilidad de elaborar esas pérdidas en muchos casos resultaría en "un duelo inconcluso".

Podemos señalar cuatro factores principales que impedían la correcta realización de un proceso de duelo en este caso: 1) en el caso de los llamados desaparecidos, la ausencia de un cadáver que llorar o incluso cualquier información relacionada con su paradero; 2) la prohibición literal del luto durante la guerra y la dictadura; 3) la discriminación y el desamparo por parte del Estado durante los años de la posguerra; 4) el silencio autoimpuesto por miedo a las represalias violentas.

El primer impedimento a la realización del proceso de duelo corresponde al caso de los desaparecidos españoles. Siendo este un término importado del contexto del Cono Sur, el historiador Francisco Espinosa Maestre, experto en la represión en Extremadura y el oeste de Andalucía, nos ofrece una definición del término aplicado al caso español: "podemos decir que, en relación con el golpe militar del 18 de julio de 1936, un desaparecido es la persona que, inscrita o no en el registro de defunciones, habiendo pasado o no por consejo de guerra, fue detenida ilegalmente, recluida en lugar conocido o no, y asesinada, careciéndose de constancia oficial sobre el lugar donde yacen sus restos" (2010: 310). Para los deudos del desaparecido, la ausencia de un cuerpo o información sobre el paradero de sus restos es lo que en efecto impide la elaboración del duelo al ser imposible llevar a cabo las exequias y costumbres prescritas cultural o religiosamente. Asimismo, la falta de un lugar donde visitar y honrar los restos del difunto hace que su ausencia se prolongue en el tiempo: "un duelo inconcluso impide *la partida* del difunto [...] los deudos simbólicamente cargan con el alma pesada a través del recuerdo y el deber" (Fernández de Mata 2016: 125).

El segundo factor —la prohibición literal del luto— se imponía sobre todo durante la guerra misma, aunque en algunas localidades se alargaría hasta bien entrada la dictadura, y se aplica tanto a los familiares de los desaparecidos como a aquellos familiares que sí habían podido dar sepultura a sus difuntos: en muchas localidades "se les prohibió a viudas, madres y demás seres próximos hacer públicamente el duelo por estas muertes y vestir luto" (Fernández de Mata 2016: 39). Los ejemplos de este tipo de prohibiciones de cualquier muestra de pena o dolor son frecuentes sobre todo en aquellas zonas en las que el golpe triunfó en los primeros meses de la contienda. En su libro *El holocausto español*, el historiador británico Paul Preston recoge varios ejemplos: en la Sevilla aterrorizada por el infame general Queipo de Llano se "había prohibido terminantemente el luto en público y la prohibición se repetía sin cesar a través de la radio y la prensa escrita. Fuera de la ciudad las patrullas de falangistas vigilaban los pueblos para asegurarse de que nadie llevaba emblemas de luto" (2011: 206); en el norte, en la provincia de Navarra, el general Cabanellas pretendía prohibir las expresiones públicas de luto con el fin de "privar a las madres, hermanas, esposas y novias de los liberales e izquierdistas de llorar su pérdida y expresar su solidaridad" (2011: 304)[4]. Aun cuando no se trataba de una prohibición explícita, cualquier expresión pública de luto podría ser considerada un delito (Richards 1998: 30).

Más allá del veto de la expresión del luto público en la vestimenta, a muchos familiares se les impedía enterrar a sus deudos represaliados en los cementerios municipales o incluso celebrar públicamente un funeral: para los familiares, constituía "un silencio impuesto, una negación de símbolos, ritos e identificaciones, una prohibición de uso de determinados espacios" como iglesias o cementerios (Fernández de Mata 2016: 32). Para los parientes, la privación del entierro en camposanto suponía un castigo de los más "terribles a los que se podía someter a un individuo, puesto que lo apartaba para siempre de la comunidad y, con ellos, estigmatizaba a su familia durante un tiempo prolongado" (Chulilla Cano 2002). Aun así, para muchos de los familiares que sí sabían dónde yacían los restos de sus seres queridos o para los que habían conseguido enterrarlos, "poder visitar una tumba, dejar flores o meditar contribu[ía] a sobrellevar la pérdida, pero esos detalles esenciales les fueron negados a casi todas las familias de los asesinados en la represión" (Preston 2011: 291). Más allá de poder dar sepultura a las víctimas o no, a

---

[4] En el caso del general Cabanellas en Navarra, Preston explica que al final no se hizo público ningún veto explícito de la expresión de luto, aunque sí se había sopesado como posibilidad. En el contexto de Sevilla, sí que se llegó a prohibir mediante un decreto oficial. Véase Aragüés Estragués (2014: 117-118).

los veteranos republicanos, viudas y huérfanos les fue prohibido cualquier acto conmemorativo que pudiera ofrecer un mínimo de consolación (Aguilar 1999: 90; Connerton 2011: 76).

El duelo imposibilitado por la interdicción expresa del luto fue agravado por la persecución o, cuando menos, por el desamparo total por parte de las entidades burocráticas del país; privados de los ritos prescritos, una tumba o información sobre lo que les había pasado a sus familiares, en muchos casos se intentó "incluso borrar toda prueba de la existencia de estos asesinados llegándose a arrancar las páginas en las que estaban inscritos en los libros del registro civil" (Fernández de Mata 2016: 39). En varias regiones del territorio español en los años siguientes al final de la guerra se prohibió directamente emitir el certificado de defunción a los familiares que se atrevían a identificar a sus familiares fusilados (Richards 1998: 30). Tras la aniquilación física, la aniquilación *civil* privaba a los familiares de los mecanismos burocráticos necesarios para hacer frente a la muerte de sus deudos.

> Las mujeres viudas de los desaparecidos, pelonas o no, sufrieron toda posible indefensión a nivel jurídico al no reconocérseles su estado civil dado que no existía acta de defunción del marido, lo que era imposible que sucediera sin contar con el cuerpo del difunto. Así nos encontramos con mujeres convertidas en esposas de fantasmas que sufrían el ninguneo legal impidiéndoseles gestionar bienes de titularidad del marido, cobrar herencias o, como sucedió en varios casos, volverse a casar (Fernández de Mata 2016: 62-63).

Además, se ilegalizó la Liga de Mutilados e Inválidos de la Guerra de España (LMIGE), una asociación privada fundada en el año 1937 que se dedicaba a ofrecer ayuda material y psicológica a los veteranos republicanos (Aguilar 1999: 87)[5]. No sería hasta décadas más tarde que muchas de estas personas podrían reclamar las actas de defunción o el derecho a pensión;

---

[5] En los últimos días de la guerra, representantes de la los veteranos de la LMIGE se reunieron con el general Millán-Astray para tratar de conseguir los mismos derechos y privilegios para los veteranos republicanos; la petición les fue denegada. Para una comparación entre las asociaciones de veteranos de los vencedores y de los republicanos —tanto de los que se quedaron en España como los que se exiliaron—, véase Aguilar (1999). Con respecto al duelo, los republicanos exiliados empezaron a celebrar actos conmemorativos en los primeros días de la

en efecto, esa suerte de represión burocrática no hacía más que "agravar su situación mediante la deshumanización de sus duelos": no solo les estaba prohibido llorar a sus muertos, sino que encima el Estado afirmaba que esos mismos muertos no eran merecedores ni de un duelo por parte de los familiares, ni de cualquier gesto que reconociese su fallecimiento o incluso su previa existencia (Aguilar 1999: 75). Paloma Aguilar coincide en que las limitaciones impuestas por el régimen a las redes de apoyo para los veteranos y los familiares de víctimas les hacía la vida más difícil, lo que resultó en que acabase primando la supervivencia sobre un proceso correcto de duelo. La historiadora compara el caso de los familiares republicanos con las teorías de los Mitscherlich sobre la incapacidad de muchos alemanes de llevar a cabo un duelo tras la Segunda Guerra Mundial (1999: 92).

El último factor que aseguraría la irrealización de sus duelos sería el silencio autoimpuesto por los mismos familiares: ante el miedo a la represión, muchos de los derrotados se vieron obligados a "tragar sus lágrimas y su dolor, a ocultar o renegar de sus ideas, a sentir vergüenza de su condición ideológica, a autoimponerse el más férreo de los silencios; en definitiva, a ahogar a su propia memoria y con ella toda posibilidad de elaboración, duelo y superación de los horrores de la guerra" (Ruiz Vargas 2006: 303). El silencio, el no poder verbalizar la pena, está directamente relacionado con la frustración del proceso de duelo:

> Al silencio y a la confusión se añadieron los duelos que no se pudieron hacer: porque la represión no lo permitía, y era peligroso mostrar pena y rabia por lo que el régimen les había hecho, o bien porque fueron tantas las pérdidas porque la persona se sintió desbordada psíquicamente, o por las dos cosas. Cuando existe una pérdida o, como en el caso de una guerra, muchas pérdidas, si no se puede elaborar el duelo de cada una con palabras y emociones compartidas y escuchadas, esas pérdidas se quedan congeladas e interfieren en el funcionamiento emocional de la persona y de la familia y se transmite a los hijos y los nietos (Valverde Gefaell 2014: 30).

---

posguerra, incluso en los mismos campos de concentración establecidos en las playas del sur de Francia (1999: 95).

Estos cuatro factores —la ausencia de un cuerpo, la prohibición literal del luto, la desatención por parte del Estado, y el silencio— son los que imposibilitaban el duelo para muchos de los familiares de víctimas de la represión y la guerra, resultando en lo que Ignacio Fernández de Mata —basándose en las teorías del antropólogo italiano Alfonso María Di Nola— llama "un duelo inconcluso", un duelo que "asume el carácter de un estado permanente que atormenta la memoria desasosegada" (Di Nola, en Fernández de Mata 2016: 125).

Durante los primeros años de la Transición se establecería una serie de medidas —leyes, proposiciones no de ley, órdenes para establecer comisiones de estudio, etc.— que reconocerían algunos derechos para viudas y familiares de excombatientes del ejército republicano[6]. Pese a estas medidas, la Transición acabó siendo un período que no hizo sino prolongar la angustia y los duelos inconclusos para muchos de los familiares, ya que "en ningún momento se tomaron medidas que atendieran al núcleo central del sufrimiento de los supervivientes de la represión: la cuestión de los *desaparecidos* y de las fosas comunes" (Fernández de Mata 2016: 168). Tras las décadas del franquismo, en las que muchos parientes de víctimas de la represión habían aprendido a mantenerse callados por miedo a las represalias o para proteger a sus familias de recuerdos dolorosos, el Estado acabó adoptando también el silencio como política oficial durante el tiempo de la Transición. El silencio, convertido en postura hegemónica por parte del Estado, es una estrategia adoptada en otras sociedades de posconflicto, como sugiere Iosif Kovras al comparar los casos de Chipre y España: "in negotiated transitions, a subtle elite agreement links the noninstrumental use of the past with the imminent needs for political stability and nascent democratization. As time passes, selective silence becomes an entrenched feature of the political discourse and democratic institutions, acquiring a hegemonic status and prolonging the silencing of violence" (2012: 730). Es importante señalar que Kovras reco-

---

[6] Véase el "Dossier Memoria Histórica: El proceso de justicia transicional en Alemania, Argentina, Chile, España, Portugal y Sudáfrica", *Boletín de Documentación* nº 27, sep.-dic. 2006, del Centro de Estudios Políticos y Constitucionales. Este tipo de medidas haría que, como nos recuerda Fernández de Mata, los años de la Transición fueran los más productivos en cuanto a la aprobación de leyes y medidas para con los excombatientes y sus familiares.

noce la importancia del lugar público que han tenido los debates en torno a la memoria histórica en la sociedad española a partir del año 2000 para combatir los efectos del silencio, tanto el que fue autoimpuesto, como el silencio como postura oficial por parte del Estado.

3.3. El silencio, la transmisión intergeneracional y el trauma cultural

Son varios los estudios que se han publicado en torno al silencio y el efecto que este ha tenido en la transmisión intergeneracional de los efectos del trauma de la Guerra Civil y la represión de la posguerra y el franquismo, habiéndose publicado la mayoría algunos años después del arranque del *boom* de la memoria[7]. Es preciso ofrecer un resumen de estos estudios por dos motivos: primero, por el vínculo directo entre el silencio y la no elaboración del duelo dentro del núcleo familiar y, segundo, porque ofrecen una explicación acerca de cómo los efectos de ese silencio se transmiten más allá de la primera generación y hacia la sociedad en general; servirá, por tanto, como conexión entre lo particular y privado y lo colectivo, y para abordar la cuestión del duelo colectivo inconcluso.

Es importante señalar de entrada que buena parte de los estudios citados —muchos provenientes no del campo de los estudios sobre el trauma sino del de la psicología y la salud mental— se centran no en la transmisión del trauma mismo, sino en la transmisión del silencio como *efecto* de un trauma original, "el impacto del silencio en torno al miedo, a las pérdidas y a la violencia política del siglo xx" (Valverde Gefaell 2014: 15-16). Es decir, no se trata de un trauma heredado, sino de los *efectos* y las *consecuencias* heredados

---

[7] Véanse Miñarro y Morandi (2009, 2012); Viña Guzmán (2009); Armañanzas Ros (2012); Valverde Gefaell (2014). Cabe destacar el primero de los citados aquí, *Trauma y transmisión en las generaciones* de las psicoanalistas Anna Miñarro y Teresa Morandi, que se publicó en el año 2009 y constituyó "la primera investigación empírica cualitativa dentro del campo del psicoanálisis y la salud mental que analiza los efectos psíquicos en la subjetividad de los ciudadanos de nuestra geografía, tanto de la guerra del 36, como de la posguerra, la dictadura y la transición. Iniciado en Cataluña, se amplió a las Islas Baleares, Aragón, Galicia y Euskal Herria" (2012: 17).

de un trauma no elaborado. Jo Labanyi nos anima a considerar el silencio de las primeras generaciones con respecto a la violencia del siglo xx en España, no conforme las teorías sobre el trauma, según las que el silencio es producto de la incapacidad de la psique de registrar y procesar un acontecimiento traumático y violento, sino como una estrategia de supervivencia para evitar las posibles ramificaciones negativas que se pudieran repercutir en las familias durante la dictadura, como podrían ser la marginalización y la persecución de otros familiares o incluso el descubrimiento de actitudes críticas hacia el nuevo régimen. Dicho de otro modo, el silencio no se debe a un fallo de la psique, una falta de memoria, sino una elección *consciente* por parte de las generaciones anteriores (2009: 24). Labanyi también atribuye el silencio a la falta de interlocutores políticos durante los años de la Transición y también durante los primeros gobiernos socialista y conservador: para Labanyi, no hubo un "pacto de silencio" *per se*, pero "in practice, the separation of discussion of the past from discussion of the future eliminated the subject of the past from political debate" (2009: 27).

En la misma línea, Clara Valverde Gefaell, por medio de los estudios de Abraham y Török, afirma que el silencio por parte de las generaciones anteriores constituía una decisión consciente. A pesar de su propia traumatización —la "violencia, polarización, peligro, miedo y pérdidas"— que impedía la correcta elaboración de los acontecimientos, los miembros de la generación que vivió los acontecimientos "piensan que hablar de esos hechos será perjudicial para la próxima generación"; no obstante —y aquí es donde divergen los enfoques de Labanyi y Valverde Gefaell[8]—, esta decisión es tomada "sin saber que el daño se transmite aun más si no se habla" (Valverde Gefaell 2014: 24-25).

En sus escritos sobre la transmisión de los efectos del trauma, Abraham y Török tildarían esta primera generación como la de "lo indecible": los miembros de la primera generación, "demasiado desbordados psicológicamente

---

[8] Tanto Labanyi como Valverde Gefaell reconocen que en muchos casos el silencio fue elegido como una estrategia para proteger al entorno familiar del dolor de los recuerdos o de las posibles represalias. Sin embargo, el enfoque de cada una es distinto: Labanyi nos anima a considerar el silencio no como síntoma del trauma, sino como una decisión tomada a conciencia; Valverde Gefaell nos insta a considerar los efectos dañinos resultantes de una decisión de adoptar el silencio como postura oficial dentro del entorno familiar.

para hacer el duelo, para resolver la humillación y la impotencia" (Valverde Gefaell 2014: 72) en los momentos posteriores a la violencia sufrida, se aferran al silencio —sea este consecuencia de una decisión tomada a conciencia para proteger a los más cercanos, por miedo a posibles represalias, o por falta de interlocutores—, el cual acabará repercutiendo en las generaciones posteriores. Tras realizar una serie de entrevistas a personas pertenecientes a distintas generaciones sobre el pasado familiar, Anna Miñarro y Teresa Morandi concuerdan con la denominación utilizada por Abraham y Török para esa primera generación: "la falta de elaboración psíquica [...] es indecible en la medida en que está presente psíquicamente en quien lo ha vivido, pero no puede hablar de ello por diferentes motivos: por vergüenza, por el horror del impacto de la guerra y la represión posterior, por un sufrimiento excesivo" (Morandi 2012b: 92). Ante la imposibilidad de poder elaborar un duelo por las pérdidas sufridas, dentro de un mismo "grupo víctima", las imágenes de esa herida o sus secuelas se transmiten a sucesivas generaciones (Volkan 2006: 307). En el caso de España, Clara Valverde Gefaell afirma que las pérdidas no elaboradas por la primera generación pueden llegar a tener "efectos nocivos [que] interfieren en el funcionamiento social y político de futuras generaciones. [...] Los que vivieron la violencia política no pudieron llevar a cabo los necesarios procesos de duelo y elaboración del trauma porque se lo impidió la represión política de ese momento, porque estaban desbordados por la situación o porque estaban ocupados luchando contra el régimen" (2014: 16-17). Los "efectos nocivos" de la imposibilidad de llevar a cabo el duelo de los antepasados se van propagando de una generación a otra inconscientemente y, con ellos, una serie de "tareas" para realizar, entre las cuales está hacer el duelo, pero también "vengarse, reparar el dolor [...] tareas que son una carga inconsciente para los hijos" (2014: 35).

La segunda generación hereda inconscientemente una carga que viene vinculada a esas tareas pendientes que están por realizarse —el duelo, elaborar la humillación o mantener la memoria de lo ocurrido—. No obstante, estas tareas vienen recibidas en forma de historias familiares que se contaron a medias o incluso en forma de un silencio absoluto. Denominada "la generación de lo innombrable" según Abraham y Török, incapaz de nombrar siquiera qué es lo que se ha de hacer o por qué exactamente habría que elaborar un proceso de duelo, esta generación muchas veces fracasa en la elaboración de dicho proceso: la pérdida original de la primera generación que necesita de una elaboración de duelo aparece "en la segunda como vacío simbólico y las huellas de una generación no validada por palabras" (Viña Guzmán 2009: 49). Esta confusión paradójica —la de saber y no saber a la vez— es característica de la transmisión intergeneracional de los efectos del trauma (Fromm 2012: 4; Valverde Gefaell 2014: 98). Anna Miñarro y Teresa Morandi también se refieren a ese vacío heredado como paradójico: "no se hablaba, pero el dolor estaba tan presente que se mostraba sin palabras, lo cual producía un gran desmantelamiento psíquico y afectos que se ha transmitido a las siguientes generaciones" (2009: 458). La tercera generación[9] acaba heredando y absorbiendo ese dolor inacabado y esa confusión que surge del saber/no saber, el vacío que está lleno de tareas pendientes. La generación de los nietos —"la de lo impensable" según la terminología de Abraham y Török— lleva "una gran carga en el inconsciente a la que es más difícil acceder, porque los años de silencio y de comportamientos que han servido para esconder las emociones dificultan la comprensión" (Valverde Gefaell 2014: 73).

Como conclusión de su trabajo sobre los efectos del trauma del siglo XX en España, Miñarro y Morandi aseveran que "la gran carga emocional que acompañaba los testimonios en las entrevistas [les] confirma la *actualidad de los duelos no elaborados*, transmitidos entre generaciones; que tienen efectos en la cotidianeidad y de los cuales el sujeto no siempre es consciente" (2009: 459). Aunque los efectos producidos por traumas pasados no se manifiestan siempre del mismo modo, Morandi explica que hemos de entender el incremento en la fundación de asociaciones como la ARMH a principios del siglo XX como ejemplos de "nietos y nietas de abuelos fusilados [que] han hecho suyo el duelo inconcluso" y "han podido transformarlo en un 'deber de memoria'" (2012b: 93).

---

[9] En su trabajo de investigación sobre la transmisión psíquica intergeneracional, Morandi afirma que, pese a que no se dispone de datos representativos de la cuarta generación, puede "decir que los traumas les parecen como impensables en tanto visualizan muy lejanos los efectos, pero en algunos casos, se producen síntomas o actuaciones que pueden relacionarse con el trauma transmitido" (2012b: 93).

Podemos entender, por tanto, el momento del *boom* de la memoria —evidenciado por un aumento en las producciones culturales tratados en las anteriores secciones y la ubicuidad del tema como debate en la esfera pública— y el arranque del movimiento por la recuperación por la memoria histórica como un nexo entre lo privado y lo colectivo: las estelas aún vigentes de esos duelos inconclusos familiares se fueron pasando de generación en generación y encontraron en las circunstancias sociopolíticas del principio del siglo XXI un escenario en el que esas tareas pendientes se pudieron realizar después de tanto tiempo. Aquí hemos sido testigos de la consolidación de aquello que Jeffrey Alexander llama "trauma cultural" para un sector en particular de la sociedad: "when members of a collectivity feel they have been subjected to a horrendous event that leaves indelible marks upon their group consciousness, marking their memories forever and changing their future identity in fundamental and irrevocable ways" (2012: 6)[10]. Este "trauma cultural" en el caso de hijos y nietos de desaparecidos y familias represaliadas sería una condición colectiva presupuesta por una especie de concienciación sobre su propia herencia que solo ha podido surgir tras una introspección psicológica y los inicios de un proceso de elaboración del pasado que les dota de una agenda para emprender por fin algunas de las tareas pendientes. Los acontecimientos traumáticos originales, las pérdidas, los duelos inconclusos de sus antepasados no suponen un trauma *per se* para los integrantes de generaciones posteriores; hemos de entender el trauma colectivo como una "atribución mediada socialmente" (Richards 2015: 21).

Quizás el ejemplo que mejor ilustra ese componente social del trauma cultural, donde convergen los duelos inconclusos privados con un escenario público, es la llamada "guerra de las esquelas": una serie de esquelas y "contraesquelas" que se empezaron a publicar en periódicos de tirada nacional a partir de julio de 2006 con el fin de reivindicar y conmemorar la memoria de familiares que habían sido represaliados, fusilados o desaparecidos por las

---

[10] Este término acuñado por Alexander se asemeja, aunque quizás solo nominalmente, a lo que Vamik Volkan denomina "chosen trauma" ("trauma elegido"). En el caso del trabajo de Volkan, el psicoanalista ha analizado cómo los traumas elegidos por un grupo pueden llegar a servir para avivar tensiones e incluso provocar violencia y venganza. Véase Volkan (2001). Según Alexander, el enfoque psicoanalista de Volkan limita la aplicación de sus teorías para una colectividad (2012: 191).

fuerzas golpistas o el régimen franquista, coincidiendo con el 70 aniversario del golpe de Estado[11]. Ocurriendo algunos años tras el comienzo de las exhumaciones y la aparición de debates relacionados con el pasado reciente de España y contando con el precedente de las esquelas que se publicaban año tras año en conmemoración de la muerte de José Antonio Primo de Rivera y el propio Franco[12], la "guerra de las esquelas" no solo pone de manifiesto cómo algunos integrantes de generaciones posteriores de represaliados o desaparecidos llegaron a formular sus quejas y sus reivindicaciones de ese trauma cultural heredado, sino también cómo los duelos inconclusos y tareas pendientes heredados dentro del contexto familiar encontraron un escenario en la esfera pública: "el dolor personal del duelo también se relocalizaba, pasando de la esfera íntima a la esfera pública, con lo que se desafiaba así la vergüenza de la derrota permanente" (Richards 2016: xi). Pese a ese reclamo general de reconocimiento público de la desaparición o fallecimiento de su ser querido —presente en todas las esquelas—, sí que existe una clara distinción en lo que se podría llamar el discurso o el estilo de cada esquela que corresponde precisamente a la generación de la que procede su autor: si los integrantes de la primera generación —los que habían vivido o incluso luchado en la guerra— conservaban ese tono beligerante, los de la segunda generación "exhiben la penetración del franquismo en las conciencias en su aparente miedo a evidenciar alguna tendencia ideológica, a hacer declaraciones públicas que los retraten como políticos" (Fernández de Mata 2016: 140). Por último, las esquelas cuyos autores pertenecen a la tercera

---

[11] Véase el capítulo ocho de Fernández de Mata (2016), para un análisis a fondo del acontecimiento. Según Fernández de Mata, "El corpus total manejado de estos anuncios supera el centenar, con muestras tomadas de diarios nacionales y regionales, cerca de 450 nombres, publicadas principalmente durante la segunda mitad de 2006, de 2007 e incluso de 2008. [...] El grupo principal fue publicado entre 17 de julio de 2006 y el 3 de junio de 2007, en el diario *El País*. Las circunstancias de la muerte son tan variadas como las fechas, que comprenden los años de la guerra civil, desde la primera acción golpista, hasta los primeros años de la posguerra" (2016: 133).

[12] Estas esquelas que se publicaban para conmemorar la muerte del fundador de la Falange y del dictador en periódicos como el *ABC* durante años "asientan el precedente del uso de esquelas como textos políticos impregnados de significados relativos a la GCE, aunque en su caso, refuerzan nociones compartidas a viva voz durante décadas" (Fernández de Mata 2016: 128).

generación cuentan con referencias y preferencias políticas explícitas y para los cuales "el asunto ideológico es más bien un elemento que contribuye a valorar la pérdida, a reconstruir la personalidad del difunto como alguien comprometido con un ideal" (Fernández de Mata 2016: 140).

En su análisis del intercambio de esquelas conmemorativas desde izquierda y derecha, Ignacio Fernández de Mata ve las primeras esquelas como una demanda "de conclusión de los duelos", un "intento por culminar —en demasiados casos infructuosamente— un proceso de duelo inconcluso y con ello alcanzar la reintegración social de aquellos excluidos no solo en sus comunidades sino también en el propio sentido de humanidad" (2016: 119-120). Es decir que para los familiares de una tendencia de izquierdas concluir con el duelo heredado pasaba por exigir reconocimiento público de su pérdida mediante la publicación de la esquela. Aunque de modo muy distinto, Fernández de Mata asevera que la decisión de publicar las contraesquelas publicadas por familiares de los vencedores también surgía de un duelo inconcluso: para estas personas, el régimen se había apropiado del dolor de estas personas con el fin de construir un discurso legitimador para sus crímenes, para justificar el golpe de estado, la guerra y las políticas más severas de la dictadura y veían cómo sus muertos habían pasado de ser héroes a devenir una vergüenza internacional: "en el caso de las víctimas de la represión franquista, la inconclusión del duelo viene por la incapacidad de los parientes de velar, enterrar y 'despedirse' de su ser querido en un lugar apropiado", mientras "los deudos de los caídos por Dios y por España, el duelo inconcluso se debe a la manipulación constante de sus muertos por parte del régimen [...] que se estrella con el presente cambio en la representación de esos muertos, de héroes a villanos, o en el mejor de los casos, de héroes a peones utilizados para fines villanos" (Fernández de Mata 2016: 158-159).

3.4. El duelo colectivo social

Hasta aquí he abordado la cuestión de la necesidad de un duelo restringido a los contornos de la familia: duelos inconclusos, procesos de elaboración de distintas clases de pérdidas que, por motivos varios, no se pudieron elaborar en su momento. La falta de elaboración, junto con el silencio en torno a lo ocurrido, tuvieron sus consecuencias en las generaciones posteriores, dejándoles una serie de tareas pendientes de realizar, entre las cuales encontramos la de llevar a cabo un duelo. Ese duelo tardío por una pérdida familiar cuyas consecuencias se han ido pasando de una generación a otra se lleva a cabo mediante la localización y exhumación de restos o la visibilización pública de la pérdida original. Pero en el caso de la sociedad española en general, ¿se puede hablar de un duelo inconcluso al nivel colectivo? ¿Cómo sería un duelo colectivo que habría de llevarse a cabo para el conjunto de pérdidas individuales y las pérdidas colectivas? ¿Cuáles son sus pasos y las tareas que hay que realizar?

Como vengo reiterando, el duelo siempre cuenta con un aspecto colectivo y social: primero, porque el individuo pertenece a una sociedad —"el sujeto no está solo, aislado, roto, prisionero de sus fantasías más catastróficas, hay un cuerpo grupal que lo sostiene, lo reconoce como parte de sí" (Kordon 2005: 207-208)—, y segundo, porque "los funerales, velatorios, entierros, homenajes u otros ritos que son muy importantes en la elaboración del duelo son colectivos y públicos" (Valverde Gefaell 2014: 85). Pero más allá del componente social del duelo individual, podemos entender que los colectivos como entidades también elaboran procesos de duelo más allá de ser meramente un conjunto de experiencias individuales. Las pérdidas colectivas —una sensación colectiva de pérdida de individuos, pero también de tierras, prestigio, etc.— se elaborarían mediante procesos sociales, actos de conmemoración, etc. (Volkan 2006: 307), y a los que añadiría las políticas oficiales de reconocimiento o de memoria por parte del Estado.

Volviendo a la cita de Piera que sirve de epígrafe de *Los girasoles ciegos*, el poeta afirma que existe un duelo inconcluso al nivel colectivo: "En España", en el conjunto del territorio, la sociedad española, "no se ha cumplido con el duelo". Del mismo modo en que la prohibición y la imposibilidad de un duelo para muchos casos individuales a raíz de la falta de reconocimiento de los represaliados y el desamparo de la nueva democracia para con los familiares de desaparecidos y represaliados, este mismo duelo congelado ocurre al nivel colectivo. En su trabajo sobre los efectos intergeneracionales de un duelo no resuelto, Clara Valverde Gefaell aborda la cuestión de "qué ocurre cuando toda o gran parte de una sociedad vive en un duelo congelado". La autora afirma que podemos observar "numerosos síntomas y manifestaciones comunes" entre los cuales identifica "la confusión general y la duda 'sobre lo que ocurrió, cómo ocurrió, sobre quién vivió y quién murió, cómo y por qué', la repetición, el miedo y el silencio, la rabia y la desconfianza (2012: 87-98).

Habiendo esclarecido las características del duelo individual en el caso de los represaliados y familiares de víctimas de la Guerra Civil española y el franquismo, quiero volver a los dos presupuestos con los que he prologado este capítulo: la distinción entre un duelo individual y un duelo colectivo y la existencia de un déficit epistémico y un déficit afectivo. Si bien no se trata de dos dualidades necesaria o estrictamente paralelas —esto es, duelo individual/déficit epistémico y duelo colectivo/déficit afectivo—, sí que es cierto que llevar a cabo un duelo colectivo implica algo más que simplemente saldar el déficit epistémico. En el caso de la guerra de las esquelas, que serviría de escenario para el encuentro de duelos inconclusos privados y el espacio público, para que los lectores que pueden haberse sentido ajenos a la publicación de dichos anuncios no se queden simplemente con la sensación de que se trataba de una ideologización de las víctimas y se percaten de la importancia y la necesidad de ese reconocimiento público, necesitan de una corrección de ese déficit afectivo: es decir, insistir en que esa deuda con el pasado, las pérdidas de ese pasado son suyas, les *afectan*.

Nuestra condición de afectados en el presente por el pasado está directamente relacionada con el entorno familiar —los traumas familiares heredados, la propagación del silencio dentro de las familias, etc.—, pero también está relacionada con las posturas y política oficiales del Estado, y la (in) existencia de conceptos públicos de memoria. En su análisis del caso de los desaparecidos españoles, Ignacio Fernández de Mata afirma que "la ausencia de política de memoria ha generado mayores problemas para la sociedad española que los que pudieran haberse derivado de una correcta atención a las víctimas siguiendo los protocolos habituales para sociedades posdictatoriales" (2016: 4). En esa misma afirmación, el antropólogo insiste en las consecuencias para los familiares —"el no reconocimiento del sufrimiento, de la aceptación de la condición de víctimas, ancla y cronifica su dolor"— pero también apunta hacia las consecuencias para la sociedad en general cuando asevera que "la experiencia de exclusión [...] no se acaba con el fallecimiento de los testigos directos de los crímenes"; es decir, que tiene repercusiones más allá de los que vivieron las vejaciones y privaciones de manera directa

(2016: 4). Del mismo modo en que el duelo fue imposibilitado en muchos casos individuales por una serie de circunstancias, podemos identificar tres etapas en las que la posibilidad de un duelo colectivo también fue negada, hecho que no solo perpetúa el sufrimiento provocado por las pérdidas de individuos sino también acaba negando las pérdidas de carácter más abstracto —los avances de la Segunda República, la herencia democrática, etc.: 1) las conmemoraciones colectivas y oficiales del régimen franquista, 2) la declaración de la superación del pasado durante los años de la Transición, y 3) el desaprovechamiento de la oportunidad de establecer unas políticas de memoria una vez instalada la democracia; tres momentos que corresponden a las tres muertes o "desapariciones": "la muerte durante la guerra y posguerra, con el silencio durante la dictadura, y con el olvido durante la democracia" (Morandi 2012: 72).

Del mismo modo en que las esquelas conmemorativas ya contaban con su precedente precisamente para aquellos personajes responsables de tanto sufrimiento, las demostraciones públicas y colectivas de conmemoración y de duelo cuentan con una larga tradición por parte de las fuerzas golpistas y, posteriormente, el régimen franquista; estas demostraciones incluían la construcción de monumentos, las conmemoraciones públicas del golpe de estado el día 18 de julio o del día de la victoria el 1 de abril. Además de los actos oficiales conmemorativos, el régimen se encargó de la creación de entidades dedicadas a apoyar material y psicológicamente a los que habían apoyado el golpe militar a la vez que permitía también la fundación de asociaciones privadas con objetivos parecidos (Aguilar 1999: 86). Según explica Paloma Aguilar en su análisis de las políticas de memoria oficiales del régimen franquista, establecer y mantener la división entre vencedores y vencidos resultaba indispensable para la construcción del discurso legitimador del régimen: "En contra de lo que podría pensarse, la estabilidad del sistema se hubiera tambaleado de haberse accedido a llevar a cabo la reconciliación mediante el reconocimiento de culpas y perdón, pues la legitimidad del régimen estaba inextricablemente unida a la marginación del vencido, a la justificación de la guerra y a la exaltación de la victoria" (2008: 101)[13]. Efectivamente, durante

---

[13] Aguilar escribe que la represión sistemática de los vencidos y, sobre todo más tarde, el mantenimiento de esa división supondría un segundo desafío durante la Transición; la socie-

décadas, "los únicos que fueron libres de recordar colectivamente y participar de manera simbólica en la rememoración pública del conflicto fueron exclusivamente los vencedores" (Richards 2015: 19)[14]. Una de las grandes y primeras diferencias en cuanto al trato recibido por parte de vencedores y vencidos estaba directamente relacionada con el duelo: "Una vez que el territorio republicano fue 'liberado' por los rebeldes, o ya a principios de los años cuarenta, el régimen de Franco decretó que debían localizarse y santificarse los lugares donde habían sido enterradas las víctimas de la violencia revolucionaria, y se les concedió cierto grado de dignidad a través de un proceso de duelo público" (Richards 2015: 78). Más allá del reconocimiento oficial del duelo de los vencedores, el hecho de que "llevar[an] hasta límites abusivos sus ceremoniales públicos de duelo dificultaba aún más la elaboración de los vencidos de sus propios dramas personales y colectivos" (Ruiz-Vargas 2006: 319-320) y "la exaltación de la victoria por parte de los vencedores sobre los vencidos" acabó imponiendo "una negación de lo que había sucedido y de lo que se estaba sufriendo; impidiendo vivir y elaborar el duelo por todo lo perdido" (Morandi 2012: 70). Además, "esas representaciones públicas constituyeron la base de las reivindicaciones, alentadas oficialmente, acerca de un pasado colectivo traumático" (Richards 2015: 20), que servían justa-

---

dad española no solo tenía que cargar con los pesados y traumáticos recuerdos de la guerra sino también con una conciencia de que nunca se habían llevado a cabo gestos de reconciliación entre vencedores y vencidos (2008: 102).

[14] Aunque está claro que los vencedores disfrutaron de un privilegio, una atención y un respeto en el discurso nacional-católico que se fue consolidando en los años posteriores a la guerra y que contaron con múltiples oportunidades de honrar a sus fallecidos públicamente, Fernández de Mata nos insta a considerar que "resulta simplista decir que las víctimas recogidas en la expresión franquista *Caídos por Dios y por España* tuvieron ya su espacio temporal de resarcimiento y duelo público" (2016: 151). Entre las prohibiciones de las expresiones de luto durante la contienda, Paul Preston recoge también casos en los que se les pedía también a los familiares de los *Caídos por Dios y España* que *no* se vistieran de luto, un gesto para proclamar que "la muerte del caído por la Patria no es un episodio negro, sino blanco; una alegría que debe vencer al dolor" (2011: 303). Aunque podemos entender que el régimen se apropiaba y se aprovechaba del duelo de los vencedores para su propio beneficio, el hecho de que hubiera un espacio público para llorar a los vencedores y expresiones varias del duelo público durante los años de la dictadura solo acaba exacerbando el dolor de los familiares de los represaliados, haciendo más urgente y presente ese duelo inconcluso.

mente para perpetuar los mitos que perdurarían hasta la actualidad[15] y que encontrarían su máxima expresión en la construcción del monolítico Valle de los Caídos.

Aunque hablar de un olvido o un silencio pactados durante la Transición ha sido objeto de debate, la decisión de no dejar que el pasado influyera en el presente acabó primando una visión del pasado como algo cerrado y superable: la modernización y el proyecto democrático parecían implicar irremediablemente una ruptura con el pasado y una determinación de no dejar que este influyera demasiado en el presente (Labanyi 2007). Ricard Vinyes describe ese imperativo que regía la Transición como "un modelo que aun y conociendo la existencia de responsabilidades, eludía deliberada y pragmáticamente asumir las dimensiones éticas de las responsabilidades políticas. No debía entrarse en el conflicto, simplemente el conflicto se decretaba superado, con el resultado de incapacitar a la sociedad para el duelo que nunca se había podido producir" (2012: 27-28). Semejantes declaraciones que anuncian la superación del pasado se presentan como enunciados performativos que sentencian el pasado a una posición estática cuyo resultado es una generalización del pasado en la que se construyen idealizaciones y demonizaciones de ciertas épocas e individuos, por un lado, y reparaciones y disculpas por otro. Podemos asemejar el caso de la Transición a lo que Derrida llama —refiriéndose al término empleado por Freud y aplicando este a la noción fukuyamesca del fin de la Historia— "la fase triunfante del trabajo del duelo", que se caracteriza como "maníaca, jubilosa e incantatoria" (1998: 65) y que anuncia el fin del duelo y la superación de la pérdida, a pesar de que el espectro de lo perdido permanece presente. Independientemente de las buenas intenciones de evitar la violencia, de no dejar que el pasado influya demasiado en el presente, la fundación de la nueva democracia sobre la falsa

---

[15] Aquí me refiero a los mitos que se empezaron a construir en los últimos años de la guerra y que se fraguaron durante los años del franquismo: la Guerra Civil como "una cruzada gloriosa contra el comunismo, ateo y antiespañol, que se había apoderado de la Segunda República" (Aguilar 2008: 212). Más tarde, estos discursos oficiales sobre la contienda evolucionarían tras la victoria sobre el fascismo europeo y durante los años del tardofranquismo (véase Aguilar 2008: 212-231), aunque resurgirían durante los últimos años del siglo XX en las publicaciones revisionistas de pseudohistoriadores como Pío Moa o César Vidal. Sobre la expresión y perpetuación de los mitos franquistas en la literatura, véase Becerra Mayor (2015).

promesa de la superación del pasado acaba confundiendo —en términos que emplearía Dominick LaCapra— la pérdida histórica de la Segunda República y todos sus avances con una ausencia; dicho de otro modo, el fracaso de concebir la Segunda República como proyecto democrático frustrado que supone una pérdida para la colectividad española y la visión construida durante la Transición de una democracia cuyos cimientos descansan en una *tabula rasa* acaba ofuscando la pérdida original y "se enfrenta el *impasse* de una melancolía interminable, un duelo imposible, en donde cualquier posibilidad de enfrentar el pasado y sus pérdidas históricas colapsan o abortan prematuramente" (LaCapra 2005: 46)[16].

Ya entrados los años de la democracia, no deja de ser un tanto contradictorio que, pese a esas ansias por modernizar e introducirse ya en un mundo y una Europa moderna y democrática, el Estado español haga oídos sordos a las recomendaciones y prescripciones provenientes justamente de esas entidades supranacionales. El Estado español se niega a cumplir con las múltiples recomendaciones ofrecidas por entidades e instituciones internacionales como el Alto Comisionado de las Naciones Unidas para los Derechos Humanos (ACNUDH)[17] o Amnistía Internacional, "entre las cuales está la creación de una comisión de expertos independientes para establecer la verdad histórica sobre las violaciones de derechos cometidos durante la guerra civil y la dictadura" (Valverde Gefaell 2014: 46). La ONU también ha criticado la existencia de símbolos de exaltación del franquismo, el Valle de los Caídos, una educación deficiente sobre el pasado reciente, la privatización de las

---

[16] Aunque aquí identificamos en los discursos hegemónicos de la Transición una confusión de las pérdidas colectivas históricas y específicas de la Segunda República con una ausencia fundacional, impidiendo así una correcta elaboración de las pérdidas, las advertencias de LaCapra también se podrían aplicar a las pérdidas específicas de los individuos desaparecidos y represaliados durante la guerra y el franquismo: hemos de tener cuidado con no confundir las pérdidas de casos y familias individuales con una ausencia fundacional que resultaría en una concepción de la sociedad española actual como un colectivo entero traumatizado.

[17] "A finales de junio de 2014, el Gobierno español recibió un duro informe del Grupo de Trabajo sobre las desapariciones forzadas de Naciones Unidas en el que se le instaba a dar respuesta y asistencia a las víctimas del franquismo en un plazo de 90 días" (Fernández de Mata 2016: 189). Véase el informe "Report of the Working Group on Enforced or Involuntary Disappearences on the mission to Spain", 2013. http://www.ohchr.org/EN/Issues/Disappearances/Pages/Visits.aspx.

exhumaciones y la Ley de Amnistía del 1977, entre otras cosas[18]. Además, la consolidación de la privatización de la memoria resultante de la llamada Ley de Memoria Histórica también cerraba las puertas a la posibilidad de la elaboración de una memoria pública que permitiese un duelo colectivo: "la Ley de Memoria Histórica se aprobó a cambio de olvidar la memoria compartida. O sea, se hizo de la memoria algo privado. [...] El mensaje estaba claro: habría una ley de memoria histórica si cada uno hacía su duelo en privado, lo cual impide en realidad hacer el duelo" (Valverde Gefaell 2014: 66). En definitiva, en la democracia se ha optado por seguir las costumbres aprendidas durante la dictadura, las pautas prescritas durante la Transición: relegar el duelo particular al entorno privado y desentenderse precisamente de las posibles posiciones y políticas que permitirían una correcta elaboración colectiva de las pérdidas provocadas por la violencia del siglo XX en España:

> [...] el conocimiento público de la devastación humana y ética que había provocado la dictadura, la restitución material, social y moral del antifranquismo [...], o el deseo de información y debate que sobre aquel pasado tan inmediato expresaba la ciudadanía más participativa, nunca fueron considerados por el Estado de derecho y los distintos gobiernos que lo han gestionado hasta hoy, como parte constitutiva del bienestar social y la calidad de vida de muchos ciudadanos (Vinyes 2012: 27).

La falta de iniciativa por parte del gobierno del PSOE de Rodríguez Zapatero de establecer una política pública de memoria se resume en unas declaraciones realizadas en 2006 por la entonces vicepresidenta María Teresa Fernández de la Vega: "la memoria es algo que uno recuerda, algo individual y privado" (Valverde Gefaell 2014: 66). Esa reducción de la memoria únicamente al nivel individual es para Ricard Vinyes de "lo más preocupante", ya que "la decisión —de olvidar o de recordar, la que sea— queda reducida a la más estricta intimidad, al ámbito privado; la sociedad no tiene ninguna implicación, solo el individuo y por tanto no puede existir actuación pública, solo inhibición de la Administración" (2012: 30).

---

[18] Véase el informe del relator especial de la ONU, Pablo de Greiff, publicado en julio de 2014, con el título "Report of the Special Rapporteur on the promotion of truth, justice, reparation and guarantees of non-recurrence: Mission to Spain".

El conjunto de estas medidas y posturas —tanto las oficiales como las *de facto*—, que van desde los mismos días de la posguerra hasta la actualidad, han imposibilitado la elaboración de un duelo colectivo por las pérdidas e injusticias de la Guerra Civil española y la dictadura franquista en dos sentidos: primero, porque, aunque reconocen el derecho a una elaboración de duelos privados cuyo peso viene lastrándose durante décadas, niegan la necesidad de un duelo *colectivo* y, segundo, porque niegan que aquellas pérdidas tengan relevancia para el colectivo hoy en día. Negar la necesidad de un duelo colectivo con afirmaciones como que el pasado está superado, que indagar en el pasado solo abre viejas heridas que ya se habían cerrado hace tiempo, o que las pérdidas individuales han de elaborarse en el ámbito privado, no hacen sino perpetuar la distinción realizada por el régimen franquista entre vencedores y vencidos donde hay unas vidas y pérdidas merecedoras de un duelo y otras que no. Esa jerarquización o "escala de duelos", según la cual unas vidas son más merecedoras de duelo que otras (Butler 2004), encuentra su máxima expresión en el Valle de los Caídos, cuya persistencia durante la Transición y cuyo mantenimiento por parte del Estado no hace sino patentizar la preservación de la distinción franquista: el pasado está pasado, el duelo colectivo ya tuvo sus expresiones públicas, y cualquier duelo que esté por realizarse es deber del individuo; para el colectivo, hablar de un duelo no hace sino estorbar la paz y el orden actuales. La insistencia en dejar el Valle de los Caídos tal y como está y, en particular, los impedimentos al posible rescate por parte de familiares de los restos de republicanos que fueron trasladados y enterrados allí por orden del mismo Franco en una suerte de acto de "reconciliación forzada"[19] es una perpetuación de esa jerarquía de vidas merecedoras de duelo. Nadie, ni en la esfera pública ni en el ámbito privado, negaría el carácter trágico de la Guerra Civil para los que la vivieron e incluso para los que vinieron después, pero una postura y una actitud respecto a ese

---

[19] En su estudio sobre las políticas de la memoria, Paloma Aguilar Fernández explica que, pese a que algunos restos de republicanos fueron trasladados allí, "el alcance de la integración de los vencidos, a última hora, es limitado" y que el monumento, en palabras del arquitecto de la gran cruz, Diego Méndez, existe para honrar a "'los héroes y mártires' que se inmolaron para salvar la patria, las víctimas de las 'patrullas rojas', que veían 'en cada buen español un enemigo a exterminar'" (2008: 152; 147). Véase la sección dedicada al Valle de los Caídos (2008: 146-158).

pasado que admite afirmaciones como las del anterior portavoz del Partido Popular Rafael Hernando al referirse a la exhumación de los restos de Franco del Valle de los Caídos: "esto de estar todos los días con los muertos de arriba para abajo" es "el entretenimiento de algunos"[20] y que "algunos se han acordado de su padre cuando había subvenciones para encontrarlo"[21] no hacen sino mantener esa escala de duelos[22]. Para el conjunto de la sociedad, los desaparecidos y sus familiares suponen sujetos irreales:

> Si la violencia se ejerce contra sujetos irreales, desde el punto de vista de la violencia no hay ningún daño o negación posibles desde el momento en que se trata de vidas ya negadas. Pero dichas vidas tienen una extraña forma de mantenerse animadas, por lo que deben ser negadas una y otra vez. Son vidas para las que no cabe ningún duelo porque ya estaban perdidas para siempre o porque más bien nunca "fueron", y deben ser eliminadas desde el momento en que parecen vivir obstinadamente en ese estado moribundo (Butler 2006: 60).

Lo que hacen semejantes posturas es negar las pérdidas y promover la visión de que ciertas vidas no son dignas de duelo[23] y que la insistencia por parte de algunos de querer conmemorarlas, hacer justicia por ellas, recordarlas, no hace sino estorbar. Aunque sí es cierto que, a nivel individual, hemos visto que el "no saber" constituye una de las principales características del trauma sufrido —"se obligaba a callar lo que se sufría y esto generó situaciones de ignorancia en las familias. Responde a esta imposición de negación

---

[20] Véase la noticia: http://www.publico.es/politica/fiscalia-ve-delito-burla-rafael.html.

[21] Véase la noticia: http://www.publico.es/politica/denuncian-hernando-decir-victimas-franco.html.

[22] A estos comentarios de Hernando podríamos sumar otros varios que ponen de relieve la existencia de esa escala de duelos, es decir, que hay unas pérdidas que no merecen un duelo porque, en su momento, no constituían sujetos. Como, ejemplo, los comentarios del antiguo abad del Valle de los Caídos, Anselmo Álvarez, sobre las condiciones de los presos de mano de obra esclava que fueron obligados a construir el monolito ponen de manifiesto la visión del menosprecio y la desubjetivación de los presos. Véase la noticia: http://www.publico.es/politica/antiguo-abad-del-valle-caidos-afirma-nadie-alli-manera-forzada-y-presos-cobraban-buen-sueldo.html.

[23] En el inglés original Butler emplea el término *ungrievable*, traducido al castellano como "vidas que no valen la pena" (2006: 64).

el que muchos entrevistados 'sabían': de la guerra, de los campos de concentración [...] pero 'no sabían' todo lo que estaba pasando" (Morandi 2012a: 70)— para el colectivo, hablar de una falta de memoria en el ámbito historiográfico, por lo menos, es una falacia. La negación de las pérdidas pasadas supone lo que el psicoanalista Pere Folch llama no "una negación psicótica de la realidad" —es decir, no una negación fáctica de lo ocurrido—, sino "más bien [una negación] perversa" (Morandi 2012a: 70): sabemos que existen familiares que no saben dónde yacen los restos de sus padres o sus abuelos, entendemos que eso ocurrió, pero es molesto; sabemos que los restos de Franco son honrados perpetuamente, y que algunos planteen la posibilidad de sacarlos es fastidioso.

Si existe un duelo colectivo pendiente de realizarse en la actualidad porque las posiciones, las actitudes o las medidas oficiales han rechazado precisamente la necesidad de este tipo de duelo porque "ya se ha hecho" o porque "es una labor privada" o, directamente, y quizás de manera inconsciente, porque rechazan la posibilidad misma de un duelo colectivo ya que las pérdidas que lo requerirían no son merecedoras de esta elaboración, ¿qué cambios de planteamiento o de entendimiento serán necesarios para permitir, alentar o catalizar un duelo colectivo en el caso de España?

La reflexión de Carlos Piera sobre la naturaleza del duelo que encabeza esta sección es una meditación precisamente sobre el carácter colectivo de ese potencial proceso que está por realizarse. Cuando escribe que el duelo "es el reconocimiento de que algo es trágico y, sobre todo, de que es irreparable", ese reconocimiento ha de ir mucho más allá de saldar el déficit epistémico, de saber qué ocurrió. Es el reconocimiento de que el acontecimiento supone una tragedia que nos incumbe y nos toca en el presente y que necesita más que un reconocimiento legal del estatus de la víctima o una reparación monetaria; toca además reconocer que las pérdidas originales, su olvido o negación, son una tragedia también. En el presente y para el conjunto de la sociedad: "hasta ahora, las muertes vinculadas a la guerra civil no han sido percibidas como una pérdida para la totalidad de la sociedad española sino para los grupos o sectores a los cuales pertenecían, caso de la Iglesia Católica, partidos políticos [...] u otras organizaciones" (Richards 2016: xi).

En su reflexión sobre el duelo y el pasado reciente en España —y en concreto la llamada Ley de Memoria Histórica de 2007—, Jordi Ibáñez Fanés plantea una serie de preguntas respecto a nuestra posición en el presente de cara a la violencia de la Guerra Civil española. El autor reconoce dos características de la actualidad española que me parecen fundamentales a la hora de hablar sobre cómo nos afecta el pasado reciente en el presente: primero, que lo que "se echó al olvido" durante la Transición —y añadiría, "independientemente de si se considera un olvido tomado a conciencia o no"— "acaba por reaparecer como un muerto mal enterrado sacando media pierna a flor de tierra, clamando por su dignidad robada y porfiando contra el olvido" (2009: 185); segundo, reconoce los impedimentos jurídicos o éticos sobre la posibilidad de una justicia reparadora hoy en día después de la Ley de Amnistía de 1977 y las medidas de reparación material o simbólica de la Transición y los diferentes gobiernos democráticos. Aun así, reconociendo estas dos características de la actualidad española y admitiendo que "puede que sea demasiado tarde" para juzgar a los asesinos o torturadores, criminales, y reparar el daño padecido por algunos, pregunta: "pero ¿debe ser [demasiado tarde] para toda la nación, instalada consciente o inconscientemente sobre esta vergüenza? Y si ya no se vive el miedo, ¿debemos aceptar entonces que vivimos en el oprobio de un saber reprimido sobre las injusticias padecidas en este país?" (2009: 186).

La preguntas planteadas por Ibáñez Fanés se asemejan bastante a las reflexiones de Piera: aunque "se festeja, una y otra vez, la relativa normalidad adquirida" hoy en día —es decir, que el pasado está superado, "ya no se vive el miedo", nos dice Ibáñez Fanés—, y a pesar de que ha habido una larga lista de medidas de reparación —aunque tal vez no bastantes, recordemos que Ignacio Fernández de Mata considera a los desaparecidos como los grandes olvidados por la Transición (2016: 168)—, el duelo colectivo es "del todo independiente de que haya o no reconciliación o perdón" y se trata "del reconocimiento público de que algo es trágico y, sobre todo, de que es irreparable". Esta labor de duelo corresponde a las generaciones que vienen después: ante el debate que gira en torno a las políticas oficiales de la Transición —memoria frente al olvido, el "pasar página" y el "recuerdo obsesivo", dos opciones justas y lógicas según Piera para los que vivieron y padecieron la violencia y la represión de la Guerra Civil española y el franquismo—, "toda la nación", nos dice Ibáñez, y "las generaciones siguientes", nos dice Piera, sin embargo, "no tienen esa opción de omitir la piedad fúnebre, porque de esa omisión no se seguirá la sutura del horror, sino la certeza de que van a seguir reapareciendo fantasmas: el duelo es lo que pide un alma en pena" (2003: 15).

Habiendo hecho estas observaciones en el contexto de la actualidad española, si volvemos a las distinciones entre duelo individual y colectivo en el recorrido teórico sobre las narrativas de duelo persistente, encontramos bastantes semejanzas en cuanto a ese duelo colectivo de "toda la nación" o de "las generaciones siguientes": si el duelo para el individuo implica un modo de enterrar a los muertos, de llegar a términos con una pérdida, para el colectivo el duelo implica una resistencia no solo a la sustitución sino también al cierre, un modo de permanecer siempre abiertos a las injusticias sufridas mediante el sostenimiento de la ausencia dejada por la pérdida. El propósito de las narrativas de duelo tenía menos que ver con establecer una recuperación de lo fáctico que con proveernos de un modo de relacionarnos *con* la Historia: "la Historia está siempre cerrada en el orden de los hechos y las causas", lo acontecido y el cómo está "siempre abiert[o] en el orden de las razones y los sentidos", como nuestra relación con ello en el presente (Thiebaut 2008: 207).

En sus reflexiones sobre las palabras de Piera, el filósofo Carlos Thiebaut hace hincapié en lo que llama la asimetría, un término para referirse a las "posiciones, y tareas y responsabilidades, distintas en quienes vivieron la pérdida y el daño en primera instancia y quienes los vivimos pasado un tiempo, en las generaciones siguientes" (2008: 210). Por ello, proponer una reflexión sobre duelos inconclusos en España, como hemos visto, es hablar de unas tareas pendientes y también asimétricas, siendo estas distintas para el individuo y el colectivo. Esa misma asimetría es, como hemos visto en secciones anteriores, lo que le da estructura a esa heteroglosia tan propia de las narrativas de duelo. Si bien es cierto que las primeras observaciones de Thiebaut sobre la asimetría parten de una reflexión sobre el exilio, mediante Piera y Segovia, creo que son válidas también para referirnos al contexto del pasado violento en España y cómo nos relacionamos con él: "la experiencia del daño se constituye en este doble y tensado polo, el del penar y el de dar cuenta del mismo en un concepto de lo que él es y de lo que en él anda metido" (2008: 207). En esa misma introducción a la antología poética de Segovia, Piera cita al poeta exiliado, quien escribe que "[el exilio] debería enseñarnos que la pérdida es más nuestra que lo perdido, que la restauración de lo perdido sería una negación de nuestra vida más radical aún que su ausencia, porque es esa vida misma la que lo hizo perdido" (Segovia 2003: 18). De modo parecido, el duelo colectivo tiene que ver no con la recuperación de lo perdido sino con la recuperación de *la pérdida*, que, por esa asimetría, implicaría en el caso de los pertenecientes a las generaciones posteriores hacer una reflexión sobre nuestra relación con ese pasado. Aunque esto es distinto de la tarea de los que sí vivieron el pasado violento, la labor de las dos generaciones está relacionada "con la idea de distancia, o de separación, y de hueco o de hiato, y con cómo esa distancia, que no puede ser suturada, nos vincula con lo perdido o con lo ya no vivido haciéndolo significativo, relevante, inmediato, algo que nos concierne" (Thiebaut 2008: 208). El duelo colectivo por tanto se convertiría en —si se me permite la alusión a Celaya— un arma cargada de futuro: "no elegimos nuestros pasados (aunque podamos reconstruirlos, maquillarlos o desnudarlos), pero sí que decidimos qué es lo que somos y cómo somos, qué es lo que podemos hacer con esos pasados cuando ellos están hechos, como es el caso, de pérdidas y daño" (Thiebaut 2008: 209).

La reflexión de Thiebaut sobre las tareas del duelo correspondientes al colectivo hoy en día resume lo que es el propósito de las narrativas postraumáticas de duelo persistente. Esa distinción entre una recuperación epistémica y una recuperación afectiva —es decir, una recuperación o una reivindicación de nuestro estado de afectados por el pasado en el presente— es reminiscente de la distinción entre dos tipos de verdad hecha por Robert Eaglestone sobre el Holocausto y lo posmoderno. Según Eaglestone, estas dos verdades pueden operar a la vez y están interrelacionadas: existen "truth as explanation, corresponding to evidence and states of affairs and truth as in some revealing of ourselves, of 'who and how we are'" (2004: 7). Dicho de otro modo, el duelo correspondiente a la colectividad actual, alejada temporalmente del daño y las pérdidas originales, es una tarea que tiene que ver con rescatar no lo perdido —como nos sugiere Piera, "no corresponde al momento en que uno recuerda a un muerto"—, sino con la pérdida en sí, aquel momento "en el que se patentiza su ausencia definitiva". Se trata de un ejercicio constituido por una reflexión o, en la narrativa, mediante una poética de ausencia que refleje precisamente "quiénes somos y cómo estamos —"who and how we are", según Eaglestone— ante esa pérdida, que compete a la acción de "hacer *nuestra* la existencia de un vacío", siempre consciente de esa asimetría: "la tarea del duelo no pretende [...] suturar ya nada de lo que es irreparable, sino permitir proseguir una vida y aquí, de nuevo, el centro no es quien es recordado, ni lo que es recordado, sino la posibilidad misma de proseguir la vida en el duelo y por él. Todas estas figuras —en el dolerse, en el curar, en el herir, en el mirar indiferentemente, en el duelo— anclan su asimetría no superable, que nunca puede anularse" (Thiebaut 2008: 212).

Thiebaut escribe que "aquello que nos reclama el duelo que pide un alma en pena [...] hace militar hacia la justicia" (2008: 207). La asimetría entre los que vivieron el pasado violento y los que constituimos los que vinimos después también influye en cómo entendemos esa justicia hacia la cual nos apunta el duelo. Si bien es cierto que ha habido una serie de medidas de justicia distributivas, retributivas y restaurativas que se remontan a los primeros años de la Transición, ¿qué relación hay, entonces, entre un duelo colectivo y la justicia? Piera afirma que el duelo es "del todo independiente de que haya o no reconciliación y perdón", pero añadiría que el duelo colectivo también es independiente de que haya habido o no medidas de justicia; cabe hacer hincapié en que es independiente, pero el duelo colectivo no se desentiende, ni se despreocupa ni desoye las demandas por esas medidas. Para el duelo colectivo, la justicia tiene que ver con la asunción de subjetividad colectiva de la justicia: "el sujeto de la justicia no es la figura del doliente, la víctima, sino la de quien la ha atendido y la de quien quiere hacerle justicia. El movimiento del cuidado y el imperativo de la justicia le corresponden a quien atiende y a quien saca consecuencias del daño acontecido cuando el cuidado ya no es posible" (Thiebaut 2008: 214). Volviendo a la observación hecha por Michael Richards de que "las muertes vinculadas a la guerra civil no han sido percibidas como una pérdida para la totalidad de la sociedad española" (2016: xi), el fin del duelo colectivo pretende precisamente "indica[r] lo irreparable de lo acontecido, una constancia de que ha acontecido y de que ello plantea una demanda, la de la cura o la de la justicia" (Thiebaut 2008: 214). Esa demanda interpela a ese sujeto de justicia, a un *nosotros* colectivo. De ese *nosotros* en el presente, Thiebaut escribe que "decir que sigue pendiente el duelo quiere decir, también, que sigue pendiente en gran medida la justicia: el sujeto de ella, el nosotros que ha de realizarla, anda también en ello a la gresca" (2008: 218).

En el caso de España, un duelo colectivo concebido como respuesta a las injusticias del pasado, que siguen en su reclamo, puede constituir un acto político que asegura una agencia por parte de una sociedad que se ha visto desprovisto de unas políticas públicas de memoria. Para el colectivo temporalmente alejado del momento de las pérdidas, el duelo colectivo como acción le devuelve el sentido político al grupo colectivo. Esto se debe principalmente a dos aspectos. Primero, la visión de ese *nosotros* como sujeto de la justicia le otorga agencia al colectivo donde antes la visión del deber de la memoria giraba en torno la figura de la víctima, una figura que no se ideaba como actor político, sino como una figura receptora y pendiente de las políticas oficiales del Estado: según Ricard Vinyes, una "política de víctima", en lugar de "política de memoria", que se consolida en "lo pasivo, fortuito, accidental" (2012: 28). Segundo, insistir en el reconocimiento y la recuperación de la *pérdida* —y no lo perdido— como tragedia requiere necesariamente identificar las causas de la misma, entender la pérdida como consecuencia de algo. Considerar las causas de la pérdida constituye uno de los componentes fundamentales en el modelo triádico que Moglen denominaba "duelo colectivo social". Recordemos que Moglen hace una distinción entre una pérdida puntual (como puede ser el caso de un desastre natural) y una pérdida socialmente inducida, cuyas consecuencias se sostienen en el tiempo. En el caso de la España de la democracia, las fuerzas sociales que impidieron la realización de ese duelo colectivo social nos remitirían no solo a la prohibición literal del duelo en el caso de los primeros días de la posguerra, sino también a las políticas oficiales —o falta de ellas— de la Transición y los sucesivos gobiernos democráticos que ayudaron a limitar nuestra deuda con el pasado a una "política de la víctima".

El duelo colectivo que está por hacer, por tanto, tendría como uno de sus pasos principales identificar y nombrar a las fuerzas sociales responsables por las pérdidas de la Guerra Civil española y el franquismo y concebir aquellas pérdidas como una tragedia para la totalidad de la sociedad española que nos afecta en el presente. En términos políticos, esto supondría la construcción de lo que algunos han optado por llamar "memoria democrática"[24], en vez de memoria histórica, la cual se opondría a la

---

[24] El término, que muchas veces se distingue de la "memoria histórica", aparece en varias medidas tomadas por distintas comunidades autónomas, entre las que están la Ley de Memoria Democrática de Aragón, la Ley de Memoria Democrática de Andalucía. Por otra

[...] la negativa del Estado de derecho a reconocer en qué se basa el sedimento ético de las instituciones que tenemos, del sistema de convivencia con que nos hemos dotado. Con esta negativa el Estado renuncia a explicar la democracia como un bien conquistado con un esfuerzo coral y desde la calle. Es esta negativa del Estado y sus administradores la que hace que el pasado no termine de transcurrir, no acabe de pasar, y se instaure un vacío ético que genera demandas y crea conflictos (Vinyes 2012: 31).

Hemos de entender, por tanto, el duelo colectivo como proceso pero también como postura política, como sugiere Patricia Keller en su análisis de "los lugares de la memoria histórica" en las representaciones culturales actuales en España. Para Keller, "el lugar de la memoria histórica" es el *ahora*, el presente y el *nosotros*, donde necesariamente hemos de entender las pérdidas del pasado como "that which defines us, as a community of citizens, as individual subjects and, at our most basic level, as human beings" (2012: 65). Esa "comunidad de ciudadanos" en el presente será el actor del duelo colectivo en el presente, donde el duelo entendido tanto como proceso como política, no tiene que ver con un deseo de cerrar el pasado, de pasar página, ni tampoco con buscar un modo de "llegar a términos" con lo ocurrido en el pasado; se trata de, nos explica Keller, inspirada por los escritos de Wendy Brown sobre Derrida, un *convivir* con las heridas del pasado. Podemos concebir el duelo colectivo social como una práctica contemporánea que parte de un entendimiento de la Historia como "un ultraje al presente": "making a historical event or formation contemporary, making it 'an outrage to the present' and thus exploding or reworking both the way in which it has been remembered and the way in which it is positioned in historical consciousness as 'past'" (Brown 2001: 171). Dicho de otro modo, la expresión de ese "ultraje" sería un modo de no cerrar las heridas, sino de reconocerlas en el momento en el que se abren en el presente (Keller 2012: 81).

Como hemos visto, los duelos inconclusos, tanto al nivel individual o familiar como a nivel colectivo, requieren necesariamente una respuesta. Las exhumaciones que han tenido lugar en las últimas décadas y, con mucha más

---

parte, la Generalitat de Catalunya tiene el Memorial Democràtic, una institución pública que depende de la Generalitat pero que es política e ideológicamente independiente.

frecuencia y determinación a partir del año 2000, han servido para acabar con el sufrimiento de muchos al romper el silencio y la incertidumbre sobre el paradero de sus familiares. Un proceso de duelo colectivo no estaría preocupado por la apertura de las fosas en casos individuales —aunque desde luego no se opondría a que semejantes acciones se realizaran—, pero sí que buscaría, más allá del caso individual, el modo de mostrar que el pasado, la Historia, supone un "ultraje al presente". Quizás el mejor ejemplo de esta diferencia para el colectivo serían los intentos actuales por parte de familiares de sacar los restos de republicanos del Valle de los Caídos. A diferencia de los familiares que piden que se localicen y se abran las fosas comunes para rescatar los restos de sus seres queridos o para poder confirmar, por fin, su paradero, los intentos de sacar a los familiares del Valle de los Caídos tiene menos que ver con saldar ese déficit epistémico —en estos casos se conoce el paradero de sus familiares— y más que ver con insistir en que el presente está construido sobre los cimientos injustos del pasado, que las pérdidas del pasado suponen un tragedia para el presente, pero que son, no obstante, irreparables e irrecuperables; pese a esto, sin embargo, reclaman nuestro reconocimiento. Dicho de otro modo, el duelo colectivo social estaría concernido no tanto por poner placas conmemorativas, sino por hacer que seamos conscientes de que hay un motivo por el cual habría que ponerlas.

3.5. Narrativas postraumáticas de duelo persistente en la España del *memory boom*

En los capítulos que siguen, abordaré de forma directa la manera de plasmar estas cuestiones a través de la literatura. Una narrativa postraumática de duelo en el caso de España serían aquellas que *a priori* entienden el pasado como algo irrecuperable. Aunque un cierto acercamiento al pasado a través de las páginas de un libro sea posible, su lugar de enunciación es siempre desde la plena comprensión de que lo perdido es imposible de recuperar. Para estas narrativas, la única postura de justicia asumible en el presente es el reconocimiento de la necesidad de esta recuperación y, a la vez, su imposibilidad —como hace el narrador de *Dora Bruder*—. Partiendo de un entendimiento de que el duelo colectivo social tiene que ver con reconocer el carácter trágico e irrecuperable del pasado, las narrativas postraumáticas de duelo persistente se preocuparían por corregir el déficit afectivo insistiendo en que, pese a esa irrecuperabilidad, somos afectados por ella.

Como hemos visto en anteriores secciones en las que he plasmado los recursos literarios que caracterizan las narrativas postraumáticas de duelo persistente, esto se lleva a cabo mediante lo que he llamado "una poética de ausencia", donde la ficción misma sirve para localizar esa ausencia o silencio y sostenerlos mediante la obra literaria. En sus reflexiones sobre el duelo en el caso de España, Thiebaut resalta ese silencio que emana de las demandas de las víctimas del pasado: "ese momento de silencio, de tiempo y de fuerza, es el reconocimiento del hiato en la experiencia del daño, el reconocimiento de la verdad del dolor del doliente, la constatación del abismo que se abre entre quien se duele y quien está frente a él" (2008: 220). El cometido por tanto de las narrativas de duelo persistente sería descubrir y exponer "ese poso de silencio" que "ha quedado grabado en el cuerpo social como si de una herida se tratase —una herida disfrazada, no reconocida, aunque no menos traumática— operando por debajo de la superficie de recuerdos" (Aguado 2010: 62).

Capítulo IV
LOS GIRASOLES CIEGOS DE ALBERTO MÉNDEZ

Alberto Méndez, nacido en 1941, publica *Los girasoles ciegos* en 2004, el mismo año en el que falleció su autor. El mismo 2004, la obra fue galardonada con el Premio Setenil y un año después el autor ganó póstumamente el Premio de la Crítica de Narrativa Castellana y el Premio Nacional de Narrativa, entregado por primera vez póstumamente. De la novela se dijo laudatoriamente que es "un libro ejemplar sobre las consecuencias de la guerra civil" que "contribuye, desde la más ferviente aplicación literaria, a una normalización no falseada de nuestra herencia histórica" (Solano 2004). En un artículo de *El Mundo*, Santos Sanz Villanueva atribuye el éxito de *Los girasoles ciegos* no tanto a la publicidad editorial como a la de sus lectores, "impulsados por la autenticidad de una escritura sobria" y reconoce su originalidad diciendo que "ha sido un triunfo de la Literatura, dicho sin rubor con el énfasis de la mayúscula, sobre el mercado" (2005b).

Pese a que se trata de la primera y única obra publicada de Méndez, ha disfrutado de un gran éxito internacional, contando ya en diciembre de 2017 con 39 ediciones en la editorial Anagrama, 16 en el Club de Círculo de Lectores, además de con 16 traducciones: de entre las novelas sobre la Guerra Civil de los últimos años, se trata de una de las obras con el mayor número de ediciones e impresiones, junto con *Soldados de Salamina* y *La voz dormida* (Becerra Mayor 2015: 418).

Prueba de su éxito han sido las adaptaciones y los trabajos que ha inspirado. En 2008 se adaptó al cine, en una película homónima dirigida por José Luis Cuerda y adaptada por Rafael Azcona. Además de esta versión cinematográfica, el segundo relato de la obra ha servido de inspiración para la realización de un cortometraje, *Manuscrit trouvé dans l'oubli* (2016), dirigido y basado en un guion adaptado por Eugenio Recuenco. El mismo relato ha servido también para la adaptación teatral *Trouvé dans l'oubli* (2016), dirigida por Paloma Fernández Sobrino y producida por *L'âge de la Tortue*. La novela de Méndez también ha sido fuente de inspiración para una edición ilustrada por el ilustrador y animador sanmarinense Gianluigi Toccafondo. Las ilustraciones de Toccafondo revisten y acompañan el texto original de Méndez en los márgenes y espacios inferiores de algunas páginas, constituyendo así una primera parte del libro. La segunda mitad del libro está compuesta casi íntegramente por las ilustraciones de Toccafondo que ilustran cada uno de los relatos que comprenden la obra original: si en la primera parte son las ilustraciones que acompañan el texto, en la segunda, frases sueltas provenientes de la obra de Méndez acompañan las creaciones artísticas de Toccafondo para así contar la historia.

Por último, como prueba del interés que *Los girasoles ciegos* ha suscitado en el mundo académico, está *Los girasoles ciegos de Alberto Méndez: 10 años después* (2015), un libro que se publicó a raíz de unas jornadas celebradas el año anterior en la Universidad de Zúrich. Editado por Itzíar López Guil y Cristina Albizu, el libro reúne textos biográficos sobre la vida y el trabajo de Méndez como traductor, textos y escritos de Méndez, entrevistas con el autor antes de su muerte, además de una serie de textos críticos sobre la única obra del autor, muchos de los cuales se citan aquí. A modo de colofón, las editoras han incluido una bibliografía general que recoge los artículos críticos y académicos que abordan en un modo u otro *Los girasoles ciegos*, convirtiendo así el libro homenaje en un verdadero testimonio del gran alcance y la influencia que ha tenido el único libro de Méndez.

El trabajo de duelo viene situado como eje central de la novela por el propio autor, al incluir a modo de epígrafe esa cita del poeta Carlos Piera. Si en una primera instancia, las afirmaciones de Piera y las cavilaciones sobre estas mismas han servido para reflexionar sobre qué implica la noción de un duelo no cumplido al nivel colectivo en España —"un concepto de lo que él es y de lo que en él anda metido", en palabras de Carlos Thiebaut (2008: 207)—, aquí hemos de considerar las palabras de Piera en la medida en que sitúan la cuestión del duelo en el centro de la obra de Méndez. Del mismo modo que Derrida afirma en su *The Work of Mourning* que "one cannot hold a discourse *on* the 'work of mourning' without taking part in it" (2001: 142), la decisión por parte de Méndez de incluir las aseveraciones de Piera sobre el duelo constituye un primer paso para iniciar ese proceso de duelo, el cual está íntimamente vinculado también con la noción de justicia: "decir que sigue pendiente el duelo quiere decir, también, que sigue pendiente en gran medida la justicia" (Thiebaut 2008: 218).

Los cuatro relatos de Méndez que comprenden la totalidad de *Los girasoles ciegos*, pues, se construyen *a priori* dentro del marco del duelo y la justicia pendientes, siendo estos dos un primer hilo conductor que los une. Así, la obra de Méndez de entrada arremete contra el discurso que se viene dando desde la Transición —o antes— de que el pasado está superado —"por el contrario, se festeja, una y otra vez, en la relativa normalidad adquirida, la confusión entre que algo sea ya materia de historia y el que no lo sea aún"— y sitúa la labor del duelo al margen de la reconciliación —"es del todo independiente de que haya o no reconciliación y perdón" (Piera, en Méndez 2004: 9)—. Podemos concebir *Los girasoles ciegos* como respuesta a la pregunta de "cómo nos hemos estado narrando nuestro pasado de guerra civil, de dictadura y de transición" (Caudet, en Ennis 2010: 172), que parte del cultivo del "duelo como imperativo ético" (Hansen 2015: 87).

El duelo como imperativo ético colectivo y como premisa de la obra de Méndez supone una posición y un proceso que se construyen y se inician desde el presente con respecto a las pérdidas del pasado. Según esa definición ofrecida por Piera, el duelo es primero "el reconocimiento público de que algo es trágico" y, segundo "y, sobre todo, de que es irreparable". En su retratamiento de la derrota como algo trágico e irreparable, los cuatro relatos que integran *Los girasoles ciegos* han sido descritos como "a series of tearjerking tragedies" y "a collection of heartrending fictional vignettes" (O'Donoghue 2018)[1]. Asimismo, Muñoz Molina describe la obra de Méndez como un ejemplo de esas "ficciones sentimentales sobre la guerra y la posguerra" cuyo éxito se debe en parte "a las coacciones de la moda literaria o política" del momento (2008). Si bien es cierto que, como recuerda Sebastiaan Faber en su lectura de Margalit, "entre los peligros mayores inherentes al cultivo de las

---

[1] A pesar de los calificativos "tearjerking" y "heartrending" —cargados de una sutil connotación negativa—, la crítica principal de O'Donoghue hacia la obra de Méndez es la falta de un tratamiento más directo de las causas sociopolíticas que producen esas escenas lacrimosas y desgarradoras. Aun así, argüiría que la obra, aunque no trata directamente las condiciones sociopolíticas previas a la contienda, aborda de pleno aquellas condiciones responsables de una derrota y una posguerra cruentas.

memorias están el sentimentalismo, la nostalgia y la mitificación, que a su vez dan lugar a la desfiguración o falsificación de la realidad histórica" (2004: 48), acusar a *Los girasoles ciegos* de un sentimentalismo cuestionable no solo es, a mi entender, una lectura reduccionista, sino también un fracaso a la hora de entender la premisa propuesta por el autor al incluir la cita de Piera como epígrafe. Las emociones y los afectos son fundamentales en el retrato de esa derrota como trágica e irreparable, pues el cometido de la literatura es

> [...] insertarse en lo probable, dejarse arropar por la exploración de afectos y relaciones con un pasado que no se querrá nunca cerrado en una interpretación definitiva sobre su acontecer. [...] La relación literaria es de empatía con quien no tiene voz, con el desaparecido o con el largo tiempo muerto; es un acercarnos desde la ficción a lo que de otra manera nos sería inaccesible, pues si la fraternidad o la solidaridad hacia la circunstancia desfavorable del otro nos son factibles, no lo es el vivir por él o por ella el momento de su defenestración vital (Aguado 2011: 47).

En un bonito gesto, Carlos Piera escribe el prólogo de ese libro colectivo que marca el décimo aniversario de la publicación de la novela de Méndez. En esa introducción titulada "Nosotros desde lo trágico", Piera describe precisamente cómo *Los girasoles ciegos* nos insta a reflexionar sobre el hecho de que "todo aquel dolor, y toda el hambre, y toda la épica fueron motivo de castigo, un castigo implacable, arbitrario, salvaje y prolongadísimo que es [...] el trasfondo sin el cual no se entiende nada" (Piera 2015: 16). No se trata, además, de una recuperación fáctica del pasado desde el presente, de saldar ese déficit epistémico —"no es ni siquiera cuestión de recuerdo", dice Piera—, sino de "hacer nuestra la existencia de un vacío", el reconocimiento de esa ausencia dejada por la tragedia del pasado que es constituyente del presente. Ese paso integral del duelo tal y como lo define Piera en el epígrafe también tiene que ver con la justicia: "sin un duelo, sin un reconocimiento público de que la guerra franquista fue una guerra de castigo contra el pueblo y que el posterior régimen lo redujo al silencio, al vacío, no se habrá hecho justicia y no se habrá superado el trauma histórico colectivo provocado. En esto, la novela no permite ambigüedad alguna" (Varela-Portas de Orduña 2015: 119).

Ese "hacer nuestro el vacío" opera a dos niveles en la obra que corresponden a dos modos de concebir *Los girasoles ciegos* con respecto a su estructura:

podemos considerarla, primero, en su totalidad como una colección de relatos unidos en su conjunto y, segundo, como cuatro relatos, aunque relacionados entre sí, individuales[2]. La primera visión puede llevar a una lectura global de la obra sobre la derrota y los derrotados como *leitmotiv* común que reúne los cuatro relatos, significando así esa ausencia *temáticamente*; la segunda permitiría una reflexión más específica sobre cómo las distintas clases de narración y recursos literarios propios de cada uno de los relatos lidian con las lagunas del pasado, el carácter irrecuperable e incognoscible de esas mismas mediante una poética de ausencia. Ambas lecturas ofrecen una mirada acerca de cómo se significan la ausencia y el vacío con los que el duelo tiene que lidiar y, "por medio de una imagen dialéctica que ponga de relieve la intrínseca contradictoriedad de su planteamiento narrativo" (Varela-Portas de Orduña 2015: 128), podemos apreciar los engranajes de un sistema narrativo que responde a esos reclamos por un proceso de duelo.

4.1. Significar el duelo mediante la derrota como tema central

En una primera instancia, el modo de *Los girasoles ciegos* de "hacer nuestra la existencia de un vacío" parte del establecimiento de la derrota como tema que une y recorre los cuatros relatos de la obra, cuyos argumentos transcurren a lo largo de cuatro años, empezando en 1939, el último año de la gue-

---

[2] En la contraportada del libro vemos que los cuatro relatos se describen como "cuatro historias engarzadas entre sí". Si bien es cierto que los argumentos de los relatos están relacionados —el capitán Alegría del primero está presente en el tercero; la joven madre del segundo es la hija mayor del matrimonio del cuarto—, ciertos hechos de los que ya somos conscientes como lectores se vuelven a narrar en relatos subsiguientes, recalcando la noción de que se trata de historias independientes. Además, el segundo relato, que fue finalista del Premio Internacional de Cuento Max Aub en el año 2002, se presenta dentro del cuerpo del libro como "capítulo" (*GC*: 37). Sin embargo, sabemos gracias a personas cercanas a Alberto Méndez que "el autor no lo concibió como novela, sino como un *libro*" y que la decisión de llamarlos "capítulos" se debe seguramente a razones editoriales o comerciales (Valls 2015: 66). El crítico literario Santos Sanz Villanueva lo describe no como novela sino como "un libro de narraciones" y Fernando Valls como "un ciclo de cuentos", término traducido del inglés —*short story cycle*—, acuñado por Forrest L. Ingram (Albizu 2012: 67). Juan Varela-Portas de Orduña propone "novela fragmentaria" o "ciclo de capítulos" (2015: 128).

rra, y terminando en 1942. El propósito y el efecto consecuente de la derrota como tema unificador es dual: por un lado, en cada uno de los relatos, sirve como una suerte de recuperación en positivo de las distintas experiencias de derrota; por otro, al considerar los relatos en su totalidad reunidos bajo un mismo título, la obra se presenta como una reflexión sobre las implicaciones de una derrota colectiva y cómo el entendimiento de esta se ha construido y se contempla desde un presente alejado temporalmente de ese momento de derrota.

La derrota constituida por cuatro realidades y experiencias individuales se introduce, en primer lugar, mediante los títulos de cada uno de los relatos particulares. Están ordenados cronológicamente y titulados como sucesivas derrotas y acompañados por un segundo título unidos por la conjunción *o*: "Primera derrota: 1939 o Si el corazón pensara dejaría de latir", "Segunda derrota: 1940: Manuscrito encontrado en el olvido", "Tercera derrota: 1941 o El idioma de los muertos" y "Cuarta derrota: 1942 o Los girasoles ciegos"[3]. Considerados así, lo que ofrece Méndez es una visión de cuatro experiencias individuales y de cómo los personajes lidian con las pérdidas implícitas en su experiencia de la derrota. Existe una gran diversidad discursiva entre los cuatro, cuyo resultado es una representación de las diferentes narraciones como "iluminaciones, harapos, jirones […] de un todo que, aunque nunca podamos alcanzar, está ahí como 'no-todo'" (Varela-Portas de Orduña 2015: 128)[4]. Según esta visión de los cuatro relatos como fragmentos individuales de la experiencia de la derrota, podemos entender el proyecto de Méndez en clave benjaminana: "Método de trabajo: montaje literario. No tengo nada que decir. Solo que mostrar. No hurtaré nada valioso, ni me apropiaré de ninguna formulación profunda. Pero los harapos, los desechos, esos no los quiero inventariar, sino dejarles alcanzar su derecho de la única manera posible: usándolos" (Benjamin, en Varela-Portas de Orduña 2015: 128).

---

[3] Los títulos de los relatos que van enumerando los años tras la derrota es una clara alusión y contraposición a la denominación por parte de las fuerzas golpistas de los años de la guerra, empezando por 1937, como el primero, segundo y tercer "Año Triunfal" o los años posteriores a la contienda como primero, segundo "Año de la Victoria".

[4] Varela-Portas de Orduña opta por la clasificación "novela fragmentaria" o "ciclo de capítulos" (2015: 128).

El primer cuento de *Los girasoles ciegos*, "La primera derrota: 1939 o si el corazón pensara dejaría de latir", se sitúa en el Madrid de los últimos momentos de la Guerra Civil. Quien nos cuenta la historia es un narrador heterodiegético que centra la narración en el personaje de Carlos Alegría, capitán de intendencia del ejército franquista que, en el último momento de la guerra, decide cambiar de bando y entregarse como rendido a las fuerzas republicanas a pesar de que las tropas franquistas están a punto de tomar la ciudad. Sabemos gracias al narrador que el capitán Alegría cae preso y luego es juzgado por haber cometido un acto de traición, él mismo se define como "un enemigo derrotado" que "no quería formar parte de la victoria" (*GC*: 17).

En "Segunda derrota 1940: o manuscrito encontrado en el olvido"[5], la derrota toma la forma de las páginas del diario de un joven poeta republicano que encuentra refugio en una cabaña en las montañas. Estas páginas vienen acompañadas por las intervenciones de un narrador-editor, quien había tomado la decisión de publicarlas tras encontrarlas en el año 1952 en el Archivo General de la Guardia Civil. El narrador mismo nos dice que las páginas aquí reproducidas, antes de llegar a parar en el archivo, habían sido encontradas "sobre un taburete bajo una pesada piedra que nadie hubiera podido dejar allí descuidadamente" (*GC*: 40). Como sugiere el título mismo del relato, se trata de un manuscrito, un documento de primera mano, rescatado del olvido.

El relato "Tercera derrota: 1941 o El idioma de los muertos" nos es presentado por un narrador heterodiegético y omnisciente que intenta revelar cierta historia verdadera a pesar de que algunos de los personajes del relato tienen gran interés en ocultarla. El cuento se centra en los últimos días de la vida de Juan Senra, profesor de violonchelo y comunista. Encarcelado en una prisión, Juan Senra es interrogado por el coronel Eymar[6], quien preside

---

[5] Tal y como consta en *Los girasoles ciegos*, este "capítulo" (así se refiere el propio Méndez al segundo relato) quedó como finalista del Premio Internacional de Cuentos de Max Aub en el año 2002 y fue publicado por la Fundación Max Aub. El título del segundo relato es una clara referencia a otros dos títulos clásicos: *El manuscrito encontrado en Zaragoza* del escritor polaco Jan Patocki y *Donde habite el olvido* de Luis Cernuda (Valls 2015: 69).

[6] A pesar de que en el tercer relato solo se le refiere como "el coronel Eymar", seguramente se trata de Enrique Eymar Fernández, quien presidió el Juzgado Militar Especial para los Delitos del Espionaje, Masonería y Comunismo, el Juzgado Militar Especial Nacional

el Tribunal de Represión de la Masonería y el Comunismo, y es a través de este interrogatorio que se revela el pasado de Senra y la historia que lo vincula al hijo del coronel, Miguel Eymar. El interrogatorio, que da forma a este cuento, se centra no en la relación de Senra con el comunismo, sino en su conocimiento de este *tal* Miguel Eymar, un asunto por el que sabemos se ha interrogado a todos los demás presos.

El cuarto relato —"Cuarta derrota: 1942 o Los girasoles ciegos"— que da nombre a la novela es el más largo y más variado en cuanto a su narración. El relato cuenta la historia del niño Lorenzo y su familia en el año 1942: cuatro años después de la guerra, el padre de Lorenzo es obligado a vivir como topo, escondido en el armario de su casa por haber luchado contra el ejército de Franco. Cada uno de los miembros de la familia ha tenido que abandonar su vieja vida y adoptar una falsa, experimentando así distintas facetas de esa derrota: el padre, Ricardo Mazo, finge estar desaparecido o muerto; la madre, Elena, finge ser viuda y madre sola; el hijo, Lorenzo, finge ser niño sin padre. La narración del cuento es en realidad tres versiones de la misma historia, cada una con una narración distinta y diferenciada tipográficamente: una carta escrita en primera persona por el diácono Salvador dirigida a su confesor en la que confiesa su relación con el niño Lorenzo y su deseo por la madre, a quien Salvador cree viuda, lo que le lleva a obsesionarse por la mujer y su hijo; la voz de Lorenzo adulto en primera persona que narra los acontecimientos desde un tiempo alejado del tiempo de lo narrado; y un narrador heterodiegético y omnisciente que sirve para aclarar las dudas y contar lo que los otros dos narradores no dicen.

Así, cada derrota, cada relato es, en sí mismo, la narración de una derrota personal para los protagonistas, quienes, a la vez, están vinculados de un modo u otro a los demás personajes de los otros cuentos. Orsini-Saillet explica que este tema de la derrota frente a la victoria que recorre la novela

---

de Actividades Extremistas y más tarde el Tribunal de Orden Público. Conocido como "el juez inquisidor", el coronel Eymar "es uno de los brazos represivos más duros y despiadados del régimen franquista, y dirige personalmente parte de la represión política desde el final de la guerra civil" (Sanz Díaz 2002: 66). Según Fernando Valls, fue quien interrogó a Luis Goytisolo cuando este fue detenido en el año 1960 (2015: 72). Méndez afirma su existencia también en una entrevista: "El coronel Eymar, el juez sanguíneo, también existió" (Rendueles 2015: 288-289).

entera "significa que la derrota de unos se prolonga en la derrota de otros y que todos son unos vencidos de la misma historia" (2006: 4). Las derrotas personales —es decir, las historias personales— son rescatadas del olvido por el uso que hace Méndez de la novela, pues cada narrativa singular se entrelaza con la derrota al nivel nacional, dejando que el lector participe en la memorialización de lo perdido a la vez que acompaña al autor en su proceso creativo:

> Al contarse historias de víctimas, hoy en día, se compensa la paulatina desaparición de una memoria autobiográfica y se pone de relieve la importancia de los recuerdos ajenos para construir la memoria colectiva de unos acontecimientos que no pasaron a la Historia por no tener especial resonancia en su momento. *Los girasoles ciegos* es una ficción "cargada de responsabilidad" que nos permite compartir lo que se calló (Orsini-Saillet 2006: 6).

Dicho de otro modo, lo que hace Méndez a un primer nivel individual de cada uno de sus personajes es relatar las distintas experiencias que la derrota ha supuesto para estos, empezando por la derrota definitiva de la República en 1939 y extendiéndose en los años sucesivos de la represión franquista, propagándose como una patología infecciosa, como escribe el joven republicano y poeta del segundo relato: "morir no es contagioso. La derrota sí. Y me siento transmisor de esa epidemia" (*GC*: 45).

No obstante, cabe señalar que esta visión de la derrota como condición totalizante ha llevado a ciertas lecturas de la obra de Méndez que, a mi entender, resultan un tanto reduccionistas, cuando no erróneas, sobre todo a partir del protagonista del primer relato, el capitán Carlos Alegría. A diferencia del joven poeta republicano, su novia e hijo recién nacido, que mueren de esa derrota contagiosa —una suerte de referencia metafórica a la represión llevada a cabo por el régimen contra los familiares de los republicanos (Ribeiro de Menezes 2011: 104)—, Carlos Alegría, capitán de intendencia del ejército sublevado, opta por entregarse como rendido a las fuerzas republicanas en los momentos previos a la caída de Madrid, convirtiéndose así en "enemigo derrotado" (*GC*: 15), porque "no quería formar parte de la victoria" (*GC*: 17). Muchos han leído a partir de la figura de Carlos Alegría una visión de la guerra en la que "perdieron todos" (Bueno 2006: 169), donde "incluso los oficialmente vencedores acaban sintiéndose derrotados" (Ariza 2011: 1605).

Según esta visión, las experiencias individuales de derrota, desde la del joven poeta republicano hasta la de la familia Mazo del último cuento, forman parte de "una metáfora de la derrota colectiva […] pues los derrotados son todos, vencedores y vencidos" (Palomares 2012: 138-39), pues "todo el mundo ha sido derrotado" (Maldonado 2009: 88)[7].

Esas lecturas parecerían estar refrendadas por un comentario hecho por el autor mismo, recogido en una reseña de su libro publicada en *El País* en el año 2004: "No hablo aquí de la derrota de los vencidos sino de la derrota de todo un país, la derrota colectiva de quienes vivieron con miedo el silencio de estas historias" (2015: 297). A esto podríamos añadir las reflexiones del propio capitán Alegría, quien, tras sobrevivir al fusilamiento al que fue condenado por traidor, escribe una nota al contemplar un grupo de soldados del ejército vencedor en un trozo de papel que más tarde se encontraría en su bolsillo "el día de su segunda muerte, la real":

> ¿Son estos soldados que veo lánguidos y hastiados los que han ganado la guerra? No, ellos quieren regresar a sus hogares adonde no llegarán como militares victoriosos sino como extraños de la vida, como ausentes de lo propio, y se convertirán, poco a poco, en carne de vencidos. Se amalgamarán con quienes han sido derrotados, de los que solo se diferenciarán por el estigma de sus rencores contrapuestos. Terminarán temiendo, como el vencido, al vencedor real, que venció al ejército enemigo y al propio. Solo algunos muertos serán considerados protagonistas de la guerra (*GC*: 36).

Aunque el personaje de Carlos Alegría, al convertirse en un "enemigo derrotado", sí difumina las líneas entre vencedor y vencido y su descripción de esos soldados "lánguidos y hastiados" del ejército vencedor sirve como

---

[7] La colección de textos citados aquí que exhiben esa visión "totalizante y supraabarcadora del derrotado" provienen de un texto escrito por Antonio Gómez López-Quiñones (2015: 186). Además de recoger estos textos citados, el autor ofrece una lectura bastante acertada, en mi opinión, de la figura del derrotado como víctima en los cuentos de Méndez: según el autor, la fascinación tanto ética como estética por la figura del derrotado como víctima "tiene mucho más que ver […] con el momento en el que se publican (el primer lustro del siglo XXI) que con el tiempo al que se refieren (los belicosos, revolucionarios y políticamente convulsivos años treinta)" (2015: 186).

atestiguamiento de los horrores de una guerra, una lectura de la figura del capitán Alegría como una suerte de metonimia mediante la cual se les confiere la condición de "derrotados" a todos los implicados en la guerra resulta un tanto simplista cuando no éticamente discutible por varios motivos.

Primero, como afirma Gómez López-Quiñones, "sostener (sin más) que en una guerra todos sufren puede tratarse de una obviedad sin valor cognoscitivo o de una abstracción valorativa que, bajo el signo magnánimo de un humanismo melodramatizador, adopta una posición moral no tomándola" (2015: 185). Segundo, entender *Los girasoles ciegos* como una obra que ofrece una visión de la Guerra Civil como una guerra en la que al final todos son derrotados no solo obvia el hecho de que "en 1939 hubo perdedores y vencedores, y mientras los segundos disfrutaron de beneficios políticos, sociales, culturales y económicos, los primeros padecieron toda suerte de privación y castigo" (Gómez López-Quiñones 2015: 184), sino también obvia por completo las experiencias singulares e individuales de los otros personajes. Conviene subrayar esas reflexiones hechas por Méndez en su artículo para *El País* en las que el autor afirma que escribe sobre la "derrota colectiva de *quienes vivieron con miedo el silencio de estas historias*", una condición que dejaría fuera a las personas que disfrutaron de toda una serie de beneficios en la victoria (2015: 297)[8]. El propio Alegría, a pesar de referirse a sí mismo como "enemigo derrotado", hace distinción entre su propia circunstancia y la de los derrotados de verdad. El narrador del primer relato nos dice que Alegría, tras entregarse como rendido y ser detenido, escribió una carta a Franco a la que hace mención en una carta a su novia Inés: "*Le he escrito no para implorar su perdón, ni mostrarme arrepentido, sino para decirle que lo que yo he visto otros lo han vivido y es imposible que quede entre las azucenas olvidado*" (*GC*: 29). Tercero, además de restarle importancia —cuando no denegarla directamente— a la represión posterior, la Guerra Civil entendida como una experiencia en la que "todos al final son vencidos" se acerca a una ontologización del trauma de la que el historiador Dominick LaCapra advertía[9], que corre el riesgo de

---

[8] La cursiva es mía.

[9] Véase la sección 2.3.1. de esta tesis. Sobre la noción de la ontologización del trauma en el caso de *Los girasoles ciegos*, véase Ribeiro de Menezes (2011: 103) y Ribeiro de Menezes (2014: 100).

descontextualizar y deshistorizar las causas mismas del episodio traumático y, en este caso, su perpetuación durante los años más duros de la posguerra y la dictadura.

Por estos motivos, esa lectura reduccionista no hace sino perpetuar algunos de los mismos mitos y discursos que se construyen durante la posguerra y el franquismo sobre la contienda: convierte *Los girasoles ciegos* en una suerte de Valle de los Caídos literario construido sobre una falsa reconciliación impuesta a la fuerza y refuerza la noción del "todos fuimos culpables" establecida en la Transición como único punto de partida para hablar del pasado violento[10]. En efecto, lo que hace esa interpretación simplista es ignorar la complejidad narrativa y el carácter reflexivo y metacrítico de *Los girasoles ciegos*. Entender, por ejemplo, la descripción de esos soldados "lánguidos y hastiados" que se convertirán en "extraños de la vida, como ausentes de lo propio" como un intento por parte de Méndez de equiparar las experiencias y las condiciones de los del bando vencedor y los vencidos parece encajar perfectamente con esa concepción de los años previos a la guerra y el conflicto en sí como "locura colectiva" que acabó permitiendo "el tránsito de la culpabilidad global a la irresponsabilidad colectiva sin necesidad de discernir quién fue más culpable por lo ocurrido, ni de individualizar a los responsables de las mayores atrocidades" (Aguilar 2008: 219-20). Sin embargo, el personaje de Carlos Alegría sirve precisamente para contradecir ese mito del franquismo, denunciando las tácticas y políticas de exterminación de las fuerzas golpistas en sus primeros días cuando es interrogado en el juicio sumarísimo, cuya transcripción nos proporciona el narrador:

---

[10] "Aquel 'todos fuimos culpables', sin embargo, se asentó con tal fuerza que en el momento de la negociación transicional ya no se tuvo este punto como cesión de la izquierda para el consenso y la reconciliación. Se había convertido en punto de partida y estación final del que no se podía mover su discurso" (Fernández de Mata 2016: 166). Esto lo podemos observar en el ámbito de la literatura, donde encontramos la postura de equidistancia y ese "todos fuimos culpables" como si fuera un requisito imprescindible para poder escribir sobre la violencia del pasado (Becerra Mayor 2015: 201). Véase en concreto el capítulo titulado "La teoría de la equidistancia" (203-229), en la que el autor afirma que la equidistancia no hace sino deconstruir la Historia y "liquidar la historicidad".

»Preguntado acerca de si son las gloriosas gestas del Ejército Nacional la razón para traicionar a la Patria, responde: que no, que la verdadera razón es que no quisimos entonces ganar la guerra al Frente Popular.
»Preguntado que si no queríamos ganar la Gloriosa Cruzada, qué es lo que queríamos, el procesado responde: queríamos matarlos (*GC*: 28).

Asimismo, reducir las reflexiones hechas por Alegría al contemplar los soldados del bando vencedor a una mera transferencia de la derrota acaba soslayando la manera en que los discursos oficiales del régimen se aprovechaban de las experiencias individuales de la guerra para justificar su levantamiento contra un gobierno legítimo[11], además de las políticas oficiales de la sociedad autárquica posterior que acabaron beneficiando a aquellos sectores, independientemente del lado que apoyaron en la guerra, considerados importantes para el régimen (Ribeiro de Menezes 2011: 105).

En definitiva, lo que hace esa lectura simplista de *Los girasoles ciegos* es desoír esos reclamos por un duelo que aún está por cumplirse. Si nos atenemos a una lectura de las derrotas individuales dentro de ese marco del duelo establecido por el epígrafe del libro, lo que las derrotas de los protagonistas en sus distintas facetas ponen de manifiesto es, por un lado, la diversidad de pérdidas que apelan a ese duelo y justicia pendientes y, por otro lado, las fuerzas sociopolíticas responsables por todas esas pérdidas originales y las que las han sostenido en el tiempo: paso fundamental en la construcción del duelo social colectivo de Moglen. A través del personaje de Carlos Alegría y los de los demás relatos, las fuerzas golpistas y, posteriormente, el régimen franquista son señalados como responsables de la violencia extrema desatada y la represión cruel consecuente. La connivencia de la Iglesia con el régimen en su construcción del discurso de la justicia y el sostenimiento

---

[11] Preston explica que se consideraba la posible prohibición literal del luto como un modo de "matar dos pájaros de un tiro: en el caso de las desconsoladas viudas y madres de los rebeldes, no lucir duelo sería un gesto para proclamar que 'la muerte del caído por la Patria no es un episodio negro sino blanco; una alegría que debe vencer al dolor'" (2011: 303). Por otro lado, en su análisis de la llamada "guerra de las esquelas", Fernández de Mata afirma que dicha confrontación tuvo lugar precisamente porque el duelo los familiares de los "Caídos por Dios y por España" había sido secuestrado, manipulado y "pasó a desempeñar el gran argumento legitimador de una guerra y un régimen totalitario" (2016: 151).

del aparato represor es denunciado en el cuarto relato a través del personaje del Hermano Salvador, quien, en su acoso a Elena y tras el descubrimiento de que su marido, Ricardo Mazo, había estado escondido durante años en el armario, lamenta haber sido privado de la oportunidad de haber descubierto él al topo: "*Se suicidó, Padre, para cargar sobre mi conciencia la perdición de su alma, para arrebatarme la gloria de haber hecho justicia*" (*GC*: 154). De modo más sutil, Méndez denuncia también mediante esa cita de Piera la noción de haber superado las pérdidas del pasado como impedimento al duelo: "se festeja, una y otra vez, en la relativa normalidad adquirida, la confusión entre que algo sea ya materia de historia y el que no lo sea aún, y en cierto modo para siempre, de vida y de ausencia de vida". Lejos de tratarse de una recuperación fáctica del pasado, dado que se trata de una obra, aunque basada en hechos históricos, ficticia[12], lo que hace *Los girasoles ciegos* es contribuir "al gran proyecto memorialista de hacer visible lo *invisibilizado* por la historia reciente y la institucionalización del olvido llevada a cabo por las fuerzas políticas de la Transición" (Cruz Suárez 2015: 107).

Los girasoles ciegos ofrece otra visión cuando se considera en su totalidad como un conjunto de relatos. Más allá del "rescate" de las derrotas individuales de los personajes en cada uno de los cuatro relatos, una mirada del conjunto de los relatos nos permite ver cómo la obra en su totalidad funciona más allá del relato personal para, a un nivel más general, "nombrar esa ausencia en nuestra historia reciente" y en la conciencia colectiva (Cruz Suárez 2015: 113). En su análisis, Varela-Portas de Orduña advierte precisamente del peligro de considerar la obra "una colección de relatos", ya que esto le privaría de esa idea de que los distintos relatos constituyen fragmentos varios. No obstante, argüiría que considerar la obra en su totalidad como un conjunto de relatos, gracias a su estructura narrativa, no implicaría necesariamente la pérdida de esa noción. La narración polifónica resultante permite una diversidad en la significación de esa ausencia mediante la brecha temporal que separa, en una primera instancia, el tiempo del discurso de

---

[12] En esa misma reseña publicada originalmente en *El País*, la autora recoge comentarios de Méndez en los que afirma que "Todo lo que cuento lo he oído. [...] Son historias verdaderas, aunque los nombres y los sitios hayan cambiado y la imaginación haya enriquecido los detalles. Las he escrito con el olor y el ruido de la memoria de otros" (Garzón 2015: 298).

cada uno de los relatos y el tiempo de la historia y, en una segunda instancia, el tiempo de la lectura.

TABLA 1
Voces narrativas y tiempos de narración en *Los girasoles ciegos*

Relato	Voz/voces narrativa/s	Tiempo del discurso	Tiempo de la historia
1.ª derrota	1. Narrador en 1.ª personal del plural	1. Tiempo distanciado del tiempo de la historia	1939
	1a. Fragmentos de cartas de Carlos Alegría	1a. Tiempo anterior a la historia	
	1b. Actas oficiales	1b. Tiempo de la historia	
	1c. Escritos de Carlos Alegría	1c. Tiempo de la historia	
2.ª derrota	2. Narrador en 1.ª persona (narrador-editor)	2. Tiempo distanciado del tiempo de la historia (posterior al año 1954)	1940
	2a. Diario del joven poeta	2a. Tiempo de la historia	
3.ª derrota	3. Narrador extradiegético en 3.ª persona	3. Tiempo distanciado del tiempo de la historia marcado por tiempo pretérito	1941
	3a. Fragmentos de cartas de Juan Senra	3a. Tiempo de la historia	
4.ª derrota	4. Carta del hermano Salvador a su confesor	4. Tiempo posterior a la historia marcado por tiempo pretérito	1942
	5. Lorenzo Mazo adulto en 1.ª persona	5. Tiempo distanciado del tiempo de la historia	
	6. Narrador extradiegético en 3.ª persona	6. Tiempo posterior a la historia marcado por tiempo pretérito	

En los tres primeros relatos, nos encontramos con una narración que sirve de marco [1, 2, 3] dentro del cual se insertan las otras voces narrativas por medio de cartas [1a, 3a], documentos [1b, 1c] o, en el caso del segundo, el diario del joven poeta [2a]. En cambio, en el cuarto relato coexisten las tres voces narrativas, cada una marcada por su tipografía propia: la carta del hermano Salvador en letra cursiva [4], la de Lorenzo adulto en negrita [5] y la de narrador extradiegético en redonda [6]. Pese a la diversidad narrativa comprendida en los cuatro relatos, lo que se mantiene como una constante a lo largo de las cuatro derrotas es una brecha temporal entre el tiempo del discurso y el tiempo de la historia, siendo esta una distancia más grande en caso del segundo relato —el narrador-editor nos dice que encontró las páginas del diario en el Archivo General de la Guardia Civil en el año 1952 (*GC*: 39) y que visitó el pueblo del que supuestamente era el joven poeta en 1954 (*GC*: 57)— que en el caso de la carta del hermano Salvador o en el del narrador en tercera persona del último relato, cuya distancia del tiempo de la historia se consigna solo por el uso del tiempo pretérito. En esa brecha temporal entre el tiempo de la historia y el tiempo de lo narrado en la que se extiende la derrota en los cuatro relatos —aunque en menor medida en el tercero—, se conforma "un constante cuestionamiento dialéctico entre el ahora desde el que se narra, desde el que el narrador se apropia de la historia, y el pasado narrado gracias a la construcción mnemónica" (Varela-Portas de Orduña 2015: 123). Así, el conjunto de narraciones reunidas bajo el mismo título de *Los girasoles ciegos* —proveniente del título del cuarto relato y, a su vez, de la carta del hermano Salvador dirigida su confesor: "*Seré uno más en el rebaño, porque en el futuro viviré como uno más entre los girasoles ciegos*" (*GC*: 155)— en el año 2004 viene a ser una reflexión sobre nuestra relación en el presente con la ausencia dejada por las pérdidas del pasado.

A través de la estructura temporal-narrativa de su obra, Méndez ofrece una visión de la literatura como un modo de abordar y abarcar esa brecha temporal que atañe al reconocimiento de esa ausencia, que "entraña una mirada específica sobre el pasado: la construcción del presente desde un pasado ausente del presente" (Albizu 2013: 195). En *Medianoche en la historia: Comentarios a las tesis de Walter Benjamin*, Reyes Mate escribe que "esa mirada específica sobre el pasado" es lo que Benjamin denomina una forma de "remembranza" o "recordación", que implicaría "no una restauración del pasado, sino creación del presente con materiales del pasado" (2009: 121). Según Mate, en la sexta tesis Benjamin escribe que "articular históricamente lo pasado no significa 'conocerlo como verdaderamente ha sido'. Consiste, más bien, en adueñarse de un recuerdo tal y como brilla en el instante de un peligro" (Benjamin, en Mate 2009: 113), hemos de considerar ese pasado que "fue y es sido, es decir, ya no es", el pasado de los vencidos, en este caso, "no como algo fijo, inerte, sino como algo privado de vida, como una carencia y, por tanto, como un deseo (frustrado) de realización" (Mate 2009: 122). Así, el rescate del conjunto de derrotas en *Los girasoles ciegos* constituye no un rescate epistémico —como vengo diciendo— sino afectivo, en el sentido de cómo ese pasado nos afecta, nos toca en el presente. Como nos insta Méndez a través de la cita de Piera a "hacer nuestra la existencia de un vacío", "la mirada de la memoria", nos dice Mate, es "la atención al pasado *ausente del presente* y [...] considerar esos fracasos o víctimas no como datos naturales que están ahí como lo están los ríos o las montañas, sino como una injusticia, como una frustración violenta de su proyecto de vida" (Mate 2009: 122). Así, la articulación de las derrotas en *Los girasoles* como ausentes en el presente y como algo "trágico" e "irreparable", es un modo de atender a aquello que exige el duelo y la justicia.

Son varios los autores que han apuntado hacia la influencia de Benjamin en la obra de Méndez[13], empezando por el título mismo de la obra que, según Varela-Portas de Orduña, procede de la cuarta tesis: "El pasado, al igual que esas flores que tornan al sol su corola, tiende, en virtud de un secreto heliotropismo, a volverse hacia ese sol que está levantándose en el cielo de la historia" (Benjamin, en Mate 2009: 95). La frase que da el título al cuarto relato y al conjunto aparece por primera vez en la primera página en forma de la carta del hermano Salvador: "*Reverendo padre, estoy desorientado como los girasoles ciegos*" (*GC*: 105). A modo de colofón, la alusión al título y la referencia a sí mismo como "uno más entre los girasoles ciegos" por parte de uno que había formado parte del bando vencedor, en una de las ramas más fuertes del nacionalcatolicismo, hace que, como lectores, volvamos la mirada hacia atrás y que concedamos la condición de "girasoles ciegos" a todos los personajes, tanto a los derrotados como a aquellos soldados "hastiados y lánguidos" que describe el capitán Alegría en su nota, todos reunidos bajo ese mismo título. Así, estructuralmente, la obra de Méndez se convierte en un juego mimético para que los lectores, al acabar la obra, contemplemos a

---

[13] Véanse Albizu (2009); Pereña (2009); Varela-Portas de Orduña (2015).

todos "los girasoles ciegos" en el pasado desde el presente, empezando con las palabras con las que el hermano Salvador cierra la obra en "Cuarta derrota: 1942" y acabando con "Primera derrota: 1939". Volviendo a la tesis de Benjamin, los girasoles son los derrotados de la historia, los hechos, los acontecimientos y las pérdidas que tornan la mirada al sol que es el presente: "hacia ese presente se tornan las luchas del pasado y de él reciben una nueva significación" (Mate 2009: 104). En el caso de España y de la obra de Méndez, las flores que se posicionan "cara al sol"[14] son ciegas, habiendo sido privadas de presente en la fase triunfante del duelo que declaraba el pasado superado y relegado al pasado. Para los personajes de Méndez, los vencidos y los demás "son girasoles ciegos porque, a causa del golpe de Estado fascista, de su guerra de castigo contra el pueblo y del régimen represor que se instaura luego, les es radicalmente impedida la visión del sol de la historia, el acceso a los ejemplos de coraje, astucia, humor, etc., que otros vencidos han ido dejando en 'lo pasado'" (Varela-Portas de Orduña 2015: 122). De ese modo, lo que *Los girasoles ciegos* busca hacer es transformar el presente, concebir las pérdidas del pasado como "trágicas" e "irrecuperables" e insistir en que esas mismas, en toda su diversidad, suponen una pérdida para la totalidad de la sociedad española actual. Esa privación de presente para las luchas y las pérdidas del pasado es la ausencia a la que hace referencia Carlos Piera, la que hemos de hacer nuestra en el presente para llevar a cabo un duelo colectivo, que también implica la toma de conciencia de que "si el presente de los vencedores está tan afirmado es porque viene de muy atrás" y que podemos "juzgar el pasado al considerarlo como un eslabón de la dominación actual" (Mate 2009: 104).

Así, cuando el propio Méndez afirma que no habla en su libro "de la derrota de los vencidos sino de la derrota de todo un país, la derrota colectiva de quienes vivieron con miedo el silencio de estas historias" (2015: 297), no busca equiparar la experiencia de la derrota de los vencidos y de los vencedores, confiriéndoles por partes iguales el estatus de víctima, sino

---

[14] Reyes Mate afirma que el sol había sido un símbolo tradicional para la izquierda que representaba el futuro anhelado y que "mucho antes de que Dionisio Ridruejo pusiera al servicio del fascismo el 'Cara al sol', el movimiento obrero alemán y ruso había hecho del 'Brüder, zur Sonne, zur Freiheit' ('hermanos, al sol, a la libertad') su grito de esperanza" (2009: 104).

que propone una visión del país entero como vencido al afirmar que este ha vivido "el silencio de estas historias". Dicho de otro modo, un país que vive en un presente carente de pasado o una visión del pasado sin vínculos con el presente es uno que vive en la derrota. Así, del mismo modo que *Los girasoles ciegos* ofrece una reflexión sobre las distintas formas de derrota que se van extendiendo en el tiempo a través de los cuatro relatos, esa visión ofrecida por el libro en su conjunto de una derrota colectiva desde el presente constituye una posición que persiste en el tiempo: un duelo colectivo que, como sugieren las palabras de Piera que sirven de epígrafe, consiste en hacer nuestro ese vacío en el presente.

4.2. Significar el duelo poéticamente: poética de ausencia en los relatos de *Los girasoles ciegos*

Los girasoles ciegos aborda la noción de la ausencia resultante de las pérdidas asociadas con la Guerra Civil y la posguerra mediante el *leitmotiv* de la derrota que, como hemos visto, permite tanto una reflexión casuística de la derrota y sus implicaciones y, a la vez, una reflexión a un nivel más global. Dicho de otro modo, Méndez logra significar la tarea pendiente del duelo mediante la experiencia de la derrota de la Guerra Civil como tema central. Más allá de la temática, podemos observar cómo el autor de *Los girasoles ciegos* consigue significar poéticamente a través de los recursos narrativos y discursivos esa misma ausencia, dejando así un texto impregnado de sutilezas que apuntan constantemente hacia ese carácter trágico, incognoscible e irrecuperable del pasado. Planteado así como un proyecto literario que busca abordar las pérdidas del pasado a la vez que insiste en la irrecuperabilidad de las mismas, podemos concebir *Los girasoles ciegos* a la luz de las cavilaciones de Derrida sobre la naturaleza paradójica del duelo como un texto aporético en la medida que se convierte en una práctica afirmativa del duelo colectivo social ante la imposibilidad de abarcar o remediar la ausencia. De ese modo, la obra de Méndez ejemplifica esa persistencia propia de una "narrativa de duelo persistente".

El compromiso tanto con el duelo como con la justicia pendiente elucidada por ese proceso incumplido se manifiesta a través de varias técnicas:

mediante la interacción entre los niveles narrativos (véase la Tabla 1), un juego dialéctico entre la verdad y la ficción y, por último, mediante esa poética de ausencia o "ausencias presentes" abordadas en el capítulo anterior que, en vez de rescatar lo perdido de la Historia, busca localizar y sostener la ausencia.

El primer relato de Los girasoles ciegos

En el primer relato del libro de Méndez, nos encontramos con un narrador que busca reconstruir y relatar todo lo relacionado con el capitán Carlos Alegría, el capitán de intendencia del victorioso ejército golpista que, sin embargo, acaba entregándose como rendido en los últimos momentos de la guerra. Aunque el objetivo parecería el de esclarecer y recuperar esa historia tan poco verosímil —un vencedor que deja de serlo y que, después, sobrevive a su propio fusilamiento tras ser condenado a muerte—, el éxito de dicho esfuerzo es puesto en duda de un modo que contradice el tono y las formas propios del género científico que caracterizan la voz narrativa: por un lado, el uso de la primera persona del plural, o la letra cursiva para marcar tipográficamente las distancias, o la aportación de documentos históricos; por otro, la falta de datos concretos sobre el origen de ciertos testimonios, la especulación y la inferencia por parte del narrador. Así, la tensión resultante del juego dialéctico entre la verdad histórica contrastable y la invención no hace sino aludir —aunque de manera indirecta— a esa naturaleza ausente e incognoscible de las pérdidas del pasado: por mucho deseo que pueda haber de esclarecer y recuperar ciertos hechos del pasado, siempre daremos con lagunas de información. Lo que hace el narrador del primer relato, no obstante, es asumir esa realidad a través del recurso de la ficción.

La primera de las contradicciones en el primer relato tiene que ver con ese discurso científico de quien se presenta como narrador-investigador y compilador de datos: un narrador que "es omnipresente pero no omnisciente" (Albizu 2013: 199). El uso de esa primera persona plural de cortesía propia del género científico, la inclusión de fechas y horas y el uso de la letra cursiva y las comillas para citar fuentes exógenas "obligan al lector a presuponer, además, que la labor de transcripción del discurso ajeno ha sido realizada con fidelidad" (Albizu 2013: 199). Desde el inicio del relato, la voz narrativa de quien narra desde un tiempo distanciado de los hechos habla desde la seguridad de quien "sabe": "Ahora sabemos que el capitán Alegría eligió su propia muerte a ciegas [...]" (*GC*: 13). Además de ese verbo *saber* —que aparece 13 veces a lo largo de este primer relato[15]—, el narrador emplea otras construcciones verbales "que el discurso científico suele emplear para afianzar su credibilidad", como los verbos *constar*[16] o *afirmar* o frases como "la verdad es que" (Albizu 2013: 200).

La supuesta credibilidad y rigor científico de ese primer narrador-investigador en su relato de la historia del capitán Carlos Alegría está refrendada también por alusiones a la realidad histórica a través de referencias concretas a figuras reales como el general Casado y a las circunstancias en torno a momentos históricos como la caída de Madrid. A estos aspectos se le puede sumar la inclusión de textos documentales[17]: fragmentos de cartas y el último

---

[15] Además de la primera frase del relato, constan 12 usos más del verbo *saber*: "Ahora sabemos que él, sin saberlo, había rechazado de antemano ambas opciones" (14); "Sabiendo ahora lo que sabemos de Carlos Alegría [...]" (14); "Sin embargo, sabemos por los comentarios a sus compañeros [...]" (16); "Gracias a él sabemos que el prisionero trató de ayudarle [...]" (18); "Gracias a su testimonio, sabemos que aquel compañero de celda [...]" (20); "Sabemos que Alegría estudió Derecho[...]" (20); "Sabemos por familiares suyos que [...]" (20); "Sabemos que fue trasladado a unos hangares del aeródromo de Barajas [...]" (25); "Sabemos de esta última [carta] porque se refiere a ella en la que escribió a Inés" (29); "Aquí comienza una peripecia de Alegría de la que apenas sabemos los detalles [...]" (32); "Ahora sabemos que se consideraron varias alternativas [...]" (32); "Hoy sabemos que, en los tiempos de corrían, todo aquello fue un derroche [...]" (33).

[16] Hay cuatro instancias en las que se emplea este verbo: "Durante dos o tres noches, nos consta, el capitán Alegría estuvo detenido [...]" (13); "[...] una forma de explicar los hechos que nos consta que ocurrieron" (20); "Nos consta que se unió al ejército sublevado en 1936 [...]" (21); "[...] no constan más datos en su filiación [...]" (25).

[17] El relato de Méndez carece de cualquier referencia bibliográfica a un posible personaje histórico sobre el que está basado el capitán Carlos Alegría. A pesar de este hecho, Méndez afirma en una entrevista que este "truco literario" es "un método que me permite ser ambiguo. Puedo incluir hechos y personajes reales sin necesidad de hacer una investigación exhaustiva sobre acontecimientos concretos. Porque el personaje que se rinde a los republicanos madrileños el día antes de que los nacionales tomen la ciudad existió" (Rendueles 2015: 288). En otra entrevista, Méndez insiste en que se trata de un personaje 'real': "en el libro me refiero a él como el capitán Alegría pero en realidad era el coronel Castillo" (Rodríguez

parte de intendencia escritos por Alegría, además del acta del juicio al que fue sometido el protagonista y que lo condenó a muerte por traición, los cuales buscan dotar al relato del mayor grado de plausibilidad posible y "contribuyen a producir una fuerte impresión de realidad" (Orsini-Saillet 2006: 7). Aunque el narrador no cuenta cómo se hizo con aquellos documentos históricos, incorpora los fragmentados citados entre comillas y en letra cursiva, manteniendo así el discurso científico. Los siete documentos mencionados[18] sirven, además de para revalidar lo que cuenta el narrador, para ofrecernos un atisbo de los pensamientos del capitán Alegría que le llevaron a tomar la decisión de entregarse a las fuerzas republicanas a pesar de su inminente derrota. Uno de los documentos incluidos es el último parte de intendencia redactado por el capitán "la noche en que se rindió al enemigo", según nos dice el narrador, "nos da la clave del estado de ánimo en el que se hallaba al cabo de tres años de guerra": "Hecho el recuento de existencias, todo cuadra cabalmente con los estadillos adjuntos, todo menos el oficial que esto firma, que se considera a sí mismo un círculo cuadrado, un espíritu metálico, que, abominando de nuestro enemigo, no quiere sentirse responsable de su derrota. Firmado Carlos Alegría, Capitán de Intendencia…" (*GC*: 21-22).

Esta hibridización de géneros —la literatura con el documentalismo—, lo que Von Tschilschke y Schmelzer han llamado "docuficción", es un rasgo común de las novelas que se han publicado desde el año 2000 en España. En estas obras, la investigación e inclusión de fuentes historiográficas y documentos sirven para dar a los textos un aire de verosimilitud. No obstante, es preciso insistir en que, en el caso de *Los girasoles ciegos*, se trata de una *invención* de documentos, cartas, etc., cosa que distingue la obra de Méndez de otras de la recuperación de la memoria en las que los documentos históricos

---

2015: 294). Además, Fernando Valls cita un artículo del escritor Pedro Corral en el que este afirma que la figura del capitán Alegría está inspirada en el teniente coronel Ramón Lloro Regales (2015: 70).

[18] Se trata de siete cartas y una nota que el capitán Alegría escribió y que luego, tras su muerte definitiva, fue encontrada en su bolsillo: dos dirigidas a su novia Inés —una en 1938 y otra en los días previos a su fusilamiento (13; 28); una dirigida a su profesor de Derecho Natural en Salamanca dos meses antes de rendirse (14); una carta sin especificar el destinatario (15); otra dirigida a sus padres (28) y una última dirigida a Franco y escrita en los días previos a su ejecución de la que sabemos "porque se refiere a ella en la que escribió a Inés" (29).

sirven como punto de partida de la novela. Consciente de esta diferencia, Hans Lauge Hansen extiende este término de docuficción para incluir esta hibridización de géneros a novelas como la de Méndez, en la que explica que el documentalismo "toma la forma de una cervantina mímesis de documentalismo, un juego por parte del narrador que imita el discurso del historiador o documentalista de tal manera que pretende dar cuenta de la veracidad del relato y la fidelidad de sus fuentes" (2012: 87). Aunque es verdad que la inclusión de fragmentos de cartas inventadas y la reproducción del acta judicial pueden dotar al texto de un tono más periodístico o de investigación, en el primer relato tiene también la función de servir de contraste a las desviaciones del propio narrador de este tono científico.

Uno de los aspectos que más contrasta con el tono científico usado es la gran dependencia del narrador de testimonios orales para reconstruir la historia del derrotero final del capitán, sin apenas nombrar las fuentes. Si bien es cierto que el narrador-investigador identifica a Inés Hoyuelos, novia de Alegría, quien "ha contribuido generosamente a que podamos reconstruir esta historia" (*GC*: 21), los demás testimonios se los atribuye a los familiares y compañeros del capitán sin nombrarlos[19]. Los testimonios orales no solo chocan con ese deseo por parte del narrador de querer aproximarse a una verdad objetiva mediante los documentos citados, por ser considerados poco válidos por la historiografía tradicional (Albizu 2013: 204), sino también porque el narrador mismo pone en duda la fiabilidad de los mismos: "todos los relatos que relatamos se confunden en una amalgama de informaciones dispersas, de hecho a veces contrastados y a veces fruto de memorias neblinosas contadas por testigos que prefirieron olvidar" (*GC*: 28). Pero el narrador afirma que "hemos dado crédito sin embargo a vagos recuerdos sobre frases susurradas durante ensueños angustiosos que también tienen cabida en el horror de la verdad, aunque no sean ciertos" (*GC*: 28).

---

[19] Aparecen siete referencias explícitas a testimonios recabados por el narrador, algunos de los que el narrador atribuye a sus compañeros o familiares y otros que califica como testimonios generales: "Sabemos por los comentarios a sus compañeros en armas que [...] (16); "Todos los testimonios que hemos encontrado [...]" (16); "Gracias a él sabemos que [...]" (18); "Gracias a su testimonio [...]" (20); "[...] porque nuestro testigo, el enteco cabo primero [...]" (23); "[...] porque, según nos ha contado el herido [...]" (24).

Otra desviación de ese tono científico es el uso de estructuras verbales que parecen contradecir o poner en duda la reconstrucción de los hechos. Del mismo modo que el narrador utiliza construcciones verbales propias del género de la investigación —ese plural de modestia en frases como "podemos afirmar", o el uso del verbo *saber*—, también emplea estructuras y adverbios que remiten a una incertidumbre que poco tiene que ver con el rigor científico. El uso de adjetivos o adverbios como *probable* o *probablemente*[20], estructuras como *deber de*[21] o verbos como *suponer* o *presuponer* alejan el relato del género periodístico o científico y lo aproximan al terreno de la especulación o incluso la ficción. Como lectores nos damos cuenta de que estamos ante un narrador que, pese a querer esclarecer los datos positivos en torno a la historia del capitán Alegría, admite no saber todo. Ante la imposibilidad de la omnisciencia, recurre a la especulación para afrontar este vacío y para *imaginar* lo que pensaba y sentía el capitán Alegría: "Si tuviéramos que imaginar en qué se convirtió la vida para el capitán Alegría, deberíamos de hablar de un torbellino de aceite" (*GC*: 29). La imaginación y la suposición conforman *una* de las maneras de conocer la realidad del capitán Alegría, como sugiere el propio narrador: "Presuponer lo que piensa el protagonista es solo una forma de explicar los hechos que nos consta que ocurrieron" (*GC*: 20). Así,

---

[20] En el relato hay un total de cinco frases en las que se emplean *probable* y su derivado adverbial: "Es probable que se negara a decir '*me rindo*' porque [...]" (13); "Es probable que el tipógrafo armado con un fusil [...]" (13); "[...] es probable que sintiera un pudor adolescente [...]" (24); "[...] la única verdad que refrenda nuestra historia, que, probablemente, tuvo bastante semejanza [...]" (26); "Es probable que a Alegría, acostumbrado a observar a su enemigo, la muerte sin aspavientos le resultara familiar" (29-30).

[21] Esta construcción verbal que denota probabilidad o suposición se utiliza en ocho ocasiones: "Aquel patio debió de parecerle un claustro desdicho por una actividad febril" (19); "[...] debió de obviar en su relato cierta sumisión [...]" (23); "Aquella frase espontánea reconociendo su situación real, debió de producirle cierta satisfacción [...]" (24); "[...] los militares fieles a la República debieron de ignorarle e incluso evitarle [...]" (25); "El capitán Alegría, ya paisano, ya traidor, ya muerto, debió de regresar al hangar donde tantos otros [...]" (28); "[...] pero la vida aprisionada en la casualidad de estar o no estar en el rincón elegido para designar los muertos debió de resultarle insoportable" (30); "Debió de ser entonces cuando nació la reflexión que recogió en unas notas encontradas en su bolsillo [...]" (35); "Todos los pensamientos y con ellos la memoria debieron de quedar sepultados bajo la fiebre, bajo el hambre, bajo el asco que sentía de sí mismo [...]" (36).

ante las lagunas de información, la especulación y la inferencia devienen una herramienta para afrontar ese vacío. Cuando el capitán Alegría explica a los soldados del ejército republicano que él viene a entregarse, estos lo toman por loco y Alegría guarda silencio. Ante esa ausencia de palabras, el narrador especula que Alegría "hubiera querido explicar por qué abandonaba el ejército que iba a ganar la guerra, por qué se rendía a unos vencidos, por qué no quería formar parte de la victoria" (*GC*: 17).

Más allá de las presuposiciones por parte del narrador en su relato del periplo de Alegría, lo que nos cuenta el narrador después de sobrevivir a su propio fusilamiento carece de refrendo documental. El narrador admite que después de recobrar la conciencia, "aquí comienza una peripecia de Alegría de la que apenas sabemos los detalles, porque, aunque a veces toleró hablar de lo ocurrido antes de su resurrección, raramente consintió en contarle a nadie cómo llegó" desde el lugar del fusilamiento en Arganda del Rey hasta el pueblo de montaña en Somosierra (*GC*: 23). Tras deambular herido por la montaña, allí cerca del pueblo de La Acebeda lo encuentran unos jornaleros que debaten qué hacer con él —"ahora sabemos que se consideraron varias alternativas, desde enterrarle vivo porque a saber quién le había disparado, hasta dejarle morir entre la jara"—, pero al final, nos dice el narrador, "una anciana resoluta decidió darle el agua que pedía y limpiarle la cara con su refajo": "'Todos somos hijos de Dios, hasta estos', dijo" (*GC*: 32-33). Una vez más, el narrador insiste en que "hoy sabemos que, en los tiempos que corrían, todo aquello fue un derroche de misericordia que Alegría agradeció evitando mencionar sus nombres". Aunque Alegría prefería no hablar de aquel tiempo y se negaba a ofrecer nombres de las personas que le ayudaron, el narrador afirma: "Así lo contó y así lo reflejamos" (*GC*: 34).

Todo lo contado acerca de su llegada a ese pueblo tras el momento de su resurrección se pone de nuevo en duda más tarde en el tercer relato, donde volvemos a encontrar al capitán Alegría encarcelado tras haber sido nuevamente detenido en Somosierra. A diferencia del narrador del primer relato, el del tercero es omnisciente y lo que relata en una digresión focalizada en Alegría parece contradecir lo aseverado por el narrador-investigador del primero: "Trató de buscar ayuda, pero todos los que veían a aquel hombre ensangrentado, con una enorme herida en la cabeza, cerraban sus puertas con las fallebas en pánico. Nadie le socorrió, nadie le prestó una camisa para ocultar la sangre que coagulaba la suya, nadie le alimentó ni nadie le dijo cuál era el camino para regresar a la casa de sus padres" (*GC*: 88-89). No obstante, como observa Albizu en su análisis de las distintas clases de narración en la novela de Méndez, el narrador del tercer relato restringe su focalización al personaje de Juan Senra; aunque comenta el pasado y las historias de los demás personajes, el grado de su omnisciencia parece limitarse al no revelar los pensamientos de los demás personajes (Albizu 2012: 77).

A pesar de las especulaciones y aparentes contradicciones, el narrador-investigador del primer relato es consciente de la naturaleza contradictoria de su relato, y de ahí su insistencia en reproducir el acta del juicio: "Este es el documento más real que tenemos de lo realmente ocurrido, la única verdad que refrenda nuestra historia, que, probablemente, tuvo bastante semejanza con lo que estamos contando. De no haber temido que nuestra narración fuera malinterpretada, nos habríamos limitado a transcribir el acta del juicio donde se condenó a Carlos Alegría a morir fusilado por traidor y criminal de lesa patria" (*GC*: 26). Se abre, pues, una brecha entre la verdad contrastable y refrendada por documentos y una especulación sobre los sentimientos, pensamientos y acciones del personaje de Carlos Alegría que, como insiste tantas veces el narrador, no son menos verdad a pesar de ser ficción: "Del periplo de Alegría desde el sótano al pelotón de fusilamiento tenemos solo datos imprecisos. Los documentos que fueron generando los guardianes del laberinto y las pocas cartas que escribió son los únicos hechos ciertos, lo demás es la verdad" (*GC*: 24). Esa duda en torno a la verdad que se introduce en el relato inaugural de *Los girasoles ciegos* y se convierte en motivo recurrente "no debe entenderse como una manifestación de relativismo postmoderno (no hay verdad; todo son opiniones subjetivas; etc.), sino, siguiendo a Benjamin, como el requisito imprescindible para la apropiación revolucionaria, redentora, de la historia por parte del" narrador-investigador (Varela-Portas de Orduña 2015: 124).

Comentando esta tensión entre la ficción y la verdad histórica presente en *Los girasoles ciegos*, Arno Gimber traza unas semejanzas entre la obra de Sebald y la de Méndez:

> Sea oficial o individual la memoria, los resultados de los intentos de recuperar un pasado auténtico quedan siempre borrosos. Sin embargo, la consecuencia de esta rendición nunca puede ser una negación de la representación del Holocausto (en

el caso alemán) o de las atrocidades cometidas durante la guerra civil y después de ella (en el caso español), sino la búsqueda de representaciones adecuadas en los recursos de ficción ya que, a estas alturas, la autenticidad de la experiencia directa es imposible (2011: 187).

Así, poco a poco, y a pesar del discurso científico y la decisión de incluir ciertos documentos para evitar que su "narración fuera malinterpretada", se va erigiendo una distinción entre historia y verdad, establecida previamente en la contraportada del libro —"Todo lo que se narra en este libro es verdad, pero nada de lo que se cuenta es cierto" (contraportada)—, donde las presuposiciones y la imaginación del narrador sobre Carlos Alegría no son menos verdad, unas reflexiones en sintonía con las que hizo el propio autor en la presentación del libro: "No son historias ciertas, pero sé que son verdad; [...] he escrito este libro con el ruido de la memoria, sin que me importaran tanto las historias como su olor o su calor" (Molero 2005: 13).

Sin embargo, el primer relato —con sus especulaciones, sus testigos no nombrados o las aparentes contradicciones—,

> no oculta en ningún momento su naturaleza ficticia —todo lo contrario— y, si bien en él no se niega la verdad histórica, al poner en duda —irónicamente— su exactitud, altera la consideración del modelo historiográfico tradicional como el instrumento privilegiado para conocer el pasado, ya que solo tiene en cuenta los hechos efectivos y es incapaz de reflejar la interioridad del individuo. Por el contrario, el texto defiende la literatura en tanto que espacio propicio para dar cabida desde su presente a un pasado nuevo, solventando así el peligro que advertía Benjamin de no poder dar vida a un pasado ausente del presente (Albizu 2013: 205).

Ese narrador en primera persona, ese *nosotros*, deja de ser un marcador de un discurso científico y deviene en un *nosotros* inclusivo, el mismo al que alude Piera en el epígrafe donde afirma que el duelo implica "hacer *nuestra* la existencia de un vacío": un nosotros "que funde el enunciador y enunciatario en una única figura como forma de garantizar la adhesión de este al contenido del discurso de aquel, a saber, a incorporarse a *la labor del duelo* que lleva implícito el *deber de memoria*" (Albizu 2013: 196). Así, en el primer relato ese nosotros inclusivo, que incluye a los que estamos alejados temporalmente de las pérdidas del pasado, enumera las cosas que sí sabemos —de allí tanta repetición en el primer cuento— y las junta con aquello de que está hecha nuestra realidad en el presente, aunque solo podemos inferir, imaginar: como reza la contraportada del libro, "los muertos de nuestra posguerra ya están resueltos en cifras oficiales, aunque ya es hora de que empecemos a recordar lo que sabemos" (contraportada). Méndez tenía "una clara conciencia de que únicamente desde la literatura podría conseguirse lo que no lograron ni la estadística ni la historia oficial, esa labor de duelo, ese reconocimiento público de la cruel posguerra que vivieron los vencidos" (López Guil 2015: 167).

La incorporación de esa presencia de una ausencia es un elemento clave en las narrativas postraumáticas de duelo persistente: las incógnitas y los vacíos al final solo son abordables mediante la inferencia y la suposición. La yuxtaposición de los documentos y los testimonios con la invención —es decir, la naturaleza irrecuperable de ciertas historias perdidas a pesar del documento histórico— sirve de metonimia de nuestra relación en el presente distanciado, realzando así la irrecuperabilidad del pasado, donde ese *nosotros* del narrador es también ese *nosotros* sujeto de la justicia que explicaba Thiebaut: "el sujeto de la justicia no es la figura del doliente, la víctima, sino la del quien la ha atendido y la de quien quiere hacerle justicia" (2008: 214). Pese a su deseo de llegar a una verdad objetiva mediante la presentación y el ensamblaje de documentos, fracasa al toparse con una ausencia de datos y su tarea acaba convirtiéndose en una apropiación de esa ausencia mediante la invención: ante un vacío de documentos históricos, la labor del narrador-investigador no acaba siendo menos real, sin embargo. Al igual que Modiano, quien pese a disponer de ciertos datos y a no hacer ninguna referencia a la investigación de Klarsfeld en su novela, acaba resaltando la ausencia dejada por Dora Bruder mediante la imaginación y la especulación, así en este primer relato Méndez emplea una estructura quiástica parecida de ausencia-ficción, ficción ausencia: ante la falta de información, nos lleva a la suposición y esa ficción acaba realzando la misma ausencia que hizo necesaria la invención.

El segundo relato de Los girasoles ciegos

Al igual que el primer relato, en "Segunda derrota: 1940 o Manuscrito encontrado en olvido" nos encontramos ante un narrador en primera persona, aunque en este caso en singular. Según nos revela el narrador en el primer pasaje, el texto a continuación proviene de las páginas de un diario que el narrador mismo encontró en el año 1952 en el Archivo General de la Guardia Civil en "*un sobre amarillo clasificado como DD (difunto desconocido)*" (*GC*: 39). El narrador explica que el diario se encontró en el año 1940 en una zona entre Asturias y León junto a un esqueleto humano adulto y el cuerpo de un niño pequeño. El texto en sí del segundo relato está compuesto por dos niveles discursivos: el primero corresponde a esa voz narrativa en primera persona que sirve como el relato-marco dentro del cual se insertan la reproducción de los fragmentos del diario escrito por el joven poeta republicano que tiene que huir de la derrota junto con su novia embarazada. Los dos niveles se distinguen tipográficamente: la introducción en la que el narrador explica cómo encontró el diario, sus intermitentes intervenciones intercaladas entre las páginas del diario y una última nota se transcriben en letra cursiva, mientras que las entradas del diario escritas por el joven poeta aparecen en letra redonda.

Entendemos, pues, que el segundo relato es el producto del esfuerzo de ese narrador-editor de rescatar y presentar la experiencia singular de la derrota para la joven familia por medio de las páginas del diario. Sabemos desde la primera página del diario que la novia del poeta, Elena, ha muerto en el parto tras refugiarse en una cabaña abandonada en el campo y que ya no llegarán a Francia, su destino inicial. A partir de allí, el autor del diario llena las páginas con sus reflexiones y cuenta cómo intenta sobrevivir y alimentar a su niño recién nacido, a quien tarda en ponerle nombre. Así, desde la derrota y la abyecta miseria, el acto de escribir se convierte en su acto de resistencia. En una de las entradas, el joven poeta cuenta que estuvo unos días sin encontrar el lápiz que usaba para escribir: "No encontraba mi lápiz (lo poco que queda de él) y he estado muchos días sin poder escribir. También eso es silencio, también eso es mordaza. Pero hoy, cuando lo he encontrado bajo un montón de leña, he tenido la sensación de que recobraba el don de la palabra" (*GC*: 55). Aun así, pese al don de la palabra que le otorgan el papel y el lápiz, reconoce que la experiencia de la derrota es contagiosa: "Allá adonde yo vaya olerá a derrota. Y de derrota ha muerto Elena y de derrota morirá mi hijo al que todavía no he podido poner nombre. Yo he perdido una guerra y Elena, a la que nadie jamás hubiera pensado en considerar un enemigo, ha muerto derrotada. Mi hijo, nuestro hijo, que ni siquiera sabe que fue concebido en el fulgor del miedo, morirá enfermo de derrota" (*GC:* 45-46). Ese estado de derrota contagiosa, individual y colectiva a la vez, no remite y seguirá contagiando: "mi lápiz también debió de perder la guerra y probablemente la última palabra que escribirá será melancolía" (*GC:* 56). Así pues, el acto por parte del narrador-editor de rescatar las páginas del diario constituye un modo de vencer en cierto modo a esa derrota contagiosa que ha podido acabar con todo. No obstante, como veremos a continuación, ese acto de recuperación quedará incompleto del todo, pues la presencia de ausencias es inevitable. En la introducción el narrador nos ofrece una descripción física de aquellos folios "*resecos pero aún hediondos*":

> *Al principio la escritura es de mayor tamaño, pero poco a poco se va reduciendo, como si el autor hubiera tenido más cosas que contar de las que cabían en el cuaderno. A veces, los márgenes aparecen ribeteados por signos incomprensibles o comentarios escritos en otro momento posterior. Esto se deduce en primer lugar por la caligrafía (que como digo se va haciendo cada vez más pequeña y minuciosa) y en segundo lugar porque refleja claramente estados de ánimo distintos. En cualquier caso recojo estos comentarios en sus páginas correspondientes* (*GC:* 39-40).

Tras la introducción inicial, el narrador-editor se limita solo a comentar, explicar o interpretar las páginas y las líneas del diario que no se han reproducido en la transcripción del original: frases tachadas, dibujos, palabras ilegibles y los cambios en la caligrafía. Intercaladas entre las páginas del diario aparecen 17 comentarios del narrador-editor, siempre entre paréntesis y marcadas en letra cursiva. Por lo general, las intervenciones se pueden clasificar en cuatro clases: para descifrar frases tachadas o comentarios escritos en los márgenes (*GC:* 41, 46, 47, 49, 52, 56); para describir los dibujos y los garabatos (*GC:* 45, 47, 51, 53, 55); para describir los cambios en la caligrafía (*GC:* 48, 56-67); y para constatar que algunas hojas han sido arrancadas del diario (*GC:* 54).

Aunque los comentarios que acompañan el texto del diario sirven para ofrecer una mejor visión del texto original —sobre todo en la descripción de algunos de los dibujos y la caligrafía—, no dejan de ser observaciones mediadas que han pasado por el filtro del narrador-editor, quien intenta, en la medida que puede, descifrar y trazar las conexiones. En el mejor de los casos, las interpretaciones del narrador son acertadas, aunque advierte cuando se trata de posibles conjeturas —*"(Aquí se produce un significativo cambio de caligrafía. Aunque la pulcritud de la escritura se mantiene, los trazos son algo más apresurados. O, cuando menos, más indecisos. Probablemente ha transcurrido bastante tiempo.)"* (*GC*: 48)— o cuando cree haber interpretado correctamente lo escrito: "*(Ya no está escrita con el mismo lápiz, pues es muy probable que se terminara, sino con un tizón apagado o algo parecido. Cuesta leerlo porque, después de escribirlo, el autor pasó la mano por encima como si hubiera intentado borrarlo. Creemos, pues, que hemos leído correctamente lo escrito, que transcribimos hechas estas salvedades)*". En otros casos, sin embargo, vemos que el narrador no es capaz de descifrar lo escrito y se conforma con dar cuenta de los trozos ilegibles: "*(Hay un poema tachado del que se leen solo algunas palabras:* 'vigoroso', 'sin luz' *(o* 'mi luz', *no está claro) y* 'olvidar el estruendo'" (*GC*: 41); "*(Hay una frase tachada y, por tanto, ilegible)*" (*GC*: 49). En una de las descripciones de los dibujos, el narrador cuenta que "*(Bajo estos versos aparece un pentagrama y una notación musical que no corresponde a nada que se pueda transcribir en música. Han sido varios los técnicos que han tratado de descifrar esa pretendida partitura, pero ninguno lo ha logrado)*" (*GC*: 50). Así, en la descripción de las palabras ilegibles y de la posible notación musical, lo que hace el narrador es recuperar no solo la experiencia relatada por el joven poeta sino también aquellas incógnitas o ausencias que serán imposibles de recuperar, como la constatación de que nueve hojas han sido arrancadas: "*(Aquí hay una serie de hojas, nueve, arrancadas al mismo tiempo, porque el perfil rasgado es exactamente igual en todas. Es un corte cuidadoso, no hay desgarros. En la numeración de las páginas que viene a continuación no se han tenido en cuenta las hojas que faltan del cuaderno)*" (*GC*: 54). Aunque como afirma, las hojas desparecidas no se han contabilizado en la numeración de las páginas, el hecho de dejar constancia de su ausencia es un modo de convertir esas ausencias en presencias en la edición y publicación del diario. Así, en la misma línea de las palabras del epígrafe, lo que hace el narrador es asumir la historia de la derrota de la joven familia, tanto las palabras del diario como aquellas lagunas de conocimiento que jamás se podrán llenar, haciendo suya la existencia de un vacío.

Si bien la recuperación de la historia del joven poeta contiene lagunas y ausencias y el narrador, ante la incertidumbre, tiene que recurrir a la especulación y a la inferencia en su interpretación de algunos de los elementos del diario —como el narrador del primer relato—, la que es sin duda la mayor especulación por parte del narrador aparece al final del segundo relato en la "NOTA DEL EDITOR". En esa nota, el narrador explica que en el año 1954, dos años después de encontrar el diario, viajó al pueblo de Caviedes en Santander en busca de información sobre la identidad del autor del diario. Allí comprueba que vivió un maestro llamado don Servando que fue ajusticiado en el año 1937 por haber sido republicano, tal y como explicita el autor del diario (*GC*: 48). Allí, el narrador descubre la identidad del joven poeta, quien había sido el mejor alumno de don Servando: "*tenía una afición desmedida por la poesía, había huido con dieciséis años, en 1937, a zona republicana para unirse al ejército que perdió la guerra. Ni sus padres, que se llamaban Rafael y Felisa y murieron al terminar la contienda, ni nadie del pueblo volvieron a saber de él. Tenía fama de loco porque escribía y recitaba poesías. Se llamaba Eulalio Ceballos Suárez*" (*GC*: 57). A pesar de que el narrador cree haber dado con la identidad del autor de las páginas del diario —tanto que ha publicado su nombre—, inmediatamente después el narrador escribe que "*Si fue él el autor de este cuaderno, lo escribió cuando tenía dieciocho años y creo que esa no es edad para tanto sufrimiento*" (GC: 57).

Sabemos, gracias al análisis de distintas versiones del relato de Itzíar López Guil, que esta última frase fue el producto final de una serie de enmiendas que se añadieron después de la primera versión del relato que quedó como finalista para el Premio Max Aub en 2002. En esa primera versión, la "nota del editor" acababa con el nombre del presunto autor y la primera enmienda —lo que sería la versión intermedia— consistía en una frase añadida, parte de la cual se mantendría en la versión definitiva: "Si era él el autor del cuaderno, lo escribió cuando tenía diecisiete años. Me prometí que si algún día era posible lo publicaría" (López Guil 2015: 175). En la versión definitiva, se cambiaría la última frase, omitiendo la afirmación por parte del narrador de que decidió publicar el cuaderno —cosa que, según López Guil, se suprime por ser demasiado explícita— e insertando una frase que muestra la implicación emocional del narrador: "*Si fue él el autor de este cuaderno, lo escribió cuando tenía dieciocho años y creo que esa no es edad para tanto sufrimiento*". Además de esta última edición, López Guil confirma que el descubrimiento del cuaderno en los archivos de la Guardia Civil también se trata de una adición que no figuraba en las dos versiones anteriores: según la autora, esto último es introducido "para subrayar el hecho de que no se conocía el nombre de Eulalio, que era un 'DD' o difunto desconocido, y que será su primer lector, responsable de que su cuaderno se haga público, quien le acabe devolviendo su nombre, su identidad" (2015: 174-75).

Aunque las ediciones facilitan la lectura de que el narrador sí ha descubierto la identidad del joven poeta, la afirmación queda entredicha por el uso de ese adverbio *sí* justo después de revelar su nombre: todo apunta a que el autor del diario se trata de Eulalio Ceballos Suárez, y sin embargo nos quedamos con la duda. Al igual que con las tachaduras y las frases indescifrables del diario, el narrador nos aproxima en la medida posible a una verdad sobre la identidad del autor y, sin embargo, Méndez enmienda esa última sección para insistir en que se trata de una suposición por parte del narrador. No obstante, el narrador-editor, conmovido por el descubrimiento del diario, emprende el viaje al pueblo de Santander para buscar la identidad del "difunto desconocido", asumiendo así ese relato como algo suyo que le afecta y que necesita ser recuperado, con sus ausencias e incógnitas.

El tercer relato de Los girasoles ciegos

En los primeros dos relatos la ausencia y el vacío propios de las pérdidas del pasado se realzan a través de la imposibilidad de saber: el narrador investigador del primer relato que recurre a la invención y a la especulación ante la ausencia; el narrador-editor del segundo convierte las incógnitas sobre la identidad del joven poeta en acción mediante la investigación, el viaje al pueblo en busca del autor de las páginas del diario. En estos primeros dos, vemos cómo el acto de recuperar historias conduce inevitablemente a esas lagunas y, sin embargo, se erige como una acción necesaria para los dos narradores intradiegéticos. En cambio, en el tercer relato "Tercera derrota: 1941 o El idioma de los muertos", hay una narración más convencional en la que un narrador extradiegético y omnisciente —condición evidenciada por su conocimiento de los pasados de varios personajes y los pensamientos del protagonista Juan Senra— es una puesta en práctica por parte de Méndez de la noción de que la ficción es una herramienta idónea para, si no significar esa ausencia, al menos para apuntar hacia ella.

El tercer relato está compuesto por dos niveles de discursos que se distinguen por la letra, manteniendo así la estética tipográfica del resto de los relatos: el primero y predominante corresponde a la narración de un narrador extradiegético y omnisciente que relata el tiempo de encarcelamiento de un grupo de presos en el año 1941; el segundo, a los fragmentos de las cartas escritas por el protagonista del relato, Juan Senra, profesor de violonchelo y comunista. La narración está focalizada en ese personaje de Juan Senra y sus cartas dirigidas a su hermano, aunque la narración central también cuenta con varias digresiones sobre otros presos que allí se encuentran y sobre los que el narrador, haciendo uso pleno de su omnisciencia, revela detalles sobre su pasado[22]. Así, mediante el hilo narrativo central sabemos lo que le ocurre a Juan Senra mientras espera su inevitable condena, y sus cartas, divididas en cinco fragmentos e intercaladas a lo largo del relato, nos ofrecen una mirada de su estado anímico mientras espera.

Más allá de esas digresiones sobre los compañeros de celda de Senra, la narración relata cómo Senra es interrogado por el coronel Eymar, que preside el Tribunal de Represión de la Masonería y el Comunismo, y es a través de este interrogatorio que se nos revela el pasado de Senra y la historia que lo vincula al hijo del coronel, Miguel. El interrogatorio, que da forma a este cuento, se centra no en la relación de Senra con el comunismo, sino en su conocimiento de este tal Miguel Eymar, un asunto por el que sabemos se ha interrogado a todos los demás presos. Juan admite haber conocido a Eymar en la cárcel de Porlier, pero a partir de esta revelación, el protagonista no se atreve a contar la verdad de cómo había conocido al chico; tal y como explica el narrador, Senra siente "cierto miedo al introducir algo de verdad en sus respuestas". En este momento el lector no sabe cuál es el pasado de Miguel Eymar, pero el narrador revela que lo que se le cuenta al coronel es una mentira: "Juan Senra necesitaba tiempo para reconstruir un recuerdo

---

[22] En su análisis del libro de Méndez, Fernando Valls recoge las distintas digresiones sobre los otros personajes que allí están presos, entre los que están el capitán Carlos Alegría del primer relato, a quien el narrador llama el Rorro (2015: 73). Francisco Cruz Salido, periodista, político español y redactor de *El Socialista*, también sale como personaje. Como observa Valls, la inclusión de Cruz Salido en la cárcel junto a Juan Senra en el año 1941 se trata de un error, ya que este fue fusilado un año antes en 1940 (2015: 74). Sobre más incongruencias históricas en *Los girasoles ciegos*, véanse Albizu (2009 y 2013).

sin memoria porque ni la debilidad ni el pánico conseguían que olvidase la verdadera historia de Miguel Eymar" (*GC*: 64). Esto es lo que descubrimos del primer interrogatorio de Senra, pues, por miedo, el protagonista deja de contar, y es torturado por no responder.

En el siguiente interrogatorio Senra habla más, pero su narración es una historia inventada, fabricada por él para salvarse: "Senra comenzó una mentira prolongada y densa que [...] se convirtió en el estribo de la vida" (*GC*: 75). A partir de este momento conoceremos la historia ficticia que Senra ofrece al tribunal, junto a la verdadera historia del hijo del coronel, revelada por ese narrador omnisciente, que en realidad narra lo que está pasando por la cabeza de Senra. Así, cuando el tribunal quiere saber qué conocimiento tiene Senra de los motivos por los que Miguel Eymar estaba preso, los lectores *sabemos* que Senra piensa que porque "había cometido un asesinato", pero a la vez *leemos* cómo responde en voz alta al padre de Eymar: "Por pertenecer a la quinta columna, mi coronel" (*GC*: 73). Así que la *verdadera realidad* del hijo se revela a través de la narración del narrador omnisciente que relata los pensamientos de Senra, mientras la *verdad inventada* se revela mediante el diálogo entre el coronel y Senra.

A partir de ese momento, empiezan a existir dos realidades: la verdadera que se narra en los pensamientos de Juan, y la inventada, la mentira, que se revela en los diálogos. La verdad para los padres de Miguel Eymar es que su hijo fue detenido por ser parte de la quinta columna en el Madrid republicano de aquellos días, mientras que la verdad para Juan Senra es que el hijo fue un delincuente, un asesino y un traidor: "Estraperlo de medicamentos en mal estado que habían costado la vida a algún enfermo, robos con escalo en almacenes militares de alimentación, comercio ilegal de nafta y carburantes y otros delitos [...]" (*GC*: 73). En este momento coexisten dos historias pero el juicio por la verdad que se ha emprendido implica que no podrán existir juntas para siempre. La dificultad moral que entraña esta dualidad, este enfrentamiento de historias, radica en que la verosimilitud y vigencia de la historia falsa permite a Senra seguir viviendo, y no solo viviendo, sino viviendo bien por el tratamiento especial que recibe de la mujer del coronel.

Las escenas de los distintos interrogatorios de Senra por el coronel Eymar están interrumpidas por esos fragmentos de cartas escritas por el propio Senra y dirigidas a su hermano Luis. No obstante, muy al principio del relato le dicen que no se puede enviar la carta que ha escrito a su hermano para despedirse, antes de su primera comparecencia ante el coronel: "Menos *'Querido hermano Luis'* y *'Acuérdate siempre de mí, tu hermano Juan'* todas las frases habían sido tajantemente tachadas, incluso aquellas que hablaban del frío y de la salud precaria, de la dulzura de su madre muerta o de los chopos en las alamedas de Miraflores. No había espacio para lo humano. Era como si no le dejaran despedirse" (*GC*: 70). Por eso, tras enterarse de que las cartas se las censuraban, Senra afirma que ya no escribe a su hermano sino "hacia [su] hermano, que no es lo mismo" cuando un compañero le pregunta a quién escribe (*GC*: 84). En el segundo fragmento, tras lograr alargar día por día su vida con su tejer de historias para los padres del joven criminal, el preso explica que ha empezado a soñar con una lengua extraña: "*Sueño constantemente sin saber si estoy dormido, y me imagino sin querer un mundo casi vacío en el que todos hablan un idioma extraño que no entiendo aunque no me siento forastero. Cuando lo aprenda te hablaré del lenguaje que se habla en el mundo de mis sueños*" (*GC*: 84). Así, Senra prolongaba sus días en la cárcel ante las interrogaciones de los padres de Miguel Eymar; "como Sherezade, aquellas mentiras le estaban otorgando una noche más. Y otra noche más. Y otra noche más" (*GC*: 97), en las que el preso se adentraba más y más en ese lugar de sus sueños con su extraño idioma.

Así, en un presente comprado a precio de historias falsas e invenciones, Senra se va enajenando más de su realidad: "no quiero contar el tiempo ni hablarte de lo que pasa a mi alrededor, pero cada vez fracaso cuando recurro a mi memoria. Poder pensar todo esto es el privilegio de un condenado, es el privilegio del esclavo" (*GC*: 86). Refugiándose enteramente en sus sueños, Senra aprende poco a poco ese extraño idioma con sus palabras que recuerdan al glígico de Cortázar (Valls 2015: 73):

> *El lenguaje de mis sueños es cada vez más asequible. Hablo de amortesía cuando quiero demostrar afecto y suavumbre es la rara cualidad de los que me hablan con ternura. Colinura, desperpecho, soñaltivo, alticovar son palabras que utilizan las gentes de mis sueños para hablarme de paisajes añorados y de lugares que están más allá de las barreras. Llaman quezbel a todo lo que tañe y lobsidio al ulular del viento. Dicen fragonantía para hablar del ruido del agua de los arroyos. Me gusta hablar en ese idioma...* (*GC*: 94).

Mientras sobrevive día a día gracias a mentiras a cambio de comida y favores de la mujer del coronel, sabe que es un condenado, esclavo de esa realidad inventada, los sueños le sirven de escapatoria.

Durante su período de encarcelamiento, Senra solo cuenta la historia verdadera del hijo del coronel en una ocasión, a un compañero prisionero, Eduardo, que, aprendemos, será fusilado. A través de esta confesión de Senra a Eduardo, sabemos que las incursiones del narrador en la psique del personaje no son una invención literaria: sabemos por el propio Senra que Miguel Eymar "era un cabrón" y sabemos la intención de Senra porque explica que "Les digo lo menos posible, para ver si me dejan vivir unos días más. Eso es todo" (*GC*: 80). Esta verdad, expresada por boca del protagonista, es de todos modos parcial: la historia entera queda guardada en la memoria del protagonista y solo el narrador tiene en este momento el poder de hacer una reconstrucción total, pero de nuevo alejada de la "mera ficción", porque llegado un momento el protagonista, y así quedará reflejado en las actas del juicio reales, hablará.

Mientras está en la cárcel, Senra se hace amigo de un chico de 16 años que se llama Eugenio Paz. Ambos departen en confianza sobre la guerra, y Senra le habla de música y de ciencia y hasta se preocupa por las liendres de Eugenio. El chico es el único amigo que Senra tiene mientras está encarcelado, y cuando hacia el final se entera de que lo van a fusilar, se desespera: "una languidez insensible al frío, al hambre, al aliento de los demás se apoderó de él durante dos días y dos noches, como si su biología se hubiera detenido, como si el mismísimo tiempo se hubiera muerto de tristeza" (*GC*: 98). Senra decide que ya no quiere seguir con este juego de la mentira y escribe lo que será la última carta "hacia su hermano", ya que sabía que no le llegaría íntegra —"trató de imaginarse el gesto del alférez capellán cuando tuviera que censurar su carta" (*GC*: 99). Al escribir esa última carta, derrotado y desahuciado, Senra se da cuenta de que por fin sabe cuál es ese extraño idioma de sus sueños: "*Aún estoy vivo, pero cuando recibas esta carta ya me habrán fusilado. He intentado enloquecer pero no lo he conseguido. Renuncio a seguir viviendo con toda esta tristeza. He descubierto que el idioma que he soñado para inventar un mundo más amable es, en realidad, el lenguaje de los muertos. Acuérdate de mí y procura ser feliz. Te quiere, tu hermano Juan*" (*GC*: 98-99). Así, Senra descubre que "ese lenguaje del inconsciente, [...] el único al que pueden acceder los vencidos [...], es en realidad una no-lengua, un inútil intento de vencer al silencio. Y entonces comete su suicidio simbólico final renunciando a la mentira del vencedor" (Varela-Portas de Orduña 2015: 134). La carta se la entrega al guardia de turno, sabiendo que pronto dejaría de ser un condenado y pasaría a ser un muerto, de esos que le han hablado en sus sueños.

En la siguiente reunión entre los padres de Miguel Eymar y Senra, el protagonista afirma "Es que he recordado" (*GC*: 100). El narrador describe lo que Senra está pensando en ese instante diciendo, "Juan era su juguete, algo que tenía que funcionar cuando ellos le dieran cuerda, moverse cuando le empujaran, pararse cuando se lo ordenaran" (*GC*: 99). Después el narrador nos cuenta lo que siguió al recuerdo de Senra: que Eymar fue justamente fusilado porque era un delincuente. Este párrafo empieza con las descripciones del narrador y acaba con la conversación entre Juan y los padres. Aquí hay un cambio de papeles: ahora lo que está contando en voz alta es la verdad y las descripciones de las caras que vienen después no son descripciones de Juan Senra y su miedo, sino de las reacciones de los padres. Además, los padres tienen que creer la historia: "Escucharon aquel fugaz retrato de su hijo trazado con unos colores que identificaron inmediatamente como los colores de la verdad. Nadie miente para morir" (*GC*: 100). En efecto, a Juan lo fusilan al cabo de dos días. Los padres han escuchado la verdad acerca de su hijo, pero, propio de su condición de vencedores, pueden elegir qué verdad quieren. Al final del cuento, los únicos que saben la *verdadera* historia acerca del pasado de Miguel Eymar son los fusilados Juan Senra y Eduardo López y los padres del chico.

Para Senra, cualquier relato que estuviera "fuera del férreo orden discursivo de la lengua del vencedor, que en este caso solo admite la continuidad del discurso que repita y reafirme el orden del mundo que establece", suponía la muerte para él (Ennis 2010: 161). El único lenguaje del que dispone Senra para contar su realidad es el de los muertos, el de los vencidos, que en el tercer relato es solo posible mediante la narración omnisciente: en suma, esas verdades de Juan Senra y sus compañeros solo salen a la luz y "surge[n] gracias a la ficción" (Orsini-Saillet 2006: 16).

A diferencia de los primeros dos relatos en los que los narradores, a pesar de disponer de documentos, apuntan hacia esa ausencia que apuntala el presente al reconocer las lagunas de conocimiento mediante la especulación y la inferencia, en el tercero esa ausencia se pone de relieve a través de una narración que solo es posible a través de la ficción, donde la enunciación parte desde una omnisciencia propia de la literatura, pero no de la Historia. "El problema de la historia de los vencidos", como explica Varela-Portas de Orduña en su análisis del tercer relato "es que […] es una no-historia —ya que, por definición, los vencidos son los sin-voz, los reducidos a la oscuridad del olvido y del silencio, los que no han existido—, y es, por tanto, irrecuperable" (2015: 127). En ese sentido, "el idioma de los muertos" constituye lo que Txetxu Aguado denomina un "auténtico testimonio", que "no es una operación de esclarecimiento de los significados escondidos e inconscientes en los discursos […] sino de alumbramiento de lo que no existe porque se ha ido con el desaparecido", que en este caso son las conversaciones y los pensamientos de Juan Senra y el contenido censurado de cartas ilegibles (2010: 53).

El cuarto relato de Los girasoles ciegos

"Cuarta derrota: 1942 o Los girasoles ciegos" cuenta la historia de la familia Mazo en el Madrid de la posguerra. Es el relato más diverso y variado de los cuatro en cuanto a narración y forma: tres voces narrativas, cada una desde un tiempo distinto, se van alternando en su representación de los hechos. A diferencia de los primeros tres, en los que existe un relato-marco dentro del que se incluyen las demás voces, en el cuarto las tres voces se encuentran en el mismo nivel. El aspecto polifónico y fragmentario que las tres voces le confieren es lo que hace que sea el relato que más exhibe mediante su forma esa noción del pasado hecho de harapos y jirones. Entre los tres narradores están: 1) el hermano Salvador, quien por medio de una misiva dirigida a su confesor —"*Lea mi carta como una confesión*" (*GC*: 105)— cuenta su relación con Elena y su hijo Lorenzo y cómo fue él quien descubrió a Ricardo Mazo, al marido de Elena, escondido en el armario de casa; 2) el Lorenzo adulto que relata desde el presente y años después los recuerdos de la experiencia de haber tenido a un padre topo que fue descubierto por un cura que se había enamorado de su madre; 3) un narrador aparentemente heterodiegético y extradiegético que relata mediante descripciones y diálogos desde una perspectiva desplazada en el tiempo. Esas tres voces van alternándose de manera más o menos aleatoria —siendo la del hermano Salvador la más frecuente[23]— y con fragmentos cada vez más breves a medida que se va acercando al final. Aunque cada uno de los subrelatos que conforman el último relato del libro podría leerse independientemente de los otros, semejante lectura "resultaría en una destrucción de la totalidad [...]. Su lectura unitaria *obligada*" por el orden en el que aparecen "conduce a un conocimiento más amplio de los hechos, resaltándose así las limitaciones de cada uno de estos discursos narrativos" (Albizu 2012: 82). Las tres voces se complementan y a veces ofrecen una misma escena desde tres puntos de vista diferentes, un aspecto al que alude el Lorenzo adulto en una especie de referencia metaliteraria al recordar que su padre se escondía en un armario empotrado detrás de un espejo: "**Había [...] un enorme armario de tres cuerpos con una luna enorme en la parte central que servía a mí para soñar en un mundo donde mi derecha era su izquierda y al contrario. Recuerdo que mi padre definió mi confusión algo así como 'puntos de vista diferentes a la hora de ver las cosas'**" (*GC*: 117-18)[24]. Narrando desde la edad adulta, a aquellos puntos de vista diferentes se le suma ahora su perspectiva desde el presente.

Es precisamente a través del recordar subjetivo del narrador Lorenzo que se vuelve a abordar esa noción de lo real y la verdad. Siendo tan joven durante esos primeros años de la posguerra en los que, como niño de siete años, tenía que vivir una vida de mentira, el Lorenzo adulto, lidiando con las trampas habituales de la memoria subjetiva, a veces se pregunta si lo que recuerda había ocurrido de verdad: "**Probablemente los hechos ocurrieron como otros lo cuentan, pero yo los reconozco solo como paisaje donde viven mis recuerdos**" (*GC*: 106). Es a través de esos desajustes del recuerdo subjetivo desde un tiempo distanciado que se introduce la distinción entre un recuerdo tan presente de aquello que ya no está —su padre— y un recuerdo tan poco nítido de lo que se quedó: "**todo lo que ha sobrevivido ha alterado poco a poco su recuerdo porque su presencia real es incompatible con la memoria**"

---

[23] De las 45 secuencias, el narrador que cuenta con el mayor número de secciones es el hermano Salvador, con 17, seguido por Lorenzo, con 15, y el narrador con 13. Aunque la alternancia no parece seguir un orden estricto, al principio los fragmentos correspondientes al diácono se repiten con mayor frecuencia y hacia el final el orden que más se repite es Salvador-Lorenzo-narrador extradiegético. Véase Albizu (2012: 81).

[24] En el original la letra negrita sirve para marcar la voz narrativa del Lorenzo adulto.

(*GC*: 106). Esto se ve, por ejemplo, en la dificultad que tiene el narrador para recordar ciertos aspectos del barrio en el que vivió durante años o el nombre de algunos de los niños con los que solía jugar. No obstante, como afirma Lorenzo, "**lo que hemos perdido en el camino sigue congelado en el instante de su desaparición ocupando su lugar en el pasado**" (*GC*: 106). La evocación de su padre le resulta fácil, ya que permanece inmóvil en ese pasado, hecho que acaba restándole, no obstante, la cualidad de real: "**sé cómo era lo que ha desparecido, lo que abandoné o me abandonó en un momento de mi vida y nunca regresó a donde lo real se altera poco a poco, a donde su actualidad no deja lugar a su pasado**" (*GC:* 16-17).

De modo parecido, si en el primero y el segundo relato la invención o la suposición sirve para poner de relieve la carencia de datos, la falta de algo, el acto de narrar para Lorenzo es un modo de plasmar la ausencia de su padre: "Lorenzo hace explícita la existencia de una *ausencia*, y desde la subjetividad de quien recuerda y escribe, se *objetiva* la ausencia en la escritura. La vida de Ricardo es una *no existencia*, mientras que su muerte llena el espacio que no ocupaba, asumiendo la función de ofrecerse como medio transmisor de las inquietudes de toda voz dispuesta a reflexionar sobre su responsabilidad de *existente*" (Albizu 2012: 85). Asimismo, y pese a ese recuerdo intacto y estático que tiene de su padre, cuando relata el momento en que su padre sale del armario para socorrer a su madre del ataque del hermano Salvador, quien se presenta inesperadamente en la casa de la familia Mazo, el Lorenzo narrador se da cuenta de cierta distorsión en su propia memoria, evidenciada por la primera frase al recordar:

> **Ahora ya no sé lo que recuerdo, aunque veo a mi padre sentado a horcajadas en el alféizar de una de las ventanas del pasillo, aunque le oigo despedirse de nosotros con una voz dulce y serena, mi madre dice que se arrojó sin pronunciar una palabra [...] Debe tener razón ella, porque no he podido olvidar nunca la mirada de mi padre precipitándose al vacío, su rostro sonriente mientras el patio engullía su cuerpo abandonado, aunque esto es imposible porque mi estatura no me permitía entonces asomarme a esa ventana** (*GC*: 154; 155).

El momento en el que el padre se lanza al vacío ha quedado grabado en la memoria de Lorenzo como los otros momentos "reales" que se han alterado con el tiempo. Ese ejercicio de contar el recuerdo de la muerte de su padre conduce a una concepción de lo perdido y lo pasado contraria a la que el narrador presenta al inicio del relato: donde antes lo que había desaparecido permanecía inalterado, ahora parece haberse transformado.

Retomando las palabras de Piera sobre la tarea del duelo del epígrafe de la novela, esa alteración en los propios recuerdos de Lorenzo parece sugerir que el haber hecho suya la ausencia de su padre le ha permitido llevar a cabo ese duelo individual: "El duelo, así pues, no se fundamenta en una narración pacificadora, alternativa a la oficial, mediante la que identificarse afectivamente con 'lo pasado', sino en asumir la ausencia, la existencia de un vacío" (Varela-Portas de Orduña 2015: 131). De lo contrario, los que no son capaces de asumir ese vacío como algo propio, como algo que les incumbe, se quedan desprovistos de aquel sol benjaminiano, que "representa las cosas espirituales y refinadas que son para los vencidos ejemplo de coraje, humor, astucia, tenacidad..., y que les ayudan en la lucha cotidiana y a cuestionar la victoria de los dominadores" (Varela-Portas de Orduña 2015: 120) y se quedan como el hermano Salvador en el último fragmento de su carta, privado de la luz de aquel sol benjaminiano: "*Aquí termina mi confesión, Padre. No volveré al convento y trataré de vivir cristianamente fuera del sacerdocio. Absuélvame si la misericordia del Señor se lo permite. Seré uno más en el rebaño, porque en el futuro viviré como uno más entre los girasoles ciegos*" (*GC*: 155).

Capítulo V
SANTO DIABLO DE ERNESTO PÉREZ ZÚÑIGA

La novela *Santo diablo* (2004) fue la primera del autor Ernesto Pérez Zúñiga (1971), aunque en el momento de su aparición ya había publicado una colección de relatos y tres poemarios. Además de su obra como escritor y poeta, el autor se dedica a escribir ensayos y artículos en revistas literarias o periódicamente en diarios como *El País*. La novela en cuestión era la única del autor que abarcaba de forma directa la violencia social y política en la primera mitad de los años 30 en España hasta que retoma parte de la historia a través del protagonista, Manuel Juanmaría, doce años más tarde en *No cantaremos en tierra de extraños* (2016)[1]. Publicada en el año que vio más producciones literarias sobre la guerra, podemos destacar *Santo diablo* entre aquellas narrativas de recuperación de memoria histórica que tenían el esclarecimiento de hechos históricos concretos como su objetivo. El propio autor se desmarca de las tendencias mayoritarias en boga en este tiempo en un artículo escrito en la revista *El rapto de Europa*, donde asegura que su novela surge como reacción al "fenómeno comercial" que estaba tan presente en todas las librerías del momento: "sentí que la novela que tenía dentro acerca de la guerra civil debía alejarse lo más posible de aquel modelo" (2010: 57).

En una entrevista promocional para el libro, Pérez Zúñiga confirma su insatisfacción con otras narrativas sobre la Guerra Civil, lo cual le llevó a escribir *Santo diablo*, que según él, nace sobre todo a partir de conversaciones mantenidas con personas mayores. Su intención, según cuenta, era tocar en

---

[1] En *No cantaremos en tierra de extraños*, el autor vuelve con su protagonista de *Santo diablo*, Manuel Juanmaría, quien tras un período de convalecencia en el hospital Varsovia en Toulouse —hospital fundado para curar a los combatientes republicanos en la Francia ocupada— decide cruzar los Pirineos junto a Ramón Montenegro, sargento jefe de la Nueve que ayudó en la liberación de París ese año, para volver con su mujer, Ángeles.

una sola novela no solo el tema del conflicto de la Guerra Civil y la posguerra, sino también, y en particular, los días previos al conflicto[2]. Por tanto, el argumento de *Santo diablo* no trascurre durante la guerra sino durante los años previos a la contienda y gira en torno a las luchas sociopolíticas que se libran entre el terrateniente de un pequeño pueblo andaluz y los braceros que labran sus tierras. Aunque el propio autor describe su obra como una novela sobre la Guerra Civil, la novela "se inspira en las condiciones sociales y en los personajes que protagonizaron o precedieron, décadas antes, nuestra Guerra Civil" (2010: 57). Lo que mueve la trama principal son "los grandes conflictos del siglo xx español: las luchas de clases, los conflictos rurales, las huelgas revolucionarias, el caciquismo, el enfrentamiento ideológico, la guerra y la represión" (Rosa 2006: 69). A diferencia de buena parte de las narrativas de recuperación de la primera década de los años del xxi, apenas hay referencias históricas, aunque en el caso de *Santo diablo* se deja entender que se trata de los últimos años de la Segunda República, antes de la sublevación militar[3].

El escritor Isaac Rosa destaca *Santo diablo* de entre las muchas novelas escritas durante esos años precisamente por su diferencia de otras novelas que tratan el tema. Según afirma Rosa, la primera novela de Pérez Zúñiga es "prueba de que aún es posible escribir sobre la guerra civil desde una mirada nueva, compleja, rica" y que su autor "es consciente de los estereotipos y clichés existentes en torno al tema, y no los evita sino que los utiliza de forma inteligente" (2006: 68). Entre aquellos aspectos que conforman esa "mirada nueva" está el desentendimiento "de la moda de mezclar realidad y ficción y los relatos basados en hechos reales", donde las referencias históricas destacan por su ausencia. El autor "aleja el foco de la realidad más reconocible, hasta hacernos dudar sobre si se refiere realmente a España y a sucesos ocurridos, y sin embargo de su ficción absoluta extraemos una imagen más cierta que de cualquier relato real" (2006: 69).

---

[2] La breve entrevista se hizo para la página conoceralautor.es y se puede consultar en el siguiente enlace: https://www.conoceralautor.es/libros/ver/santo-diablo-de-ernesto-perez-zuniga.

[3] Aunque la novela no hace mención explícita de la zona geográfica donde trascurre la historia, se tratará seguramente de una zona agraria de la Andalucía oriental. Las referencias a acontecimientos o personajes históricos brillan por su ausencia, salvo alguna mención de la República.

La visión que ofrece la novela de los años previos a la guerra es de un conflicto que solo resulta en desolación, destrucción y derrota para quienes se atreven a movilizarse en contra de las condiciones de desigualdad extrema que imperan en el entorno sociopolítico de un pequeño pueblo andaluz. Principalmente narrada en tercera persona y desde el presente —aunque esto no lo descubrimos hasta los últimos capítulos—, la novela narra el conflicto que tiene lugar entre jornaleros y los terratenientes, la Guardia Civil y la Iglesia. *Santo diablo* presenta una visión de los hechos ocurridos en aquel pueblo inventado llamado Vulturno, cuyo nombre invoca el bochornoso viento de aire cálido, que es llevada a tan extrema exageración que a veces roza lo cómico: por un lado las fuerzas lideradas por el terrateniente ultracatólico, Luis Sánchez de León y Bontempo, que exige que se dirijan a él como "el Amo", en connivencia con la Iglesia, la Guardia Civil —dice uno de los jornaleros que "la Guardia Civil no está a la orden de la República, sino a la del Amo" (Pérez Zúñiga 2004: 83)[4]— e incluso con fascistas italianos, quienes han ido a Vulturno expresamente para sofocar la inevitable rebelión de los jornaleros; por otro lado están los braceros que se rebelan contra "el amo" y asaltan un convento; se trata de obreros analfabetos, que viven en la más abyecta miseria, pero versados en la retórica libertaria gracias a los esfuerzos de unos cuantos intelectuales y sindicalistas que se encuentran entre ellos, entre los que está el protagonista Manuel Juanmaría. Pérez Zúñiga afirma que la obra está pensada como un homenaje al esperpento de Valle-Inclán, y de allí la caracterización exagerada. Sobre la casi cómica caracterización de los dos lados enfrentados, el crítico literario Sanz Villanueva escribe que el autor "concibe su novela como una invención en la que da juego a la farsa, la deformación y la fantasía; el testimonio convive con la parodia, lo serio con lo burlesco" (2005a).

Otro aspecto de esa mirada nueva que ofrece *Santo diablo* — al menos entre las novelas de principios del siglo sobre la guerra— es precisamente la introducción de la lucha de clases, tematizando las condiciones deplorables y la pobreza perpetua que viven los labradores. El retrato de los jornaleros andaluces de la novela queda resumido en la fotografía de la Agrupación Socialista de Villalgordo del Júcar del fotógrafo manchego Luis Escobar que

---

[4] A partir de ahora citaré esta edición de *Santo diablo* con la abreviatura *SD*.

adorna la portada de la primera edición del libro. Aunque buena parte del argumento trascurre en los años previos a la derrota de la República, Pérez Zúñiga presenta a los jornaleros revolucionarios de entrada como derrotados, comparando las injustas desigualdades materiales que mueven su lucha con otros choques igualmente desiguales que tuvieron lugar siglos atrás en las mismas tierras. La historia de los braceros es "la crónica de un fracaso", según Sanz Villanueva en su reseña de la novela, "pero también da el testimonio de una fe y la confesión de una esperanza", cuyo resultado es una "literatura comprometida" con un claro carácter social y político (2005a).

Santo diablo desempeña la función de narrativa de duelo gracias, sobre todo, a su modo de relacionar pasado y presente. El primer aspecto que hay que destacar gira en torno a la estructura narrativa, cuyo objetivo es rescatar y contar los acontecimientos del pasado pero con un matiz importante: de modo parecido a las otras obras analizadas, ante las lagunas del conocimiento, vemos cómo la voz narrativa tiene que recurrir a la invención y la ficción. Por otro lado, en ese abordar el pasado desde el presente y en el relato de los acontecimientos, el autor no solo asocia las desigualdades económicas con la Guerra Civil, sino que inscribe esas luchas de los jornaleros en una estructura más amplia que se remonta a siglos pasados y las vincula también con el presente, donde las secuelas de aquel pasado se hacen sentir en la lucha de los jornaleros, la cual, a su vez, se hace sentir en otros enfrentamientos contra la injusticia en el presente.

5.1. Una narración polifónica. Escribir desde el presente

A primera vista la estructura narrativa de *Santo diablo* se presenta como bastante convencional, con una voz narrativa predominante que parece ser la de un narrador extradiegético que expone el conflicto entre los jornaleros y los poderes fácticos del terrateniente, la Guardia Civil y la Iglesia en el pueblo de Vulturno y en los alrededores. La narración en tercera persona comienza *in medias res* con el personaje del "Amo", Luis Sánchez de León, quien acaba de montar una ametralladora en el coche para atacar a los jornaleros que han ocupado un convento en las cercanías del pueblo como acto de rebelión para protestar por las condiciones laborales y su situación económica. Según nos dice el narrador, la preparación del armamento y el siguiente ataque por parte del terrateniente "ocurrió pasado mañana, un período que la conciencia humana siente demasiado corto" (*SD*: 12) y aprendemos que al "amo" se le dará el apodo de "Cañoncito Pum", aunque no dos días después al arrebatarles el santuario a los braceros, sino en un tiempo posterior, aludiendo tal vez a la guerra que está por venir. Así, mediante la prolepsis y el anticipo de la futura reputación que le aseguraría ese apodo al "amo", el narrador marca distancias entre lo que procede a relatar a modo de introducción al pueblo y las relaciones económicas y de poder de los personajes: sabemos, por tanto, que el tiempo de la enunciación es un tiempo desplazado de los hechos relatados por un narrador que se encuentra en un tiempo posterior no solo al conflicto que relata sino también a la guerra.

Esa aparente narración en tercera persona por un narrador ajeno a la trama se mantiene durante buena parte de la novela, aunque se le suman progresivamente algunas desviaciones construidas por los pensamientos de algunos de los personajes principales, señaladas en letra cursiva, lo cual parece sugerir una cierta omnisciencia por parte del narrador. Sin embargo, a medida que va avanzando el argumento se revela una macroestructura narrativa más compleja que cuenta con intervenciones de varias voces, otros narradores o fragmentos de textos escritos procedentes de otros sitios, entre los cuales destaca uno de los últimos capítulos en el que el narrador se identifica como un oriundo del pueblo y cuenta todo lo ocurrido desde el presente.

La novela está dividida en cuatro secciones numeradas que, a su vez, se reparten en capítulos en los que la narración se focaliza en diferentes personajes. Los capítulos individuales, además de tener títulos que hacen referencia a los distintos personajes o a los lugares donde transcurre la acción del capítulo en sí, vienen acompañados también de acotaciones, principalmente temporales, señaladas entre paréntesis y en letra cursiva: *(día)*, *(noche)*, *(tarde)*. A primera vista, estas acotaciones parecen remitir al formato del guion cinematográfico que indica lugares y luz de rodaje de la acción y funcionan como meros descriptores que ayudan en el proceso del relato, facilitando los cambios de focalización entre, por ejemplo, los personajes que conforman la élite del pueblo —el terrateniente Luis Sánchez de León, un juez, el cura— y los jornaleros. El esquema de las notas temporales se rompe, sin embargo, en el cuarto capítulo de la segunda sección que lleva por título "Un testigo (en el cortijo de los Orantes)". La acotación temporal que acompaña el título se lee entre signos de interrogación —"*(¿día?)*" (*SD*: 197)—, poniendo en duda la fiabilidad de lo relatado: si antes el narrador aparentemente foráneo y omnisciente proveía detalles temporales e incluso pensamientos de los personajes en letra cursiva, ahora muestra su incertidumbre al introducir las interrogantes. Además, el cambio de narración de un narrador en tercera persona a uno en primera refuerza así el carácter de testimonio que el título de la sección le otorga. Lo que cuenta ese "testigo" anónimo en primera persona es cómo ve, en el cortijo de la familia Orantes —familia política del líder Manuel Juanmaría—, que Iván, secuaz y lacayo del "amo", secuestra y viola a Tarrito, hijo de Remedios Orantes y sobrino de Ángeles, la mujer de Manuel. Tras presenciar lo ocurrido, el narrador da a entender que no piensa contar lo que acaba de ver: "No te veo, Tarrito. Te oigo llorar [...]. No te veo Tarrito. Me arrastro otra vez, ahora hacia atrás. No te he visto, Tarrito. Yo no he visto nada. Yo no soy testigo" (*SD*: 207). La negación por parte del narrador de la figura de testigo parecería sugerir que el testimonio ha sido incluido por otro, tal vez por el narrador en tercera persona de los otros capítulos. Vuelve a haber una de estas acotaciones entre signos de interrogación —"*(¿noche?)*" (*SD*: 283)— en el primer capítulo de la sección tres. En este caso, se trata de una breve conversación entre Luis Sánchez de León y su mujer, Leonor, en su cama de matrimonio. Las escenas siguientes, separadas por notas temporales sin interrogación, tienen su focalización en otros personajes, lo cual parece sugerir que solo se especula sobre el tiempo de la conversación entre el Amo y su mujer.

Además de las acotaciones entre interrogantes, hay otro elemento paratextual que contribuye a la diversidad discursiva y, a la vez, rompe con la presunta omnisciencia que domina buena parte de la narración. En el último capítulo de la sección dos, "La Santa de los diablos", que viene a ser uno de los capítulos más largos de la novela y que relata la ocupación del santuario por parte de los jornaleros, aparece una nota a pie de página en la primera descripción de la iglesia: "Delante, la iglesia, que había sido el lugar más adorado por los cristianos de aquella parte del mundo,* [...]" (*SD*: 209). La nota al pie insiste en que ese lugar había sido un lugar sagrado y de culto para muchos: "Se sabe que esta iglesia se construyó sobre los restos de una ermita anterior a la invasión árabe, a los que volvieron los romeros después de la llamada Reconquista" (*SD*: 209-10). En el capítulo no se identifica ni al autor de la nota ni su procedencia y constituye la única intervención de este tipo en toda la novela.

Más allá de las divergencias paratextuales, la novela cuenta con otras desviaciones de su hilo narrativo habitual a través de la incorporación de otras voces como la que se da en el capítulo narrado por el supuesto testigo. Aunque este narrador aparentemente extradiegético se mantiene como predominante, el rango de la diversidad narrativa va desde alguna interrupción suelta de un narrador en primera persona hasta capítulos enteros narrados así. El primer ejemplo de esto ocurre en el capítulo titulado "Antón y Magdalena", segundo de la sección dos, en el que Antón, el humilde chófer personal de Luis Sánchez de León, lleva a la hija del "amo", Magdalena, al convento de la Santa para que se reúna con la madre superiora en preparación de su confirmación. Camino al santuario en el coche del "amo", el narrador cuenta la conversación entre los dos junto a los pensamientos de ambos personajes, destacados en letra cursiva. Al caer la noche —indica como otra acotación temporal— se da un cambio en la narración: se trata de una conversación soñada entre Magdalena y la madre superiora, señalada en letra cursiva. Se revela a través del diálogo que Antón, aprovechándose de que estaba a solas con ella, intentó violarla y Magdalena acaba tirándose del coche justo antes de llegar al santuario. Aunque en secciones anteriores, como lectores, hemos podido leer los pensamientos de algunos personajes, en este caso se diferencia en el hecho de que se trata de un diálogo marcado y con algunas frases en letra redonda en las que Magdalena narra en primera persona: "He abierto los ojos: copas oscuras de árboles, millones de estrellas, huele a humo" (*SD*: 184). La llegada de Antón y Magdalena coincide con la toma del convento por parte de los jornaleros y estos la cogen como rehén.

Tras la toma del convento, donde los jornaleros se apoderan de la reliquia del Brazo de la Santa, y la consiguiente escaramuza, los jornaleros intentan huir a través de un pasaje que une el convento con la zona montañosa de los alrededores. En esa huida hay dos capítulos narrados directamente en primera persona. El primero, titulado "Uno de los de Antonief" es narrado por uno de los jornaleros, y cuenta la huida y la muerte de algunos de los compañeros en el intento de fuga. Allí relata que los que consiguieron escaparse se refugian en la montaña, bajo el mando de Antón, quien, tras envalentonarse en la toma del convento, se convertirá en líder de los huidos al monte, y por eso el cambio de nombre de Antón a su nombre de guerra Antonief. En el capítulo siguiente, titulado "¿Asombradizo?" y que aparece con la anotación *"(Ni clima ni luz ni movimiento planetario)"* (*SD*: 305), el personaje apodado el Asombradizo narra el momento de su muerte —y por eso los signos de interrogación y la nota temporal inusual— tras recibir un disparo en la cabeza. El último de los personajes en narrar en primera persona es Manuel Juanmaría en un capítulo titulado "En la bodega". Dividido en dos partes señaladas por las acotaciones, en la primera parte Juanmaría relata su huida del convento a través de los túneles oscuros que unen el santuario con el monte, en el que reflexiona sobre la batalla perdida. En la segunda parte se retoma la narración habitual en tercera persona tras reunirse con su mujer Ángeles y su cuñado José Cid, cuando estos le informan del bombardeo del valle como castigo por el levantamiento que ordenó el terrateniente con la ayuda de sus secuaces fascistas.

El hilo narrativo central se vuelve a romper en la última de las cuatro secciones. Tras un primer capítulo narrado en tercera persona sobre un escultor del pueblo llamado Pedro Gutiérrez —a quien el obispo de la diócesis le encargó una pieza especial—, el segundo capítulo titulado "Uno de los cronistas de la ciudad" está formado por una especie de relato historiográfico sobre lo ocurrido después de la detención y el juicio de los jornaleros y sus familiares que apoyaron la rebelión y el castigo especial con el que fue condenado Manuel Juanmaría:

> [...] los reos a muerte fueron fusilados en el cuartel de Vulturno. Todos menos uno. Cargaron los cadáveres en un carro y los condujeron tapados con una lona a un lugar situado unas colinas más allá del monasterio de San Leopoldo. Los enterraron en una fosa común. Afectos y desafectos entrevieron más o menos cuál era el sitio exacto, pero durante lustros viéronse obligados a no remover aquella tierra y, tampoco ahora, durante la Década Flexible que venimos disfrutando, desean remover el asunto y nadie se acerca a dicho paraje (*SD*: 381).

Como sugieren las palabras del cronista sobre el enterramiento de los ajusticiados, un castigo que en cierto modo parecía vaticinar los futuros "paseos" tan comunes durante la guerra, queda claro que el texto se escribió después de la contienda. Este hecho está refrendado más tarde por las propias afirmaciones del cronista, quien afirma que escribe veinticinco años después de los acontecimientos en cuestión. Asimismo, se alude a la afinidad del autor con el régimen a través del título del supuesto libro del que procede el texto, "*Primeros Días de Gloria*", como indica la acotación con la que empieza el capítulo, el cual se hace eco de la "gloriosa cruzada" y los "Años de Victoria" propios del discurso franquista, además de delatar la afinidad del autor mismo. El capítulo constituye, pues, el primer desplazamiento temporal explícito más allá de la distancia habitual indicada por el uso del pretérito en la narración predominante del resto del libro, aunque sin nombrar ni la guerra ni la dictadura posteriores, y es el primer acercamiento de la novela a unos hechos históricos concretos.

La pretensión del texto del cronista es dejar constancia de la decisión y subsiguiente realización del castigo de Manuel Juanmaría. Aunque en capítulos anteriores vemos que los poderes fácticos de la Junta de Restitución del Orden y la Moral Públicas pretendían que el castigo del líder de la rebelión sirviera de ejemplo, es el cronista quien aclara las dudas sobre cómo llegaron a la decisión de la naturaleza del castigo. Tras la celebración del juicio, el obispo de la diócesis, Marcelino Claret, entra en una especie de trance y tiene una visión de la Santa, quien le transmite cuál ha de ser el castigo para Juanmaría. Como explica el cronista, basándose en lo que afirma ser el "único testimonio que podemos considerar fidedigno [...] la autobiografía que dejó escrita el señor obispo antes de su muerte", "nuestra Santa había ordenado que el diablo por antonomasia, Manuel Juanmaría, responsable de tantos crímenes, debía morir de un único disparo y este en el corazón, efectuado desde doce metros de distancia —nótese: un metro por apóstol—, compensando así la daga que el Sagrado Corazón tiene clavada en el suyo" (*SD*: 382). Para ejecutar el plan sancionado por la mismísima Santa, se celebrarían unos juegos de tiro y al ganador se le premiaría con una manada de cerdos ibéricos y el honor de ejecutar en una explanada pública a Manuel Juanmaría, todo bajo la mirada de una escultura de la Santa esculpida para la ocasión.

Para el cronista, "el ajusticiamiento de Juanmaría sería vivificante y clarificador tanto para las generaciones actuales como para las venideras, que hoy son las presentes" (*SD*: 382), aunque reconoce que los métodos serían condenables en el momento que escribe, sobre todo cuando "la silla eléctrica, la inyección letal o nuestro garrote vil son métodos que ya han demostrado su depurada eficacia" (*SD*: 384). Más allá de dejar constancia de lo ocurrido, el cronista aborda algunos de los rumores acerca de la muerte de Juanmaría para desmentirlos: se rumorea que al que fuera ganador del concurso, un humilde cazador llamado Juan Meléndez, quien abandonaría el pueblo poco después de ganar, le pagaron cinco mil duros para que cambiase la bala asesina por una de fogueo; y Manuel Juanmaría habría fingido su propia muerte para poder fugarse después. El cronista, sin embargo, insiste en la falsedad de los rumores:

> Muy a pesar de los que tanto gustan de convertir la historia en leyenda, Manuel Juanmaría fue fusilado al día siguiente en la Explanada de la Herradura con toda la ciudad y la efigie de la Santa por testigo [...] depositado dentro de una rústica caja, y conducido en el mismo carro que sus difuntos compañeros de aventura a la fosa común donde siguen durmiendo hoy el sueño de los justos o, más acertadamente, el sueño de los antónimos (*SD*: 387).

Aunque el autor del texto pretende zanjar aquellas leyendas, y así reforzar el relato oficial de la "lección pública y bíblica contra las Hordas Ateas y Caóticas", para el lector pone en duda el derrotero final de Manuel Juanmaría.

El siguiente capítulo está en diálogo directo con el anterior. Escrito por "un nieto del cronista" —como dice el título— en mayo de 2003, el autor se identifica como el bibliotecario de la siempre desierta biblioteca del pueblo de Vulturno. El autor reconoce que su abuelo "era un facha" y critica las posturas expresadas en su crónica y ese "estilo tan característico de la Década Flexible", término que el propio cronista utiliza para marcar distancias entre la violencia propia de los primeros días de la dictadura y el momento en el que escribió su libro y que su nieto utiliza para criticar justamente la hipocresía intrínseca del tono con el que defiende sus propias posturas, "entre condescendiente y militante, eclesiástico pero también samaritano, como si con él se pretendiera perdonar la vida a quien hace mucho fue asesinado; compadeciendo a la víctima; sin dejar de ser un alegre cómplice de los ejecutores" (*SD*: 389-90).

Aunque el amante confeso de los libros reconoce que fue su abuelo quien le inculcó el amor por la lectura, afirma que si tiene que "contar lo que [su abuelo] se calló y otras cosas que h[a] averiguado por [s]í mismo, es porque [...] son diferentes el afecto por la verdad y el cariño hacia los libros" (*SD*:

390). Así, el bibliotecario procede a contar ciertos detalles sobre algunos de los personajes principales, justo antes de los últimos dos capítulos del libro que narran el fusilamiento de Juanmaría y el viaje del carromato que lleva el féretro de Juanmaría. Mediante información recabada por él mismo en entrevistas y en su propia investigación, el bibliotecario cuenta que la Junta encerró a Juanmaría en unas celdas del siglo XVIII y que le permitían visitas. Según lo que "se cuenta" en el pueblo, muchos habitantes fueron a ver a Juanmaría mientras este esperaba su ejecución. Según lo que le ha contado María, hija de José Cid y de Remedios, cuñados de Juanmaría, fueron a verlo varias veces y el condenado a muerte les entregó una carta para su mujer, Ángeles, la cual aparece reproducida e íntegra en el último capítulo a modo de intercalaciones en la narración del viaje del sepulturero en carromato. En el capítulo también se vuelve a hacer mención de la posibilidad de que Manuel hubiera sobrevivido al fusilamiento. Aunque María afirma que murió del disparo, el bibliotecario relata que, "sin embargo, luego me habló de Francia y de otras cosas difíciles de creer que conciernen al futuro de aquella época, pero que tendrán que esperar a otro momento según me ha sido dicho y según ese afecto por la verdad del que he hablado antes" (*SD*: 392-93)[5]. El bibliotecario también cuenta que la hija de Juanmaría, nacida después de su fusilamiento, aún vive en Vulturno y que "a nadie extraña la tristeza de sus ojos" (*SD*: 392). Además de Manuel Juanmaría, el bibliotecario menciona a Antonief, quien se quedó en el monte "para unos como maquis, para otros como bandolero" y a Iván, quien fue asesinado por el abuelo de Tarrito, tras saber que había abusado del niño.

Por un lado, el capítulo del "nieto del cronista" sirve para atar algunos cabos sueltos sobre algunos de los personajes y corregir algunas de las omisiones de generaciones pasadas. Por otro, también sirve para darle sentido a la macroestructura narrativa del libro entero: aunque el bibliotecario no se revela explícitamente como el narrador en tercera persona que predomina en el resto, se insinúa a través de tres referencias metaficcionales su papel en la elaboración del libro. Cuando menciona las conversaciones manteni-

---

[5] Como he mencionado anteriormente, el misterio acerca del derrotero último de Manuel Juanmaría se resuelve con la publicación en 2016 de *No cantaremos en tierras extrañas*, en la que Juanmaría es el protagonista que intenta volver a Vulturno.

das con María, el bibliotecario nos cuenta que ella no había ni "nacid[o] ni aún [había sido] engendrada en el verano que narra este libro" (*SD*: 391), reconociendo que lo que tenemos los lectores entre las manos es un libro. El bibliotecario también admite ser el responsable de haber incluido la nota a pie que aparece sobre la iglesia: "También es mía la nota sobre la iglesia del convento de la Santa; ¿quién otro iba a guardar ese conocimiento por estos pagos?" (*SD*: 390). Por último, tras mencionar la carta escrita por Juanmaría en su celda, la misma aparece en el último capítulo.

Así, podemos entender no solo el capítulo en el que el bibliotecario narra en primera persona, desde el año 2003, como parte de su intento de contar lo que se había callado sobre la historia de su pueblo, sino el libro entero como producto de ese "afecto por la verdad". Al atribuirle la autoría del libro al bibliotecario, vemos cómo la polifonía narrativa y los elementos paratextuales cobran un sentido nuevo, revelando el intento de esclarecer los hechos acontecidos entre los jornaleros y los poderes fácticos del pueblo. Pese a su compromiso con la verdad y con la memoria, vemos que esa tarea de recuperación quedará incompleta, imposible de llevar a cabo al cien por cien, lo cual, sin embargo, no compromete el proceso en sí. Es a través de ese intento por parte del bibliotecario de contar lo que no se había contado como podemos entender *Santo diablo* como una narrativa de duelo, en la medida en que asume las incógnitas y las imposibilidades de conocer del todo el pasado.

Si entendemos al bibliotecario como el narrador del libro —o, como veremos, en algunas instancias, como compilador o incluso autor—, algunos de los capítulos adquieren un cariz casi historiográfico, aunque esa caracterización nunca será confirmada. Por un lado, sabemos por admisión propia que el bibliotecario ha incluido esa única nota al pie sobre la historia del santuario del pueblo, que atribuye la autoría de ese fragmento procedente del libro del cronista de la ciudad a su abuelo y que reconoce haber mantenido conversaciones con la hija de José Cid para recabar información y, sin embargo, no introduce más elementos propios de la investigación ni hace referencia a la procedencia de otra información que usa para completar el relato. No obstante, podemos entender el capítulo "Un testigo (en el cortijo de los Orantes)" como un posible testimonio recabado e insertado en el libro final por el bibliotecario, ya que la voz misma del testigo niega su estatus como tal "No te he visto, Tarrito. Yo no he visto nada. Yo no soy testigo"

(*SD*: 207). Es al introducir el testimonio en el relato que el bibliotecario lo convierte en testigo. De modo parecido, el capítulo narrado por uno de los jornaleros que huyen y se quedan en el monte bajo el bando de Antonief se puede leer como un relato producto de la historia oral del pueblo o como un testimonio oral recabado por el bibliotecario mismo, ya que como menciona el bibliotecario en el capítulo en el que se identifica, los del monte se convirtieron en resistencia, primero contra el terrateniente, su Guardia Civil y su ejército personal, más tarde —como se insinúa— contra las fuerzas golpistas tras la sublevación.

Por último, otro elemento que parece sugerir que uno de los pasos integrales de la labor del bibliotecario ha sido recopilar información sobre la rebelión de los jornaleros: la introducción de una carta escrita por Sandrine, alias la Rubia, prostituta de origen francés que trabaja en la Casa de los Cascabeles, frecuentada por varios de los habitantes del pueblo. Dicha carta va dirigida a su amante Antonio, juez que siempre había sido sensible a la causa de los braceros y a quien, tras declararse culpable de haberlo apoyado en el levantamiento, condenan a diez años de cárcel. La carta de Sandrine revela que pretende huir del pueblo a causa de la arremetida contra los jornaleros, la cual ha animado a la Liga de Caridad, encabezada por la mujer del amo, a emprender acciones contra las mujeres de la Casa de los Cascabeles. Algunas líneas de la carta no se leen por "la tinta [que] se ha expandido por la mesa y ha borrado parte de un folio" (*SD*: 289). A pesar de la ilegibilidad de la carta, aparece reproducida tal cual en el libro con la mitad de las líneas vacías, allí se lee la decisión de Sandrine de abandonar el pueblo. Sabemos más tarde, sin embargo, que Sandrine, junto a las otras mujeres de la Casa de Cascabeles, es detenida como parte de la respuesta del poder político y social del pueblo en su intento de sofocar no solo la rebelión de los trabajadores, sino lo que consideran la desviación del orden público y moral. La inclusión y la incorporación de estos elementos —tanto los posibles testimonios como la carta manchada de tinta— apuntan hacia ese deseo del bibliotecario de contar ciertos episodios desconocidos del pueblo.

Además de incluir textos foráneos en su relato, el bibliotecario también intenta abordar lo desconocido mediante la suposición. Esas acotaciones temporales que aparecen entre interrogantes apuntan hacia una falta de información que pone de relieve el deseo de incluir esas secciones pese a no tener todos los detalles. El recurso a la inferencia se evidencia también en el capítulo donde el bibliotecario hace uso de enunciados y adverbios como "por lo visto", "según dicen", "supongo", "quizás", etc. Cuando nos relata las visitas que Juanmaría supuestamente recibió en la cárcel durante sus últimos días, el narrador nos dice que esto es lo que "se cuenta", aludiendo a la historia oral del pueblo y a su propia labor de investigación acerca de los personajes del libro: "Por lo visto, a los visitantes les era permitido entregar comida al preso. [...] Supongo que, según el talante de cada uno, muchos niños quisieron que sus padres les invitaran a ver al famoso diablo y que a otros los llevaron asustados con esa sola posibilidad. [...] Quizá los niños le lanzaban chucherías a través de los barrotes" (*SD*: 391). Incluso nos ofrece su interpretación personal sobre lo que podía haber pasado: "*Me gusta* pensar que algunas madres le regalaron una ristra de chorizos [...] que Juanmaría, a estas alturas de su vida, cerca la cima de su muerte, *acogería* ahora con especial agradecimiento" (*SD*: 391-392)[6].

Cuando la investigación es imposible —recopilación de testimonios, relatos orales o documentos históricos— o cuando la mera inferencia no basta para dar cuenta de lo ocurrido, al narrador-bibliotecario no le queda más remedio que recurrir a la ficción para poder completar el libro. Para ese narrador que al final es intradiegético, la ficción deviene no solo el medio con el que abordar ciertas incógnitas del pasado, sino también todo aquello que había sido ignorado por los que tenían el monopolio del poder durante tantas décadas. Así, lo que viene a ser la invención más omnipresente y prolongada en su narración del levantamiento de los jornaleros y de la represiva respuesta de los poderosos son las líneas que aparecen por todo el libro marcadas en letra cursiva, que corresponden a los pensamientos de los personajes. Los pensamientos ayudan a dar pistas acerca de los caracteres de los distintos personajes, además de revelar las conexiones y las relaciones entre ellos.

Aunque la invención sobre los pensamientos de los personajes sirve para avanzar y potenciar el argumento, en los dos capítulos más cargados de ficción, esta sirve precisamente para abarcar y retratar lo imposible. Ante la ausencia dejada por la muerte, la ficción deviene el único modo de completar la historia, a la vez que subraya esa misma ausencia en esa narración

---

[6] La letra cursiva es mía.

imposible: el personaje del Asombradizo narra desde la muerte y Manuel Juanmaría lo hace desde un lugar imposible de saber, ya que se desconoce si de verdad murió en su fusilamiento o si realmente huyó. Así, en el capítulo narrado por el Asombradizo muerto, el recién fallecido hace mención de esa posibilidad infinita en la muerte, en una suerte de guiño al uso de la ficción del supranarrador-bibliotecario: "Y por esa caverna abierta en aquello que fue mi espalda he venido hacia esta calma quieta como un sólido. Un sólido que completa la infinitud de todo lo posible donde estamos como moscas hundidas en una miel oscura y transparente, donde no podemos movernos pero lo sabemos todo como si lo viéramos" (*SD*: 306). De modo parecido, lo que narra Manuel Juanmaría desde la oscuridad del pasadizo que une el convento con la montaña parece hacer referencia también a la labor del bibliotecario al rescatar de la nada una realidad posible: "Igual lo que no recordamos no está perdido sino oculto, y sostiene y permite la existencia de lo que sí recordamos. Acontecimientos olvidados como barcos hundidos, sueños nunca recordados como peces abisales. Masa acuática e inquieta que los contiene, inquieta masa de olvido y nada que es la mente sobre la que flota tambaleándose [...] lo que creemos real" (*SD*: 313-14). Ese afecto por la verdad que mueve el proyecto del narrador-bibliotecario de contar lo que no se había contado reconoce que el presente flota sobre un olvido de oscuridad que, sin embargo, "permite que exista la luz cuando por fin venga", y sobre "la nada que permite que venga la vida", en este caso mediante la creatividad propia de la ficción.

Después de la insinuación por parte del bibliotecario, hacia el final del libro, de que la obra es producto de su propio esfuerzo, evidenciado por aquellos elementos paratextuales, los distintos procedimientos y voces narrativas cobran otro sentido: los pensamientos de los personajes o ciertos narradores que antes parecían producto de una narración omnisciente se vuelven más inmediatos y pertinentes al presente. Así, *Santo diablo* opera como narrativa de duelo en la medida en que no presenta una visión del presente como producto de un pasado superado: asume cierta duda con ese pasado que requiere una implicación total por parte de quienes se encuentran en un presente que es a menudo inconsciente de que está a flote sobre ese olvido. No obstante, esa indagación necesaria —en este caso, realizada con algún testimonio oral o escrito, algún documento histórico— tropieza con incógnitas y vacíos que solo son posibles de iluminar mediante la especulación y la invención. Así, podemos trazar paralelismos entre el narrador de *Dora Bruder* o, con más semejanza aún, los primeros dos narradores de los relatos de *Los girasoles ciegos*, donde la ficción o la imaginación devienen una práctica de apropiarse de las ausencias del pasado. Los narradores de Méndez y Pérez Zúñiga se encuentran a medio camino entre el más escrupuloso narrador de Modiano y el más atrevido de García Ortega en *El comprador de aniversarios*: tienen menos aprensión a la hora de especular e inventar. En este sentido, lejos de tratarse de una revisión o una invención de la historia, constituye un modo de involucrarse en ella a la vez que se reconoce la permanencia y el carácter irrevocable de lo que está perdido, por lo que asumir a la ficción constituye un modo de participar en ese duelo colectivo.

5.2. Cimientos de difuntos, fantasmas que joroban

Del mismo modo que el bibliotecario expresa su entendimiento del pasado como algo sugerente y pertinente al momento presente, el pasado más lejano se presenta también como algo inmediato para los jornaleros. Esa visión, que viene a ser uno de los motivos recurrentes de toda la obra, se expresa mediante dos vertientes: a través de la inscripción de las condiciones materiales y económicas y la represión que sufren los obreros dentro de un marco histórico más amplio y a través de la aparición de lo fantasmal en la narración. La división entre los dos tiempos, pasado y presente, es desde el primer momento prácticamente inexistente; es un aspecto que consta no solo de lo que relatan los personajes —su entendimiento de su lucha contra el poder como parte de una tradición más larga de historia e incluso la mención de la presencia de fantasmas pasados, víctima de sus propios enfrentamientos—, sino también mediante la estructura de la narración, que como hemos visto está compuesta de cambios y saltos temporales.

Lo que llama la atención entre los dos grupos enfrentados es la gran disparidad de riqueza y bienestar general. La eventual rebelión y toma del santuario por parte de los jornaleros nace de décadas de miseria, pobreza e injusticia, lo que es evidenciado por las constantes menciones al hambre que pasan los obreros: "usaban las fuercecillas del hambre en ganar las miserias del jornal y, sobre todo, en paciencia" (*SD:* 99). Las condiciones en las que viven se remontan a generaciones pasadas, a las del padre de Juanmaría, quien "dedicaba las tardes a la educación de los jornaleros y a rebelarlos contra la miseria" (*SD*: 85-86). Lejos de tratarse de una pobreza puntual, la rebelión de los jornaleros es tratada como el siguiente eslabón en una larga cadena de sufrimientos, una historia propia que les insta a seguir resistiendo: "porque habían sacado la fuerza para golpear, no de sus músculos hambrientos, sino de una historia viva y bullente de humillación y pobreza" (*SD*: 171).

Durante el relato del transcurso de los acontecimientos, el narrador también describe la historia del pueblo de Vulturno y las zonas y los pueblos colindantes, siempre inscribiendo el episodio violento del levantamiento de los braceros y la consecuente represión por parte de las fuerzas que mandan dentro de un marco histórico más amplio que abarca una historia repleta de rebeliones, conquistas, reconquistas y violencia. Según nos cuenta el narrador, la ciudad de Vulturno es: "Romana, mora, judía y, durante los últimos siglos, católica, [...] es una ciudad blanca bajo el fuego del verano" (*SD*: 13). Además, el narrador nos explica que en los alrededores del pueblo están las ruinas del antiguo pueblo romano, Ambusta[7], que también fue testigo de episodios traumáticos y violentos: "la colina romana de Ambusta cien veces quemada" (*SD*: 76). Referencias a estas ruinas que son un escenario más para la acción de la novela aparecen varias veces, igual que varias referencias a las iglesias y la catedral de la zona, "construida sobre la antigua mezquita" (*SD*: 25).

No son solo los lugares que están construidos sobre civilizaciones conquistadas y desaparecidas: la misma lucha de los jornaleros por ganar derechos se presenta como un capítulo más de una historia larga de lucha y sufrimiento. Los diferentes grupos históricos que disputaban su derecho de controlar esas tierras y los consecuentes saqueos y quemas surgían siempre de una lucha de poderes: "se quemaban una y otra vez los usos de la sociedad que habitaba Ambusta, con la civilización que heredaba. Las llamas que lamían el teatro, el foro, los graneros, eran lenguas que hablaban fuego para decir que todo aquel vivir

---

[7] Aquel pueblo inventado llamado Ambusta seguramente está inspirado en Acinipo, asentamiento romano de la provincia de Málaga al que el autor se refiere en la dedicatoria: "A mis difuntos. A la ciudad enterrada de Ancipio" (*SD*: 7).

de hombre no era más que injusticia en la desigualdad y falta de libertad en el poco poder de unos frente al inmenso de otros" (*SD*: 77). La inscripción de la tragedia del siglo XX que cuenta la novela dentro de una tragedia histórica y más amplia resulta en una visión benjaminiana de la Historia: tragedias amontonadas encima de tragedias. José Cid, el cuñado del protagonista Manuel Juanmaría, vive en una cabaña construida en el monte, fuera del pueblo. El narrador revela que al construir su casa en tierras arrendadas a los Sánchez, José Cid "había encontrado gran cantidad de trigo quemado en la tierra removida", producto de las varias quemas de los campos que tuvieron lugar a lo largo de los siglos e indicación de la construcción sobre restos, ruinas y fragmentos del pasado (*SD*: 78). Los jornaleros ven su propia lucha como parte de esa historia de injusticia, derrota y conquistas; igual que ellos, para las comunidades pasadas la misma tierra que les da vida "no conoce los antaños sino un continuo presente de materias perecederas", donde "lagartijas, serpientes y lagartos calentaban su sangre sobre los cráneos de piedra y de ellos también se seguía evaporando el clamor de todos los acontecimientos perdidos: el bullicio de la antigua ciudad, la pasión y muerte de cada uno de los habitantes" (*SD*: 85; 87).

La insistencia del narrador en no dejar que el lector olvide que los cimientos de todos los edificios y el suelo mismo existen sobre vidas e historias pasadas une el presente al pasado. Pero esto ocurre a la inversa también, es decir, el pasado irrumpe en el tiempo de lo narrado con la aparición de fantasmas que vuelven y fuerzan su presencia en el presente. El narrador menciona los fantasmas que aparecen, sobre todo, alrededor de esas ruinas de la ciudad antigua de Ambusta, una zona que produce escalofríos "donde todo el aire es presencia de difuntos" (*SD*: 149). El cuñado de Manuel, José Cid, quien vive cerca de las ruinas, dice que se trata de fantasmas romanos, y "no los moros" que dice su mujer, "que se murieron apagando el granero sobre el que tuve la mala sombra de edificar esta choza" (*SD*: 91). Según dice José Cid, los fantasmas vuelven a "jorobar", entrando en casa, sacando los muebles fuera, porque están inquietos: "Mira esos muertos. Mira qué mal llevan el más allá, qué intranquilos están, como buscando algo que nunca encuentran" (*SD*: 93).

Esa confusión de los fantasmas que vuelven en busca de no se sabe qué, víctimas de las luchas e injusticias de su época, se extrapola a la situación de los jornaleros que se rebelan contra su amo. Ese presente, ese hoy construido sobre antiguas civilizaciones y que viene a ser intervenido por los fantasmas resulta en una pregunta hecha por el narrador mismo: "tejados construidos por manos árabes, judías, cristianas, todas trabajaron el mismo día inmóvil para cobijar destinos diferentes, creencias y costumbres que les condenarían a una guerra continua contra sí mismos, y contra sociedades que albergan la semilla guerrera de otras costumbres y creencias. ¿Eso era el ayer, el hoy, el continuo mañana, mañana?" (*SD*: 191-192). A pesar de las diferencias entre las circunstancias de los jornaleros y las antiguas civilizaciones, los vemos unidos a esas comunidades pasadas y sus luchas, a la privación de tierras, de recursos o de derechos. Los fantasmas del pasado no solo aparecen cerca de las ruinas, sino también en las casas de las familias. La suegra de Juanmaría ve continuamente a los fantasmas de sus tres hijos varones, quienes murieron a diferentes edades, porque ella se ha quedado inconsolable ante su pérdida. De modo parecido, los fantasmas de civilizaciones pasadas vuelven porque su muerte fue el resultado de la violencia, una traición o invasión, igual que los jornaleros sufren la represión del Amo, quien controla los medios y condiciona su sufrimiento. Así, las líneas entre pasado y presente se emborronan para los braceros, quienes son incapaces de desvincular sus propias privaciones del sufrimiento ajeno, de tal manera que el pasado les persigue mediante los fantasmas.

En cierto modo, al revelarse la identidad del narrador en el antepenúltimo capítulo y su deseo de contar la historia, los elementales fantasmales a lo largo de la obra cobran otro sentido tras una reflexión posterior. Los fantasmas se dejan de entender como manifestaciones espectrales que "joroban", y nos atrevemos a pensar que se trata de una decisión por parte del bibliotecario nacida de la licencia poética: del mismo modo que él es consciente y perseguido por los fantasmas de su propio pueblo y el entorno que lo rodea, imagina a los jornaleros que deciden tomar las riendas y rebelarse contra el poder como personas que tenían necesariamente a las derrotas pasadas como referencia de su propia realidad.

5.3. Guerras pasadas y presentes

En el reconocimiento de nuestra imposibilidad de recuperar el pasado del todo, el entendimiento del mismo que adoptan las narrativas de duelo nos deja siempre abiertos a ser afectados por toda experiencia de pérdida pasada o ajena. De la misma manera en que el narrador une el sufrimiento y las privaciones de civilizaciones pasadas con la experiencia de los jornaleros y el pasado violento del pueblo del narrador mismo con su propia realidad, este también insiste en nuestra conexión en el presente con otras experiencias de violencia y pérdidas contemporáneas. En el capítulo en el que el bibliotecario revela su identidad, fechada en mayo de 2003, este admite haber incluido en la novela esa única nota bibliográfica en la que explica los orígenes del santuario que es tomado por los jornaleros y que es objeto de tanta adoración por parte de los fieles, entre los cuales están las fuerzas antagónicas fascistas. El narrador nos dice de la iglesia que su estatus como lugar de culto se remonta a la época íbera, antes de la invasión árabe, y que, a pesar de su larga historia, su origen como santuario religioso no católico no es de conocimiento común. El bibliotecario dice que ha incluido la información sobre la iglesia en el texto porque él sí conoce su historia y porque es el guardián de esa información: "y así será mientras los que quieren ocultarlo no quemen mi Biblioteca como han hecho con la de Bagdad" (*SD*: 390). Esta referencia a la tragedia de la quema de la Biblioteca Nacional y Archivo de Irak, ocurrida en abril del año 2003 durante las primeras semanas de la invasión liderada por Estados Unidos, pero de la que España también formó parte, extiende este vínculo entre las catástrofes de las conquistas y reconquistas y la Guerra Civil a conflictos contemporáneos. Tampoco es casual la decisión de incluir la quema de la biblioteca como referencia de una tragedia nacida de la violencia contemporánea, ya que es solo otro ejemplo más del *leitmotiv* del fuego, la quema, como el mismo nombre del pueblo: el presente se construye sobre las cenizas y restos quemados del pasado. Y así se cierra la novela, con fuego: del cigarro tirado del sepulturero que lleva el féretro de Juanmaría se incendian la hoja muerta y las ramas secas, un incendio que se va propagando y consumiendo todo.

En *The Future of Trauma Theory*, Michael Rothberg señala dos tragedias recientes, los incendios y derrumbamientos de fábricas de ropa en el sur de Asia, para hablar de dos clases de violencia. La primera, la que han sufrido de los supervivientes de los incendios y sus familiares, y la segunda, todo un sistema de violencia que es en sí mismo traumático: la explotación en la era del capitalismo neoliberal, que es una violencia estructural. Según Rothberg, en un mundo globalizado y regido por el capitalismo tardío, el término *bystander* ya no es suficiente para desentrañar los significados en el presente de nuestra posición ante este tipo de tragedias: "we are more than bystanders and something other than direct perpetrators in the violence of global capital" (2014: xv).

En la novela de Pérez Zúñiga, si leemos sobre los conflictos del siglo XX en España, hemos de recordar no solo el Ángel de la Historia de Benjamin, con su visión de la Historia como tragedias amontonadas encima de tragedias, sino también nuestra propia implicación directa e indirecta en el sufrimiento de los demás. Según mi propia lectura de *Santo diablo*, la novela va mucho más allá de una mera crítica a la Guerra en Irak: introducir el acontecimiento de la quema de la Biblioteca y Archivo Nacional de Bagdad dentro de un capítulo en el que el propio narrador declara su intención y deseo de esclarecer hechos ocurridos en los años previos a la Guerra Civil española, una guerra que los lectores pueden sentir como propia, como parte de su historia, supone, en efecto, llamar la atención sobre cómo estamos implicados también en la violencia cometida por nuestros gobiernos y en nuestro nombre en la actualidad, recalcando esa noción propuesta por Rothberg de que, en las estructuras de violencia propias del mundo globalizado, a veces somos algo más que meros *bystanders*, aunque no seamos perpetradores directos.

La novela de Pérez Zúñiga es una encrucijada no solo de distintos puntos de vista y tipos de narración, sino de distintos tiempos, un espacio en el que el pasado y el presente e incluso el futuro están enlazados, resultando en una especie de determinismo histórico: "los acontecimientos ya no tienen remedio y han mordido a su modo el disco de la Historia, ese objeto que en alguna época venidera estará medio enterrado en la arena de un desierto sin hombres, lanzado por un discóbolo en cuyo corazón laten todos los muertos de las civilizaciones humanas" (*SD*: 96). Hablar de la Guerra Civil española requiere hablar de otras guerras pasadas, los fundamentos injustos del pasado sobre los que está construido el presente y, necesariamente, las injusticias que se cometerán en el futuro: al remover la tierra, siempre daremos con cenizas que, nos guste o no, seamos conscientes de ello o no, nos conciernen, nos incumben, haciendo que el foco se amplíe para incluir otros contextos y devolviéndole la connotación política a la narrativa sobre el pasado violento que nos permite construir un colectivo de testigos (directos e indirectos) de injusticias que transcienda los límites del olvido y las fronteras y permita percatarnos de nuestra implicación directa en otras injusticias actuales. Así lo resume el propio autor en unas reflexiones sobre su propia novela: "Me hice novelista con *Santo diablo* justo porque necesitaba explicarme, imaginar y contar una historia que, sin haberla vivido formaba parte de mi herencia tanto como el idioma con el que hablo y escribo" (2010: 58).

Capítulo VI
LAS VOCES FUGITIVAS DE ALFONS CERVERA

La obra del escritor valenciano Alfons Cervera —nacido en 1947 en Gestalgar, pueblo de la serranía valenciana— es prolífica y abarca los géneros de la poesía, la narrativa y el ensayo. Se trata de un autor comprometido con la memoria que ha estado a la vanguardia de las conversaciones que han girado en torno a ella en las últimas décadas. En la esfera pública, Cervera ha levantado una voz atenta, crítica y reivindicativa a través de sus artículos de prensa, el asociacionismo relacionado con la memoria[1] y la participación en innumerables congresos y seminarios, siempre a partir de una acusada sensibilidad por las estelas aún vigentes de una injusticia que tanto ha perdurado —y sigue— en el tiempo. La actividad abundante del autor valenciano y su compromiso con la memoria —que se remonta a tiempos en los que todo lo relacionado con la memoria interesaba más bien poco— han quedado plasmados en la reciente publicación *No voy a olvidar porque otros quieran* (Montesinos 2017), que recoge textos y ponencias previamente no publicados, relacionados precisamente con lo que el autor llama la "memoria democrática"[2].

---

[1] Aunque en los últimos años Cevera ha colaborado y participado menos con la ARMH —"hace tiempo que sigo lo que ahí se hace desde lejos"—, estuvo como participante en los inicios de la fundación de la asociación (Lluch-Prats 2016: 311-312). Cervera participó al lado de miembros de la ARMH, escritores, psicólogos e historiadores en las primeras Jornadas Nacionales de la Asociación para la Recuperación de la Memoria Histórica, celebradas en la Universidad de Valladolid en primavera del año 2003. La intervención de Cervera queda recogida en la publicación editada por Silva y otros (2004).

[2] Cervera explica en reiteradas ocasiones su preferencia por el término "memoria democrática" en lugar de "memoria histórica". El autor mismo afirma que la memoria democrática es uno de los temas principales de los ensayos reunidos en *No voy a olvidar porque otros quieran* (Lluch-Prats 2016).

No obstante, más allá de sus artículos y su colaboración y participación en encuentros públicos, Cervera ha reaccionado frente a esa injusticia antes que nada como escritor: con una apuesta atrevida por la ficción que el autor ha sabido convertir en una herramienta de resistencia crítica, como sugiere el subtítulo del estudio del hispanista francés Georges Tyras sobre la obra del autor: "El maquis literario de Alfons Cervera". En el prólogo titulado "Llamar a las cosas por su nombre" a la susodicha colección de escritos de Cervera, el historiador Francisco Espinosa Maestre describe la obra del escritor como "literatura de compromiso", destacándola de entre la multitud de las "superventas de la memoria" en pleno *boom* literario y ubicándola dentro de una larga tradición de pensamiento crítico sobre la memoria de una izquierda internacional[3] (2017: 13). De modo parecido al que Max Aub, tras años de exilio, queda extrañado en su regreso a su propio país ante ese "erial, el absoluto reino de la desmemoria" (2017: 13), Cervera denuncia desde la indignación el silencio y el dolor provocados por el golpe de Estado fascista, la larga posguerra y la dictadura que más tarde se perpetuarían en los años de la Transición y, más recientemente, en los años en los que la memoria se ha convertido antes que nada en capital político.

En efecto, desde la pequeña editorial Montesinos[4] a la que Cervera ha permanecido fiel durante décadas, el autor ha lanzado una de las voces más críticas de los últimos lustros contra lo que él mismo califica como las voces omniscientes y omnipotentes: la primera, "la voz de los vencedores de la guerra, la que acabó sin contemplaciones con todas las demás" (Lluch-Prats 2016: 308) y, la segunda, la voz hegemónica de la Transición que sigue condicionando cómo se ha de hablar de la memoria en la actualidad. José-Carlos Mainer describe la obra de Cervera, junto a la de Chirbes, como representante "en estos años [de] una correosa resistencia al olvido" que supone una ruptura

---

[3] "Leer los trabajos de Alfons Cervera es encontrarse paso a paso con la memoria de la izquierda: Vázquez Montalbán, Juan Marsé, Juan Gelman, Víctor Klemperer, Primo Levi, Hanna Arendt [*sic*], Caballero Bonald, Rafael Chirbes… Podría hablarse de las obsesiones compartidas por varias generaciones" (Espinosa Maestre 2017: 13).

[4] La editorial Montesinos es fundada, junto a la revista literaria *Quimera*, en 1980, por Miguel Riera Montesinos. En 2012, Riera funda el sello Piel de Zapa bajo el cual se han publicado las últimas obras de Cervera. Es bajo ese sello que la novela *Esas vidas* (2009) de Alfons Cervera quedaría como finalista para el Premio Nacional de Narrativa en 2010.

"tanto con la tergiversación reaccionaria como con el pensamiento oficial de centro-izquierda, reputado de blando y acomodaticio" (Mainer 2006: 155). En la misma línea de Mainer, podemos considerar la obra de Cervera como una forma de resistencia en tanto que se enfrenta a cualquier revisión del pasado, "no solo por correr el riesgo de abocar en el más estridente revisionismo, sino por fomentar una visión epifánica de la Transición que el mercado se ha cuidado de transformar en consenso" (Tous y Ruhe 2017: 15). Si bien según esa visión epifánica de la Transición, "el pasado debía ser olvidado, a fuer de ser amnistiado, para que no entorpeciera, malbaratara el presente" (Tous y Ruhe 2017: 16), desterrando así el dolor y la injusticia de la esfera política y pública, lo que hace "el maquis literario" de Cervera es denunciar la falta de esa atención merecida mediante un reconocimiento de las estelas aún vigentes de esa injusticia, no solo mediante el miedo y el silencio y sus repercusiones en las sucesivas generaciones, sino también mediante una reivindicación moral de la resistencia de los individuos a lo largo de las décadas y de uno de los movimientos de resistencia antifascista más grandes e importantes del siglo XX. Así, las ficciones de Cervera luchan contra la "ficción bárbara" del régimen franquista "que invadía con saña las reglas de la historia".

> Nuestra ficción —al menos las mías— van en otra dirección, en la dirección de convertir la memoria en conocimiento, la moral del verdugo en ética de una dignidad torpedeada por esa mentira que duró casi cuarenta años como discurso hegemónico —mejor dicho: excluyente y único a la fuerza— en una España a la que, como decía Max Aub, le importaba un pito ser libre o esclava de los caprichos de una dictadura (Cervera 2017: 194).

Así pues, para combatir las memorias hegemónicas, omniscientes y omnipotentes —tanto la heredada de la dictadura y del régimen franquista como la "buena memoria del estado" en democracia—, Cervera apunta hacia una memoria democrática como objetivo de su ficción: una memoria que es intrínsecamente antitética a cualquier memoria impuesta.

En el presente capítulo, recojo las cinco novelas que comprenden el llamado "ciclo de la memoria"[5]: *El color del crepúsculo* (1995), *Maquis* (1997),

---

[5] Georges Tyras utiliza el término "el ciclo de la memoria" para referirse al conjunto de las novelas, siendo las primeras tres de estas conocidas en el momento de su publicación como

La noche inmóvil (1999), *La sombra del cielo* (2002) y *Aquel invierno* (2005). Si bien es cierto que las primeras tres obras se publican en la segunda mitad de los años 90 y, por tanto, fuera de las acotaciones temporales propuestas en este estudio, las dos últimas se publican en pleno *boom* de la memoria en España. No obstante, las cinco novelas se publican más tarde reunidas bajo el mismo título de *Las voces fugitivas* (2013), donde la colección se aprecia en su totalidad como una obra entera e íntegra, como sugiere el propio autor en la contraportada: "Hay aquí cinco novelas, pero el sentido de totalidad lo encontrarán ustedes si las leen todas como una sola y única historia" (Cervera 2013). En efecto, "el ciclo de la memoria" de Cervera en su totalidad constituye una obra única ya que se inicia antes del *boom* y la consolidación del movimiento de la memoria histórica y es testigo precisamente de la eclosión del mismo y sus efectos en el mercado literario y la sociedad en general: Cervera escribe en esa misma contraportada que la primera novela de la serie, *El color del crepúsculo* (1995), es "una novela de la 'memoria histórica' cuando la memoria histórica aún no tenía nombre en la literatura de aquellos años" (2013). Georges Tyras —uno de los estudiosos más dedicados de la obra de Cervera— considera esta como heredera de las de Juan Marsé, Vázquez Montalbán, Llamazares y precursor en cierto modo de muchas novelas que vendrían a partir del nuevo siglo y "representativa de la corriente que se ha dado en llamar 'novela de memoria'" (2013: 13-14).

Al auténtico estilo cerveriano, el autor ve con ojos críticos el llamado *boom* de la memoria, cuestionando los posibles intereses subyacentes que impulsaron la explosión de una necesidad de memoria tras décadas de olvido: "Antes no había nada y ahora es como si hubiera demasiado. El espacio vacío

---

"la trilogía de la memoria" (2007: 13). En sus distintos escritos sobre la obra de Cervera, la hispanista Lorraine Ryan se refiere al conjunto de esas tres primeras novelas más la última, *Aquel invierno*, como la "tetralogía de la memoria", dejando fuera de la colección *La sombra del cielo* (2002). Véanse Ryan (2010, 2011, 2012, y 2013). Txetxu Aguado también deja fuera *La sombra del cielo* del conjunto, llamándolo la "tetralogía del miedo, la memoria y guerra civil" (2010: 67). Sobre el porqué de no incluir *La sombra del cielo* dentro del ciclo de memoria, el mismo Cervera explica en una entrevista con Georges Tyras que "el motivo principal [...] es que apareció cuando parecía que el ciclo estaba concluido como trilogía. [...] Pero estoy de acuerdo contigo en que *La sombra del cielo* es parte —y no la menos importante— del ciclo sobre la memoria" (Tyras 2007: 185).

Capítulo VI. *Las voces fugitivas* de Alfons Cervera 213

era el del recuerdo. La desmemoria lo ocupaba todo. Ni medio vaso lleno ni medio vaso vacío. [...] Lo único que constaba era el vaso entero ocupado por el líquido turbio del olvido" (2017: 123). Contándose a sí mismo entre los "pocos novelistas y periodistas" antes preocupados por la memoria, Cervera también apunta hacia una potencial efimeralidad al tildar esa nueva preocupación de "moda": "surgen ahora cultivadores del género igual que setas en el monte cuando llueve como toca en otoño. Todo es memoria, de repente. Quien no se apunta a la moda es porque no quiere" (2017: 167). Asimismo, el autor arremete contra el auge de esta en la medida que es el resultado directo de la comercialización de la memoria: "Más que moda lo que ha habido es la posibilidad de hacer negocio político, económico e ideológico a partir de esa historia tan terrible de la guerra civil. Porque no se ha de olvidar el detalle: el negocio se monta sobre los cimientos de la II República y la guerra civil" (Lluch-Prats 2016: 309). Del mismo modo que Cervera acusa a los dirigentes del PSOE de convertir la memoria en moneda política —"Si hubo dos enemigos, fanáticos enemigos, de la ahora llamada Memoria Histórica, fueron Felipe González y Alfonso Guerra. [...] los ex gobernantes socialistas parece que recuperan las ansias de contar lo que no contaron cuando tenían el poder" (2017: 166-67)—, afirma que una discusión en la esfera pública sobre la memoria solo se ha planteado como plausible y conveniente cuando ciertos actores se percatan de su posible rentabilidad.

Las voces fugitivas como proyecto a horcajadas entre finales del siglo pasado y este es testigo de varios cambios sociopolíticos respecto a la memoria, abarcando así los primeros años del aznarismo, un revisionismo *best seller* y ese auge del movimiento de la memoria histórica[6]. La publicación de las cinco obras bajo un mismo título constituiría, pues, el último paso de un proyecto que abarca casi veinte años desde la publicación de la primera novela hasta la de la colección entera. La primera novela, *El color del crepúsculo*, marca el inicio de una nueva etapa en la obra del autor: si bien las obras anteriores a las del ciclo de la memoria se caracterizan por su experimenta-

---

[6] Se pueden observar algunos de esos cambios en las sucesivas novelas que integran la colección. La irrupción del asociacionismo y del discurso de la memoria histórica y los cambios políticos que llevan consigo son referenciados en las últimas dos obras: *La sombra del cielo* y *Aquel invierno*.

lidad en cuanto a la forma, "la estructura fragmentaria, la escasa linealidad de esa estructura, la puntuación, las voces narrativas", *El color del crepúsculo* suma a esa inquietud por la forma una mayor preocupación por la historia que se cuenta (Tyras 2007: 182). El propio autor afirma que "conforme iba escribiendo *El color del crepúsculo*, ya sabía que iba a haber dos novelas más"; tras la primera obra en la que conocemos el pueblo de Los Yesares, sus habitantes y, en particular, a Sunta, quien será uno de los personajes y narradora recurrente, la segunda novela, *Maquis*, pone en escena la generación de los padres de Sunta y la tercera novela *La noche inmóvil*, es "protagonizada por la generación de los abuelos de Sunta" (2007: 183). Del mismo modo en que cada una de las primeras tres obras tiene un sutil enfoque generacional, cada una tiene su *leitmotiv*: "la inocencia infantil en *El color del crepúsculo*, el miedo en *Maquis*, la mirada última teñida por una especie de melancolía de la resistencia a la muerte en *La noche inmóvil*" (Tyras 2007: 186). Tras la publicación de las partes que formarían esa primera trilogía, el relato que faltaba, según el propio autor, era el del dolor y del daño físico, que encontraría su enunciación primero en *La sombra del cielo* y, segundo y sobre todo, en *Aquel invierno*. Las cinco obras reunidas bajo un mismo título ofrecen en su totalidad una serie de relatos sobre distintos aspectos de la vida de los habitantes de ese pueblo inventado de la sierra valenciana marcada por las privaciones de una larga derrota que pervive en el tiempo. Con sus distintos enfoques, *Las voces fugitivas* en su conjunto es una reflexión sobre los entresijos de la memoria, tanto la individual como la colectiva, cuya narración polifónica, fragmentada y acronológica, que abarca varias décadas y estrategias narrativas diversas, ofrece una especie de mímesis del recuerdo subjetivo y de la relación de este con un recordar más comunitario, marcado durante décadas por los efectos de una guerra que no pasa, la represión, vejaciones y un silencio impuesto y autoimpuesto.

    Así, con sus múltiples voces y el retrato multifacético de la derrota a través de episodios que abarcan desde lo cotidiano y lo personal hasta lo colectivo —con la última resistencia en el pueblo de Los Yesares y los fusilados a los que negaron sepultura en el cementerio municipal—, la obra de Cervera ha sido descrita como partícipe de esa recuperación de la memoria, donde la función de su escritura es la de "dar voz a los derrotados, vivificar historias ligadas sobre todo a las consecuencias de la guerra civil, recuperar palabras acalladas por la dictadura franquista y sus secuaces, [...] rescata[r] palabras silenciadas e historias reprimidas" (Lluch-Prats 2016: 303). Aunque sí es cierto que en *Las voces fugitivas* el autor hace alusión e incluso rescata ciertos episodios y figuras históricos —la última resistencia contra el franquismo mediante la figura del maquis, los fusilamientos llevados a cabo en el cementerio de Paterna, etc.—, la recuperación en la obra de Cervera tendría menos que ver con el descubrimiento fáctico que con el rescate de las voces que fueron silenciadas a la fuerza en su momento y, posteriormente, condenadas una vez más al silencio como consecuencia de las represalias y el miedo o, más tarde, en los años de la Transición, bajo el pretexto de no estorbar: "las novelas de Alfons Cervera tienden a rescatar una memoria marginada, o escamoteada, rindiendo homenaje a los que al final perdieron tres guerras, la de las armas, la de la ilusión, y la del recuerdo, es decir la guerra civil, la Segunda Guerra Mundial, y la de la Transición" (Tyras 2007: 61).

Menos preocupada por la Historia fáctica, pues, la obra de Cervera es una apuesta por la ficción al cien por cien, donde la imaginación y la invención propias del género pueden ser "mucho más real[es] que lo real": en palabras del autor "los novelistas solo podemos ofrecer eso que significa, mejor que ninguna otra cosa, nuestro oficio: ficciones" (Cervera 2017: 183). Más allá de ser el medio de expresión del escritor, la invención resulta también el único recurso frente a un silencio y miedo endurecidos después de tantos años. Así, volvemos a encontrar esa apuesta por la invención y la ficción como modo de aproximarse al pasado, igual que en Méndez y en Pérez Zúñiga, donde lo que importa no es tanto el rescate fáctico sino el retrato de nuestra posición en un presente hecho de agujeros y lagunas. Sobre la cuestión de documentación histórica para escribir sus novelas, Cervera explica que aunque sí intentó a mediados de los años 90 basarse en testimonios orales para escribir *Maquis*, encontró a pocos dispuestos a hablar sobre aquella época: "Los testimonios tienen como un temor atávico a contar lo que han visto, aquello que vivieron como protagonistas de primera mano. Es por eso que decido recurrir a lo que recurre el novelista, a inventar una historia" (Tyras 2007: 192). Así pues, aquellas voces recuperadas son las de "esos personajes que sufrieron una derrota [...] y vivieron toda su vida anclados en esa condición de vencidos. Esos hombres y mujeres me interesan y, sin querer usurpar sus voces, me invento las que me gusta pensar que fueron las suyas, que son las suyas" (Cervera 2017: 115). La invención, la ficción, deviene un lugar privilegiado para plasmar mediante la literatura la realidad de esa memoria traumática de la guerra, la consiguiente represión, el miedo, el silencio y la humillación. Las historias de los habitantes de Los Yesares son "historias cuya realidad, construida mediante la imaginación, no es menos real que la histórica" (Lluch-Prats, 2016: 304) [7]. Una y otra vez en sus novelas y escritos el autor celebra esa grandeza de la ficción de "ser mucho más real que lo real" (2016: 304), citando a otros que también apostaron por la ficción: "A veces invento, otras no" de Max Aub (Cervera 2013: 283).

La ficción de Cervera nos invita a volver la mirada no hacia atrás sino hacia abajo, hacia el suelo del presente construido sobre la derrota y la pérdida, en una "manifiesta y justa lucha por legitimar el presente a la luz del pasado. Y es que la memoria, precisamente, habla del presente, cómo [Cervera] ha reiterado en tantas ocasiones" (Lluch-Prats, 2016: 304). Esta concepción benjaminiana de la memoria llega a vertebrar la totalidad de la obra de Cervera, tanto en aquellas novelas que abordan la memoria colectiva, las que integran *Las voces fugitivas*, como en aquellas concernidas con el recuerdo individual. El escritor afirma que "la memoria habla de ahora mismo y nunca del pasado. De ahí que la memoria sea menos refugio que intemperie, menos seguridad que incertidumbre, más punto de partida que llegada a un final que [...] no sea el mismo principio que la provoca" (2014, contraportada). Esa concepción de la memoria como punto de partida quedó reflejada también en unas reflexiones sobre la llamada Ley de memoria histórica en las que Cervera plantea la pregunta de si dicha ley constituye "un punto de arranque hacia la justicia y la verdad o el punto final que cierra toda posibilidad de seguir insistiendo en esa justicia y en la misma verdad" (Cervera 2017: 169). La memoria pensada como punto de partida y no como cierre refuerza la noción de la obra de Cervera como un proyecto que no pretende desenterrar episodios y saldar las deudas de conocimiento del pasado ni mucho menos

---

[7] Quizás el mejor ejemplo de lo que afirma Cervera es el del personaje del maquis llamado Ojos Azules —también uno de los narradores de la segunda novela—, que el autor crea a partir de las leyendas que se contaban sobre el maquis en su pueblo. Tras la publicación de la novela, el autor escribe que recibió varias llamadas de personas que confirmaban su existencia. Véase el artículo "Ojos Azules" escrito por Cervera y publicado en el diario *Levante*: https://www.levante-emv.com/opinion/2009/08/30/ojos-azules/625824.html

ofrecer un sucedáneo para esas pérdidas sino como una obra que nos insta a hacer caso a esas voces fugitivas y ponderar las implicaciones de su ausencia en el presente.

Del mismo modo que la memoria —tanto la individual como la colectiva— constituye uno de los temas unificadores de la totalidad de la obra de Cervera, el duelo también ocupa un lugar central. Si en *Las voces fugitivas* y otras novelas, "como ocurre frecuentemente en el discurso de la recuperación de la memoria histórica, supedita la memoria familiar a la colectiva", en los libros *Esas vidas* (2009) —sobre la muerte de la madre del autor— y *Otro mundo* (2016) —sobre la del padre—, "el autor invierte ese proceso, problematizando la familia como un espacio seguro donde emergen memorias biográficas silenciadas por el discurso oficial" (Arroyo-Rodríguez 2016: 14). También el duelo por el pasado violento español que está por hacer que figura como tema subyacente y recurrente en toda su obra, se mezcla con el duelo por su madre y su padre en las dos obras mencionadas (Souto 2016: 325).

Podemos entender *Las voces fugitivas* como vehículo para ese duelo colectivo social en la medida que el autor permite que la ficción sirva, retomando las cavilaciones de Thiebaut acerca del duelo, para "dar cuenta de ese penar" de los habitantes de Los Yesares prolongado en el tiempo y para "completar el itinerario de una memoria anclada en el anacronismo de una victoria antigua [...]. Completarlo, pues, nunca cerrarlo porque ningún relato puede arrogarse la cualidad de ser el último" (Cervera 2017: 250). El rescate de esas voces fugitivas inventadas tiene una doble función que la distancia de una mera recuperación que se basa en llenar un vacío y un entendimiento de nuestro imperativo en el presente, de cerrar de una vez el pasado. Por un lado, constituye una recuperación en positivo de experiencias e historias para que no caigan en el olvido; por otro, su autor hace que ese acto de recuperación literaria no deje de poner de manifiesto las ausencias provocadas por el sufrimiento y esas pérdidas, además de las tareas pendientes que reclaman los duelos inconclusos por esas pérdidas, constituyendo lo que podemos entender como una recuperación en negativo. Esa recuperación en negativo funciona sobre la base de una denuncia de las carencias de la memoria democrática.

Asimismo, en la misma línea de la definición de Carlos Piera del duelo, podemos entender la obra de Cervera como partícipe de un duelo colectivo social en la medida en que insiste en el carácter trágico de la pérdida de la Segunda República, la Guerra Civil española, la dictadura franquista y las deficiencias para con las víctimas, no como accidentes históricos y estáticos, sino como una realidad que supone una tragedia para nosotros en el presente. En ese sentido, enfrenta de pleno el déficit afectivo que tenemos con el pasado, reconociendo no solo las injusticias pasadas, sino también las que se siguen cometiendo en el presente al no hacer caso a los duelos inconclusos, tanto los individuales como el colectivo. En su insistencia en que las pérdidas del pasado nos afectan y nos incumben en el presente, podemos entender la obra de Cervera también como partícipe del modelo triádico del duelo propuesto por Moglen, en el que el autor identifica y denuncia no solo a las fuerzas responsables por esas pérdidas históricas sino también a aquellas responsables de sostener los efectos de esas pérdidas a través del tiempo.

El análisis a continuación de *Las voces fugitivas* como narrativa postraumática de duelo persistente se organizará en torno a estas dos vertientes. Primero, me centraré en cómo la ficción de Cervera sirve para atrapar esas "voces fugitivas", las historias contadas por esas voces —por incompletas que estén, con sus huecos y lagunas de información—, para darles morada en las páginas de una novela. Esta recuperación será en positivo y negativo, para que tanto aquello que se recupera como aquellos vacíos no perezcan con el tiempo.

La segunda vertiente gira en torno al concepto de memoria al que se suscribe el propio autor: "La memoria es el relato no de lo que pasó en este país cuando la II República, la guerra civil, la dictadura franquista y la transición a la democracia sino el relato de lo que nos está pasando en estos momentos..." (2013, contraportada). Así, *Las voces fugitivas* pone de relieve qué implican esas voces en el presente democrático, insistiendo en que los cimientos injustos del presente nos interpelan, nos incumben.

6.1. Escuchar a las voces fugitivas

Esa recuperación dual a la que me he referido antes queda reflejada en el propio título de la obra en cuestión: por un lado, se trata de recuperar, rescatar, dar cobijo a aquellas voces que, por el paso del tiempo, la muerte o décadas de miedo y silencio, se nos escapan y nos evaden; por otro, también se trata de recuperar o dar cuenta de su fuga, su desaparición, forzosa o natural. Lo que se narra y se retrata, pues, es esa memoria traumática perpetuada en el tiempo como producto de las diversas pérdidas de la guerra y la posguerra: pérdidas de seres queridos, de la dignidad y los derechos en la represión y la pérdida de un proyecto y esperanza políticos. El silencio y el miedo como resultado de la represión cruel en Los Yesares constituyen una condición que se extiende a través de todas las novelas como si fuera una enfermedad contagiada años atrás y una condición patológica heredada a través de las generaciones: "En el otro extremo del mundo, Los Yesares es un río y los montes que rodean las casas donde se juntan a dormir el olvido y una memoria antigua cercada por el silencio" (Cervera 2013: 169)[8].

La primera faceta de esa recuperación —la que sería una recuperación en positivo— corresponde precisamente a las anécdotas y las vivencias de los derrotados de Los Yesares. Así pues, el acto de recordar se convierte en un modo de resistencia que llega a vertebrar *Las voces fugitivas*. El imperativo del recuerdo y la noción de que todo lo que no se recuerda se desvanece se convierte en *leitmotiv* que se repite una y otra vez a lo largo de la narración: en la primera secuencia de *La noche inmóvil*, Félix, abuelo de Sunta, recuerda lo que una vez le dijo a su nieta: "Más allá de lo que recordamos no hay nada" (*VF*: 287); el primer narrador de *Aquel invierno* recuerda lo que una vez le dijo su abuela: "es que todo lo que se olvida es como si nunca hubiera existido" (*VF*: 535); en una entrevista con Vanessa Roquefort, una universitaria y nieta de exiliados que vuelve al pueblo a llevar a cabo una serie de entrevistas sobre lo que se recuerda —y lo que no— en el pueblo, Ángel, hijo de un maquis, le dice: "como si la memoria nos dejara ciegos cuando nos ponemos a recordar. Yo creo que es al revés, ¿no?, que lo que nos deja ciegos es el olvido" (*VF*: 640). Independientemente del carácter de esa memoria —que, como veremos, en la obra de Cervera, es una memoria a menudo fragmentada, agujereada, incompleta— y a pesar de ser ficción —que, como nos recuerda el propio autor, no la hace menos real—, ese imperativo permanece intacto. Ese motivo recurrente en toda la obra cobra un nuevo sentido en boca de sus numerosos narradores, lo que acaba dándole importancia no solo al acto de recordar, sino también al acto de recibir ese

---

[8] A continuación citaré esta edición de la obra solo con las iniciales *VF*.

recuerdo: la memoria, si nadie escucha, si nadie la recibe mediante la palabra hablada o escrita, se pierde. Así, la novela se convierte en trasmisor de esos recuerdos varios: la experiencia de la derrota para aquellos que lucharon con la República, la resistencia armada, las vejaciones y las represalias sufridas por los derrotados y los familiares de los maquis, el recuerdo de una infancia lúgubre y marcada por el miedo y el silencio, el recuerdo de la riada del 57, la muerte de Franco o la Transición.

El carácter diverso y colectivo de esa memoria se consigue transmitir mediante las múltiples formas de narración en las cinco novelas: las novelas están divididas en breves secciones con distintos tipos de narración, algunas narradas en primera persona, otras en tercera, pero casi siempre por narradores intradiegéticos[9] que relatan lo ocurrido y lo recordado de aquellos tiempos en el pueblo. La multiplicidad de voces y el consecuente efecto coral otorgan un carácter democrático y abierto a la narrativa, reminiscente de la Historia oral, cuyo resultado es un reflejo comunitario de la experiencia colectiva de Los Yesares que desafía la única voz omnisciente que ha habido sobre el pasado en España, la "de los vencedores de la guerra, la que acabó sin contemplaciones con todas las demás" (Lluch-Prats 2016: 308).

El resultado final mimetiza una memoria colectiva al ser compuesta por recuerdos subjetivos: temáticamente en lo que se narra —las historias de las privaciones y experiencias de los habitantes del pueblo— y estructuralmente a través de su forma —los múltiples narradores en primera, segunda y tercera persona—. En la primera novela, *El color del crepúsculo*, una de las protagonistas y narradoras recurrentes, Sunta, alude a ese carácter de la obra al recordar lo que una vez le dijo su maestra: "Enlazamos nuestros recuerdos con los que otros nos cuentan y así, poco a poco, se va haciendo grande nuestra memoria" (*VF*: 33). Esa memoria colectiva llega más tarde a las generaciones posteriores en la última novela, *Aquel invierno*, en la que una joven francesa, de ascendencia española, Vanessa Roquefort, vuelve a Los Yesares para llevar a cabo una serie de entrevistas que graba sobre la guerra y posguerra. La joven reflexiona sobre esa memoria traumática y

---

[9] En buena parte de las secuencias no se revela quién es el narrador, aunque, gracias a lo que se cuenta, se da por entendido que en la mayoría de los casos se trata del testimonio o el recuerdo de algún habitante del pueblo, quien cuenta lo que recuerda.

colectiva y su perpetuación en el tiempo: "No sé si caben más historias, si cabe más gente en las cintas que desde hace un mes grabo por las casas y las calle de Los Yesares, buscando en esas historias no tanto la certeza de que las cosas sucedieron como en ellas se asegura cuanto, quizá, la constatación de que la memoria va y viene, de que es como el persistente eco de las ranas zambulléndose miedosas en las aguas tranquilas del barranco Ribera" (*VF*: 643). Como lectores nos convertimos en receptores del coro de voces de esa memoria "que es como el persistente eco de las ranas", creando así una comunidad de la que el lector/a también forma parte. La primera y penúltima sección de *La noche inmóvil* están escritas en segunda persona: "Lo que ya no estaba allí en ninguna parte era la memoria, esa memoria tuya que has ido levantando con pedazos de otras memorias" (*VF*: 389). Aunque se da a entender que se trata de Félix, abuelo de Sunta, y que narra desde la muerte, tomándose "a sí mismo como objeto de su propio relato", como "una manera de luchar contra la muerte" (Tyras 2007: 161), ese *tú* también funciona simultáneamente para interpelar a quién es receptor de la narración. De ese modo Cervera también nos permite formar parte de los testimonios de los habitantes de Los Yesares, donde "la pérdida nos reúne a todos en un tenue 'nosotros'" y "nos liga a otros, nos transporta, nos desintegra, nos involucra en vidas que no son las nuestras" (Butler 2006: 46; 51). Así, volviendo a las reflexiones de Labanyi sobre lo que nos pueden transmitir los textos más allá de su representación, *Las voces fugitivas* no solo nos comunica los episodios acontecidos a lo largo de las décadas —las muertes, los fusilamientos, los cadáveres que solo se pueden enterrar fuera del cementerio municipal en un terreno para "los rojos y los que se suicidan", las vejaciones sufridas por las mujeres y familiares de los republicanos y los maquis—, sino también lo que esas memorias nos demandan como partícipes de un potencial proceso de duelo colectivo social.

    He insistido en una distinción entre esa reivindicación y apuesta por la memoria mediante la literatura de Cervera y lo que antes he llamado "narrativas de recuperación de memoria histórica", en la medida en que las ficciones de Cervera pretenden ser una recuperación en positivo y en negativo. En una ponencia dada en un congreso en la Universidad de Grenoble en 2008, Cervera alude a la iniciativa del PSOE mediante la Ley de Memoria Histórica y otros grupos políticos, de la izquierda de la búsqueda de fosas:

Ahora la izquierda anda en un tajo casi único: la búsqueda de cadáveres y la apertura de fosas comunes. Parece que sea solo ese el objetivo. Yo tengo mis cautelas. El victimario franquista es por desgracia más extenso: la tortura, el expolio patrimonial y sentimental, el exilio, la inversión de los valores de su lenguaje cínico (culpa, honor, nobleza...), la humillación vivida una vida entera, la censura, el silencio y el miedo que no se acaba nunca... (Cervera 2017: 169).

Del mismo modo en que el autor valenciano insiste en la diversidad de injusticias de la Guerra Civil y el franquismo que reclaman atención y rectificación, su narrativa ofrece —como vengo afirmando— una recuperación dual que realza la importancia de recuperar restos de historias y experiencias, pero también de recuperar las ausencias y los vacíos que son producto de las pérdidas propias de la guerra, la dictadura e incluso las políticas de desmemoria de la Transición. Esa recuperación dual queda patente tanto en las vivencias recuperadas como en su forma. Así, aunque se puede hablar de la obra de Cervera como partícipe de esa recuperación por la memoria, podemos entender que opera también como narrativa de duelo en la medida que, en una variante de esa poética de ausencia, no solo denuncia sino también mimetiza a través de la forma las carencias y ausencias de la memoria como pueden ser una falta de políticas de memoria, de sentido de memoria democrática o la falta de un sentimiento de relevancia del pasado para el presente.

Una mímesis de la memoria: fragmentación, discontinuidad y polifonía

En la recuperación de las historias de los habitantes de Los Yesares, destacan ciertas características estilísticas que Georges Tyras describe como "modalidades de escritura": "la fragmentación, la discontinuidad, la incertidumbre, la polifonía" (2007: 41). Esas modalidades mimetizan en cierto modo el carácter a veces tramposo e infiel del recuerdo subjetivo, que distorsiona, altera o premia ciertos recuerdos sobre otros. No es casual, pues, el título del prólogo escrito por el mismo Tyras que sirve de introducción a *Las voces fugitivas*: "hacia una poética de voces". Las cinco obras reunidas en su conjunto conforman un coro de voces que recuerdan. Igualmente, si esa poética de voces mimetiza el recuerdo subjetivo en el que cada una de ellas relata su experiencia, también refleja la experiencia del trauma, la transmisión intergeneracional, la manera en la que se heredan ciertas historias, pero también silencios, miedos o incluso identidades dentro de una misma comunidad y/o familia. Así, *Las voces fugitivas* presenta una narración que pretende "liberarse del imperio de este miedo, de romper el pacto tácito del silencio y enfrentarse con el peso del pasado", incluso cuando "la memoria a veces confund[e] las épocas, los nombres y las voces". Pese al carácter fragmentario, agujereado, distorsionado del recuerdo, "no importa: recordar, incluso en el mayor desorden narrativo, es devolverle a cada ser humano sus relatos" (Tyras 2013: 16).

La primera de esas "modalidades de escritura" definidas por Tyras, ese carácter fragmentario, acrónico y discontinuo de la narrativa cerveriana, ocurre a varios niveles, siendo el primero de estos el efecto producido al considerar las cinco obras en su conjunto. Si bien es cierto que en la contraportada del libro el autor mismo se refiere a las obras como "novelas", dentro de la obra en sí no hay ninguna categorización explícita: en un índice aparecen los títulos de las distintas obras pero sin calificarlas como novelas, relatos o capítulos. Asimismo, las cinco novelas aparecen ordenadas cronológicamente según su publicación y están separadas por una página en la que aparece centrado el título y, además, cada una conserva sus epígrafes, agradecimientos, prólogos y epílogos. Como apuntaba más arriba, según las propias declaraciones del propio autor, esa fragmentación ofrece tres miradas "sobre un mismo acontecimiento, miradas hasta tal punto convergentes y complementarias que, si bien corresponden a tres generaciones distintas (padres, hijos, abuelos), favorecen la evocación de un mundo de signo uniforme" (Tyras 2007: 43). Si bien es cierto que esa fragmentación cobra un nuevo significado al publicar las cinco novelas juntas, se tomó la decisión de mantener las divisiones de cada una dentro de la compilación, la cual asegura la preservación de ese carácter fragmentario de las obras al reunirlas bajo un mismo título.

Más allá de los paratextos, ese carácter fragmentario está presente dentro de cada una de las novelas, constante tanto en las primeras tres obras como en las últimas dos.

TABLA 2
Número de secuencias de las novelas que integran *Las voces fugitivas* (2013)

Título	N°. de secuencias
El color del crepúsculo	48 (más epílogo)
Maquis	50 (más prólogo y epílogo)
La noche inmóvil	45 (más epílogo)
La sombra del cielo	46
Aquel invierno	55 (más epílogo)[10]

El término *secuencia* es quizás el que más se adecua a lo que cada parte representa: "las novelas vienen segmentadas no en capítulos, sino en secuencias, de una extensión que varía entre unas líneas y algunas páginas, sin que estas diferencias tengan valor alguno en término de jerarquía" (Tyras 2007: 44-45). La narración de las secuencias es diversa, alternante, y presenta los acontecimientos de una manera que nunca es lineal, "ni exhaustiva y, las más de las veces, las mismas anécdotas se repiten o se completan en momentos narrativos ulteriores, en una u otra parte" (Tyras 2007: 45). Esto ocurre, por ejemplo, con la anécdota de la muerte de Sebastián Fombuena, maquis y personaje central de la segunda novela, y los distintos modos y puntos de vista desde los que se relata aquel acontecimiento, que trasciende la división entre libro y libro y vuelve a aparecer en las otras partes. De nuevo, al publicar las cinco novelas bajo un mismo título, este carácter cobra un nuevo sentido. El efecto de esa naturaleza no lineal de la narración hace que las secuencias resulten "yuxtapuestas, no según una concatenación narrativa que sería emblema de la sucesividad o de la casualidad, sino según el orden aleatorio de la rememoración, factor de la discontinuidad de la representación" (Tyras 2007: 45).

---

[10] Los epílogos de *El color del crepúsculo*, *La noche inmóvil* y *Aquel invierno* comprenden un conjunto de citas, mientras el prólogo y el epílogo de *Maquis* suponen secuencias narrativas, parte integral de la diégesis.

El último aspecto de la narrativa que acaba consolidando esa fragmentación sería la ausencia de una "instancia narrativa superior capaz de asumir una función rectora" (Tyras 2007: 46). La falta de una voz narrativa hegemónica que una u organice las secuencias no hace sino reforzar el carácter coral de la novela: "la novela de Cervera es coral no solo porque carezca de un personaje protagonista y porque el retrato comunitario constituya el verdadero objetivo del texto, sino también porque el cambio constante de narrador conlleva un acentuado multiperspectivismo" (Gómez López-Quiñones 2006: 131). Esa decisión consciente por parte del autor de construir un texto con múltiples perspectivas hace que esa memoria colectiva sea lo más democrática posible:

> [...] cada voz es un punto de vista, y por lo tanto ya no hay omnisciencia u omnipotencia que valga. De hecho, narrador y punto de vista no tienen absolutamente nada que ver. Y en mis novelas, no solo quería que hubiera muchos narradores sino que cada narrador tuviera un punto de vista propio. Y entonces me esforcé para que cada narrador fuera un punto de vista, incluso en aquellos personajes que forman parte del mismo espacio ideológico, del mismo espacio moral, del mismo espacio ético. Creo que en la novela, estoy pensando sobre todo en *Maquis*, se da esa diversidad de puntos de vista como consecuencia de esa polifonía de voces narrativas que evocamos (Cervera, en Tyras 2007: 197)[11].

Pese a las diferencias entre las distintas novelas en cuanto a la forma predominante en cada una de ellas, lo que tienen en común es esta polifonía de voces, la cual, como insinuaba el propio autor, "significa en última instancia el rechazo de cualquier discurso unívoco, encarnación de un saber y una axiología cerrados, de cualquier representación sintética y unitaria de la realidad" (Cervera, en Tyras 2007: 47).

En la Tabla 3 se aprecian las distintas clases de narración de cada una de las obras. Cabe señalar que el número corresponde al número total de secuencias narradas desde una determinada perspectiva y no al número de narradores independientes. En *El color del crepúsculo*, por ejemplo, la narra-

---

[11] Además del análisis de la obra de Cervera, el libro de George Tyras, *El maquis literario de Alfons Cervera*, incluye también una serie de entrevistas con Cervera en los anexos. Cuando se trata de palabras de Cervera, quedará indicado.

ción en primera persona corresponde a la voz de Sunta, quien, días antes de su boda, relata los recuerdos que tiene de su infancia en el pueblo, mientras que en las secuencias narradas en tercera persona corresponden a un narrador heterodiegético focalizado en Sunta. En *Maquis*, dos de las secuencias en primera persona corresponden al prólogo y epílogo, ambos narrados por Ángel, hijo de Sebastián Fombuena, un maquis, y Guadalupe. Tras la primera intervención de Ángel aparecen las demás secuencias bajo el título "De los nombres y la voces", una referencia metatextual a las reflexiones previas de Ángel: "Ya cuando quiero recordar lo que pasó entonces y lo que pasó después voy dando saltos y confundiendo las voces y los nombres, como dicen que sucede siempre que quieres contar lo que recuerdas. [...] Entre los nombres está el de Sebastián y entre las voces, la suya. Sebastián era mi padre. Pero hay otros nombres que cuentan en esta historia. Y otra voces" (*VF*: 157).

TABLA 3
Tipos de narración en *Las voces fugitivas* (2013)

Título	1.ª persona	2.ª persona	3.ª persona	Otros[12]
El color del crepúsculo	33	0	15	
Maquis	10	0	42	
La noche inmóvil	16	2	24	3
La sombra del cielo	1	0	45	
Aquel invierno	12	1	42	
TOTAL:	72	3	168	3

A continuación, hay 48 secuencias más entre las cuales destacan, además de las narradas por Ángel, seis narradas en primera persona: Justino (secuen-

---

[12] Aquí el término *otros* se refiere a aquellas secuencias carentes de un narrador concreto, compuestas por diálogos.

cia 1), un hombre que se une a los maquis tras matar a un guardia civil; Sebastián (secuencia 2), maquis y padre de Ángel; Lorenzo (secuencias 3 y 28), alguacil del pueblo; Ojos Azules (secuencia 23), líder del grupo de maquis; Hermenegildo (secuencia 36), habitante del pueblo que perdió una pierna en la guerra; Pastor Vázquez (secuencia 47), maquis que narra el momento de su propia muerte; Nicasio (secuencia 49), maquis que también narra su muerte. Las demás secuencias parecen estar narradas en tercera persona, aunque el número exacto de narradores queda poco claro. Si bien es cierto que algunos narradores tienen la semblanza de narradores omniscientes, dadas su focalización amplia y la capacidad de relatar escenas íntimas, pensamiento o sentimientos, otras narraciones se podrían calificar más bien de narración limitada, hecha posiblemente por narradores homodiegéticos, habitantes de pueblo, que relatan lo ocurrido en Los Yesares durante los años posteriores a la Guerra Civil y durante la resistencia armada. La repetición del relato de algunas escenas hace pensar que, además, se trata de narradores en tercera persona independientes.

La noche inmóvil es quizás la obra que ofrece una narrativa más diversa y variada, no solo en cuanto a perspectivas sino también en cuanto a la forma, el narratario y el tiempo. Como figura en la Tabla 3, buena parte de la secuencias están narradas en tercera persona y estas están focalizadas en el personaje de Félix, abuelo de Sunta, quien, desde de su casa, medita sobre los episodios de su vida y llega incluso a conversar con las voces que vuelven para hablarle, algunas de las que se atribuyen a algún vecino o amigos de Los Yesares que ya fueron o incluso que fallecieron. Las secuencias narradas en tercera persona cuentan que "hay voces que algunas tardes se acercan a la puerta de la casa y son voces que no conoce, que no sabe de dónde vienen, ni cómo contárselas a nadie" (*VF*: 319). Por otro lado, entre los narradores en primera persona está el propio Félix, pero también algunas de esas voces de amigos y vecinos que vuelven a Félix para conversar con él. En este sentido, esta multiplicidad de voces va más allá de ofrecer otra perspectiva y se produce un cambio en el narratario: como lectores, en las secuencias dirigidas a Félix ya no somos receptores de esa narración del mismo modo. Además, el efecto es potenciado cuando la voz narrativa no se identifica. El resultado es "un fuerte efecto de proximidad, una simbiosis que tiene por objeto integrar el conjunto de las visiones y de las voces actanciales en la esfera de la voz enunciativa, como para mejor expresar su multiplicidad compuesta, para anular, por decirlo así, la diferencia entre narrador y personaje" (Tyras 2007: 51). A esta diversidad de forma, hay que añadir las tres secuencias de una narración más mimética que consiste únicamente en diálogos indicados por un guion. En dos de los casos (las secuencias 33 y 39), se trata de unas escasas líneas de unas conversaciones entre Félix y su nieta, Sunta, que irrumpen en el texto como si fueran destellos de los recuerdos de aquellos intercambios.

La cuarta obra, *La sombra del cielo*, destaca formalmente, primero, por la predominancia del narrador en tercera persona y, segundo, por la falta de puntuación para marcar los diálogos. El argumento gira en torno al personaje de Walter Reyes, hombre argentino que llega a Los Yesares tras pasar una estancia en Suecia[13]. Los motivos por los que viaja al pueblo donde "solo se quedan a vivir la pereza y los años" (*VF*: 223) no se revelan del todo; como lectores, solo sabemos que va huyendo de su pasado y, desde la primera secuencia, que está muerto: "El argentino ha muerto. Solo. En una habitación del hospital. Llegó por la tarde, en el coche que él mismo conducía, y a la mañana siguiente, cuando el sol entraba por la ventana que da a la avenida, sobre el ruido de autos que llegaban a la ciudad en esas horas, ya había muerto" (*VF*: 401). Las demás secuencias que siguen relatan su llegada al pueblo, los sueños del propio Walter que ofrecen un atisbo de su pasado en la Argentina de la última dictadura y su interacción con los habitantes de Los Yesares, entre los que llegan a ser más cercanos a Walter están Sunta y su marido, Arturo.

En la misma línea marcada, las secuencias se narran de forma fragmentaria y acronológica, un aspecto que queda reforzado por la falta de puntuación para señalar los diálogos en las partes narradas en tercera persona. Entre las secuencias más destacables están la novena, que narra el velatorio del argentino tras su muerte y que consiste en una sola frase larga sin puntos que llega a ocupar dos páginas, o la secuencia número 30, que consiste en una sola frase

---

[13] Como muchas de las anécdotas que integran el argumento de *Las voces fugitivas*, el autor explica que el personaje de Walter Reyes está basado en una persona de verdad: "un día apareció en Pedralba, un pueblo pequeño junto al mío, Gestalgar, un hombre que venía de Suecia. Era argentino, exiliado según él" (Tyras 2007: 185).

que parece ser una exclamación sacada de una de las pesadillas de Walter. En *La sombra del cielo* volvemos a encontrar un cambio en el narratario: la única secuencia narrada en primera persona —que se entiende que se trata de uno de los habitantes del pueblo— está dirigida al personaje de Walter tras su muerte. La diversidad de narración —en esta obra, si no de perspectivas sí de tipos de focalización— y la falta de puntuación hace que la voz narrativa sea "una voz mosaica, compuesta de manera explícita o implícita de todas las voces del pueblo. Por una parte no se distinguen de la narración los segmentos dialogados en estilo directo, ni siquiera por la puntuación, según el código ya estrenado" en las obras anteriores (Tyras 2007: 62).

La novela *Aquel invierno* —con el subtítulo *(una historia larga)*— cierra la compilación de obras con un mayor número de secuencias, siendo la mayoría de estas bastante más cortas. Así, a modo de colofón de esa polifonía, las 55 secuencias relatan recuerdos que se generan a partir de las entrevistas llevadas a cabo por Vanessa Roquefort, una universitaria francesa y nieta de Luciana, una habitante de Los Yesares, quien llega al pueblo a grabar las historias del pasado. Pese a que se trata de recuerdos subjetivos y, por tanto, de perspectiva limitada, en muchas de las secuencias los narradores no se identifican, dejando poco claro así si se trata de narraciones en primera o en tercera persona, lo cual acaba "dando al lector la impresión de que está en el centro de un concierto narrativo del que le corresponde encontrar la voz dominante" (Tyras 2007: 71). No obstante, algunas de las partes se presentan más como entrevistas en las que el relato del narrador/a en primera persona configura la mayor parte de la narración, salvo las intervenciones y preguntas de Vanessa que aparecen indicadas por la puntuación. Se da también la misma situación pero a la inversa, donde la narración en primera persona corresponde a Vanessa Roquefort, quien relata algunos fragmentos de sus conversaciones con los oriundos de Los Yesares a los que la narradora suma sus propias reflexiones.

Por último, cabría señalar los aspectos metaliterarios presentes en *Aquel invierno* que no hacen sino contribuir a esa polifonía. En la penúltima secuencia narrada por Ángel, hijo de Sebastián y Guadalupe y narrador recurrente de *Las voces fugitivas*, que se presenta como entrevistado de Vanessa, el narrador hace una referencia a *La noche inmóvil*, tercera obra de la colección: "Muchos años después leí en una novela que la muerte es azul" (*VF*: 639).

En la siguiente secuencia, aparece en letra cursiva un artículo de prensa que hace referencia a la apertura del cementerio improvisado de Los Yesares, lugar al que se alude varias veces a lo largo de la obra entera y conocido como el camposanto "de los rojos y de los que se suicidan". Hacia el final del texto, queda claro que se trata de un artículo de prensa escrito por el escritor Alfons Cervera: "Lo dije en alguna de mis novelas, no sé si en *Maquis* o en *El color del crepúsculo*, tal vez en las dos: en los cementerios civiles enterraban a los rojos, a los críos sin bautizar y a los que se suicidaban" (*VF*: 643). Se trata de un artículo que Vanessa incluye en esa última secuencia, narrada por ella, quien acaba confirmando la autoría de Cervera —"El día de Todos los Santos abrieron los del ayuntamiento el cementerio civil y el escritor y periodista de Los Yesares, Alfons Cervera, lo escribía en su columna en el diario *Levante* el último domingo" (*VF*: 644).

La inclusión de esas referencias a las novelas y a Alfons Cervera como personaje —en este caso el Cervera de Los Yesares, no de Gestalgar— sirve, en primer lugar, para rematar ese carácter polifónico de la obra, habiendo incluido ya no solo varios puntos de vista mediante la diversidad de la forma, las perspectivas, sino también a través de la inclusión del autor como contribuyente a ese coro de voces. Así, pues, esa polifonía, caracterizada por Tyras como intermitente, desordenada y plural, acaba siendo también colectiva al incluir la voz de quien es responsable de rescatar esas voces fugitivas (Tyras 2007: 57). El carácter desordenado de los relatos de las voces —esa "poética de indeterminación, que se manifiesta a nivel-microtextual"— acaba incluyendo al propio lector como partícipe: "El *lector* que suponen los textos de Cervera es invitado a asumir un papel de detective textual, en la medida en que la completud [*sic*] de su lectura depende efectivamente de la elaboración del sentido" (Tyras 2007: 54)[14]. Así, el lector entra "a formar parte de lo que se le cuenta. Su lectura se ha transmutado en escucha, y su actitud mera-

---

[14] En su análisis del título de la segunda obra que integra *Las voces fugitivas*, Tyras apunta al significado original de la palabra *maquis* —según el DRAE, proveniente del italiano *macchia*, "campo cubierto de maleza"—, como descripción también del estilo y forma de la obra de Cervera: "De ahí que, por encima de su alcance referencial inmediato" —esto es, para referirse a la guerrilla antifranquista o la francesa de la resistencia— "el título *Maquis* bien podría apuntar a una morfosintaxis literaria, es decir también a un modo de lectura que tiene que pasar por un camino 'denso e intricado' (DRAE)" (Tyras 2007: 79).

mente pasiva, a la espera de lo que se le dice, es ahora activa, participativa, consciente de lo que se le reclama: el ya repetido deber de memoria" (Aguado 2010: 73).

Esa labor de memoria que le corresponde al lector conlleva escuchar y recuperar las distintas voces, pero también una carencia de ellas. En el caso de *Las voces fugitivas*, la variedad de perspectivas resultantes de ese rescate de voces impide el ensamblaje total, lo cual implica para el lector una tarea irrealizable del todo que lleva por último a una reflexión general sobre el carácter fragmentado y discontinuo propio del recuerdo subjetivo y colectivo. En la obra de Cervera, el componente ético y justo del acto del recordar consiste en seguir adelante con la recuperación pese a ese carácter fragmentario del recordar subjetivo y colectivo. Ese reconocimiento de la ausencia y del vacío, la imposibilidad de recuperar o, lo que he llamado aquí, una recuperación en negativo, constituye un aspecto fundamental de esa tarea.

Una recuperación en negativo: una poética de ausencia

Si bien la narrativa de Cervera tiene como objetivo recuperar la experiencia de la derrota y la represión en los días posteriores a la guerra —objetivo que se pone de manifiesto a través de la repetición de la noción de que más allá del recuerdo no hay nada: "es que todo lo que se olvida es como si nunca hubiera existido" (*VF*: 535)— mediante una forma que mimetiza tanto el recuerdo subjetivo como la memoria colectiva, al mismo tiempo esa misma poética de la polifonía sirve para subrayar también lo irrecuperable, lo ausente. Dicho de otro modo, ese coro de voces fugitivas, fragmentado, incompleto que constituye lo que Tyras denomina una "poética de la indeterminación" sirve tanto como vehículo para transmitir historias como para insistir en que muchas de aquellas voces no se podrán recuperar jamás, poniendo de relieve su condición de irrecuperabilidad. Esta idea se consolida al final de la última obra que integra la colección, *Aquel invierno*, en la última secuencia narrada por Vanessa Roquefort: pese a su labor de recoger testimonios sobre la vida durante la posguerra y la dictadura en Los Yesares, la narradora hace referencia a esa noción de irrecuperabilidad del pasado al hablar del cementerio recién abierto: "Sé que toda rememoración del pasado siempre será incompleta, que nunca podrá ser recuperada en su integridad la tierra hasta ayer maldita del viejo cementerio abierto a martillazos, que la violenta vocación por el resentimiento en que aún viven muchos de este pueblo no se acabará mañana ni tal vez dentro de cien años" (*VF*: 646). Esa recuperación en negativo se hace patente de tres maneras: primero, a través del reconocimiento de que ciertos aspectos e historias del pasado son irrecuperables del todo, cosa que se manifiesta mediante comentarios como los de Vanessa o a través de lagunas en el conocimiento que son propias del carácter fragmentario de la narración; segundo, mediante la denuncia de una falta de memoria y justicia, la cual se expresa en boca de muchos personajes, a veces mediante una especie de ironía situacional; tercero, mediante la forma misma de la obra.

Si bien las distintas secuencias de *Las voces fugitivas* se presentan como una suerte de mímesis del recuerdo, revelando episodios y experiencias pasados, también es integral a ese proceso reconocer lo que no se recuerda, lo que se desconoce, lo cual sirve como una constatación de ese carácter incognoscible e irrecuperable del pasado. En efecto, son varios los narradores de las obras que reconocen ese rasgo particular de la memoria al relatar sus experiencias vivenciales. En el prólogo de *Maquis*, el narrador Ángel alude a ese aspecto del acto de recordar: "Y cuando quiero recordar lo que pasó entonces y lo que pasó después voy dando saltos y confundiendo las voces y los nombres, como dicen que sucede siempre que quieres contar lo que recuerdas. A lo mejor, algunas veces, lo que recordamos es mentira. Pero no siempre, solo algunas veces" (*VF*: 157). Después de la exposición de esas secuencias que integran la obra de *Maquis* bajo el título "De los nombres y las voces", Ángel vuelve a mentar ese aspecto del recuerdo en el epílogo: "Han pasado muchos años, treinta por lo menos, desde que se fueron los últimos maquis y desde que mataron a los que no consiguieron salvarse cruzando la frontera. Pero en esa historia siempre hay un lado que permanece en sombras…" (*VF*: 275).

Las alusiones a lo incognoscible —y, por tanto, a lo que está perdido para siempre, siguiendo ese *leitmotiv* de que más allá de lo que se recuerda no hay nada— son frecuentes también en las entrevistas que hace Vanessa Roquefort. En uno de esos testimonios, una narradora en primera persona relata que cuando eran pequeños a su hermano, Silverio, le pegó una paliza uno afín al régimen, quien a su vez había sufrido a manos de "los muertos

Capítulo VI. *Las voces fugitivas* de Alfons Cervera

enterrados en las tapias del cementerio de Paterna" (*VF*: 562). La narradora cuenta que su hermano se quedó mudo después de sufrir la paliza y que incluso en el presente desconoce los detalles sobre lo ocurrido años antes: "No sé qué le hicieron aquella tarde de invierno, nunca lo supo nadie" (*VF*: 564). Como recolectora y testigo de aquellas historias, Vanessa reconoce que la tarea que le corresponde no es tanto esclarecer la verdad de los hechos, sino exponer la memoria tal y como está:

> No sé si caben más historias, si cabe más gente en las cintas que desde hace un mes grabo por las casas y las calles de Los Yesares, buscando en esas historias no tanto la certeza de que las cosas sucedieron como en ellas se asegura cuanto, quizá, la constatación de que la memoria va y viene [...] no lo sé, pero en el recuerdo hay días que existen realmente y otros que inventamos para que cuadren, no necesariamente desde la mentira, los inventarios del horror. [...] En algunos de los personajes que han desfilado delante de la grabadora había esa necesidad de construirse arrancándose ellos mismos al olvido y en otros la obstinada voluntad de seguir siendo invisibles al reclamo de la memoria que se les exigía. La verdad, su desvelamiento, a nadie corresponde y mucho menos a quien solo ha sido una testigo muda y casi sorda de lo que otros contaron descosiendo lentamente los hilos del recuerdo (*VF*: 643-644).

Pese a ese aspecto intrínseco de la memoria subjetiva que consiste en recuerdos y lagunas por partes iguales, podemos observar esa recuperación en negativo también mediante la denuncia de una falta de memoria, justicia o duelo. Esa denuncia está presente, por ejemplo, en las declaraciones hechas por algunos de los maquis, tras darse cuenta de su segunda derrota (la primera, la de la guerra; la segunda, la de la guerrilla). El personaje Ojos Azules, uno de los maquis principales de la segunda novela, anuncia el vaticinio del olvido que se les impondrá no solo en su derrota —"En la memoria de la gente solo quedan las guerras ganadas por los vencedores, las otras se olvidan porque las victorias oscurecen la indignidad de la derrota y al final siempre habrá una suplantación de la verdad escrita por los cronistas del olvido" (*VF*: 264)—, pero también más tarde:

> Porque si alguna vez creíamos salvar la tierra de tanta vergüenza como la que nos trajeron los fascistas habrá de llegar un día en que la libertad se confunda con el

sentido ético de la convivencia pacífica y se cubrirán de olvido los esqueletos de los muertos. Lo veo aquí, cercado por los disparos certeros de los guardias, y lo empecé a ver cuando nos fuimos quedando solos en el Cerro de los Curas y nos llegaban noticias sobre el abandono de la lucha porque ya estaba fuera de lugar resistir a la desesperada y había que luchar contra Franco en los despachos más o menos lujosos del exilio. [...] se morirá también una estirpe de luchadores que ya no tendrá continuidad en el futuro, porque se cubrirá su memoria con la tierra de la desmemoria y su muerte será una muerte doble a balas y silencio. [...] Ahí acabará todo. Más allá solo nos espera el silencio, la losa desdichada del olvido. Nada (*VF*: 265).

En una suerte de momento de clarividencia, el maquis presiente el discurso hegemónico del franquismo y la mala memoria de la Transición, los cuales les condenarán a esa segunda muerte hermenéutica (Becerra Mayor 2015: 312).

En *Aquel invierno*, Ángel se hace eco de esa premonición hecha por uno de los compañeros del monte de su padre, arremetiendo contra la continuación del olvido en democracia, desde la equidistancia, en referencia al desfile de las Fuerzas Armadas del 2004 bajo dirección del aquel entonces ministro de Defensa José Bono:

El otro día estuve a punto de romper el televisor cuando vi el desfile militar del doce de octubre en que habían juntado a un combatiente de la División Azul con otro que había luchado contra los nazis y entró victorioso en París con el general Leclerc. Me daban ganas de romper el televisor cuando escuché al ministro explicar que eso era la señal de que el pasado hay que olvidarlo y mirar hacia delante. Como si la memoria nos dejara ciegos cuando nos ponemos a recordar. Yo creo que es al revés, ¿no?, que lo que nos deja ciegos es el olvido (*VF*: 640).

La carencia de un discurso público de memoria denunciada por Cervera es precisamente lo que le priva a Angelín de un marco para articular el recuerdo personal y familiar de los suyos (Ryan 2010: 333).

Por otro lado, esa denuncia también se hace mediante lo que se podría calificar como una especie de ironía histórica o situacional: dos de los narradores maquis de la segunda novela, Nicasio y Pastor, narran el momento de su muerte en el que reflexionan sobre el futuro legado de su lucha y cómo serán recordados: "Yo nunca perdí la esperanza en que saldríamos con bien de esta aventura y ahora, a pesar del cerco implacable, aún veo en la lejanía la seguridad de que la muerte no puede acabar con todo, [...] con la memoria que siempre recordará lo que hicimos para que [...] no hubiera más silencio por las calles de España" (*VF*: 268). Los fragmentos narrados desde la muerte es un modo de dar voz a los que ya no están, de recuperar testimonios pero con un importante matiz: no se trata de secretos descubiertos, documentos y detalles recabados y organizados, sino testimonios directos solo posibles mediante la ficción. Estos testimonios ya los encontramos también en el tercer relato de *Los girasoles ciegos* y en los personajes muertos que narran en *Santo diablo*. Ese recurso prosopopéyico sirve para que, al nivel de la diégesis, Nicasio cuente su historia, mientras que más allá de la diégesis sirve, aunque sea a un nivel más subyacente, para realizar la imposibilidad de recuperar tantas historias y voces, salvo mediante la ficción. Así, las narraciones de ultratumba (Tyras 2007) o póstumas (Tyras 2008) constituyen lo que Txetxu Aguado denomina un "auténtico testimonio", que "no es una operación de esclarecimiento de los significados escondidos e inconscientes en los discursos [...] sino de alumbramiento de lo que no existe porque se ha ido con el desaparecido" (2010: 53). De la misma manera, en su lectura de estos narradores de *Maquis*, Tyras se hace eco de la tesis propuesta de Levi en *Los hundidos y los salvados*: "los más autorizados a testimoniar no son los supervivientes sino los hundidos, que su mismo hundimiento autoriza para ello" (2008: 12).

De modo similar, Nicasio, otro de los maquis que luchan en los alrededores del pueblo, afirma, en otra narración imposible propia de la ficción cerveriana, en el momento de su muerte —"dos balas acaban de entrar en mi estómago"— que está "seguro de que no habrá sido inútil todo el tiempo que nos enfrentamos por los montes a las tropas de Franco [...]. No sé cuándo se morirá pero me gustaría que su muerte fuera agónica, que sufriera [...]" (*VF*: 269). Así, en una suerte de ironía histórica, Cervera denuncia el olvido anunciado por Ojos Azules, el mismo que tras la Segunda Guerra Mundial y la Transición se siguió sosteniendo hasta bien entrada la democracia: "Lo que pacientemente, pero con la determinación de una pluma de peregrina calidad en el paisaje narrativo actual, está repitiendo Alfons Cervera es que la Transición democrática española ha cometido el mayor de sus errores en fundamentar su discurso en las estrategias del olvido" (Tyras 2007: 67).

Por último, esa recuperación en negativo se manifiesta también a través de la ausencia tipográfica, en lo que el espacio en blanco llega a formar una parte integral del discurso, en la línea de esa "poética de ausencia" como componente integral de las narrativas de duelo persistente. Gracias a la decisión de dividir el texto en secuencias autónomas, cuyo comienzo siempre encabeza una nueva página, independientemente de la extensión de la anterior, aquellas secuencias que no llegan a ocupar una página o aquellas que consisten en pocas líneas empiezan y acaban en una sola página en la que el espacio en blanco llega a ocupar más lugar que el texto en sí. La decisión de dejar que el espacio en blanco formase parte también de las distintas secuencias se evidencia en el hecho de que este formato se establece en las cinco novelas originales y se mantiene en la publicación de *Las voces fugitivas* años más tarde.

TABLA 4
Secuencias breves en *Las voces fugitivas* (2013)

Título	N.º de secuencias breves	Total
El color del crepúsculo	15, 35, 40, 43, 48	5
Maquis	7, 11, 15, 17, 24, 27, 37, 41, 43, 45, 46	11
La noche inmóvil	2, 6, 31, 33, 39, 43, 45	7
La sombra del cielo	22, 26, 30	3
Aquel invierno	1, 5, 7, 8, 9, 15, 17, 18, 24, 26, 28, 37, 39, 43	14

En su totalidad hay 40 en toda la obra, siendo la mayoría de ellas fragmentos de recuerdos o de diálogos. Asimismo, hay una secuencia en particular que destaca entre las demás. En *Aquel invierno*, nos encontramos con una sección compuesta de una sola frase: "Sé lo que me han contado mis padres y mis abuelos. Nada" (*VF*: 582). A diferencia de las demás secuencias compuestas de pocas líneas, en este caso el hecho de que la única frase del capítulo esté centrada en la página no hace sino enmarcarla dentro de un espacio en blanco enorme, una falta o ausencia de más palabras. Más tarde, descubrimos que la frase es de una joven de 17 años, entrevistada por Vanessa Roquefort: "Nadie ha contado nunca nada en Los Yesares. Nadie. Lo decía Elena [...] ni los padres ni los abuelos le han contado nunca nada" (*VF*: 645-646).

6.2. El duelo y lo intempestivo

Hasta aquí he abordado el conjunto de las novelas de Cervera en la medida en que pretende recuperar aquellas historias fugitivas mediante la ficción, aun cuando sea a través de recuerdos mal formados, incógnitas, dolor o distorsiones por años de miedo y silencio. Más allá de la función de *Las voces fugitivas* como una obra que busca recuperar historias y experiencias, además de recuperar también las ausencias, podemos entenderla como narrativa postraumática de duelo persistente en la medida en que insiste en las experiencias de dolor y de pérdida del pasado que son pertinentes al presente.

Como decía más arriba, el imperativo de recordar en el caso de la narrativa de Cervera, más que ver con echar la mirada hacia atrás, implica echar la mirada hacia abajo, hacia el suelo y los cimientos injustos del presente, donde la labor del duelo, según rezaban las reflexiones del poeta Carlos Piera en el epígrafe de *Los girasoles*, implica el reconocimiento de que el pasado es trágico. Asimismo, según las reflexiones de Thiebaut, también se trataría de dar cuenta del penar, el cual encuentra su máxima expresión principalmente mediante dos vertientes: primero, reconocer los efectos aún vigentes de la guerra, la dictadura e incluso los discursos oficiales del "pasar página" de la Transición en el presente y, segundo, una reivindicación de la lucha antifranquista como parte integral a la memoria democrática. Así, podemos calificar *Las voces fugitivas* como una narrativa intempestiva, en tanto que "no solamente supone una actitud frente al pasado, haciéndose cargo de él, manteniéndolo vivo y abierto en sus heridas" —la recuperación de historias y ausencias—, sino también "como algo que interpela nuestro presente, a modo de deuda pendiente, nunca saldada" (Tous y Ruhe 2017: 16).

Las voces fugitivas opera como narrativa de duelo persistente, primero, mediante ese reconocimiento de las pérdidas y las ausencias, pero a un tiempo desplazado o distanciado del momento de su ocurrencia y, además, a un nivel colectivo, lo cual requeriría un enfoque no solo de lo perdido sino del acto de perder también. Esto lo planteaba Moglen en su modelo triádico de duelo social, según el cual el duelo colectivo necesitaría un reconocimiento de las fuerzas y las condiciones sociopolíticas responsables de la pérdida y de aquellas que también han ayudado a que los efectos de esa pérdida hayan perdurado en el tiempo. En este sentido, lo que hace la obra de Cervera es "to raise injury to consciousness" (Moglen 2007: 20), no solo en la medida en que busca identificar las fuerzas responsables sino también al insistir en la incumbencia de la pérdida para el presente. El propio autor, en la contraportada de la obra, nos recuerda que "la memoria habla de ahora mismo y nunca del pasado" (2013), palabras que evocan una reflexión que hace Reyes Mate sobre la relación entre memoria e Historia que aquí es especialmente sugerente si se considera junto a la obra de Cervera: la memoria "no es solo traer a la conciencia de las generaciones posteriores hechos que ocurrieron en el pasado. Para eso está la historia. La memoria es una exigencia moral con carga política" (Mate 2005: 37).

Así, en la medida en que podemos considerar *Las voces fugitivas* según Labanyi como "un texto que hace cosas", la obra de Cervera puede servir como una suerte de mapa cognitivo que esboza en forma de novela cómo las pérdidas del proyecto republicano, la Guerra Civil y la dictadura —las individuales y las colectivas— han afectado y siguen afectando el presente (Moglen 2007: 241)[15]. Y lo hace de forma dual, tanto mediante el contenido como por la forma misma, de modo que "hace irrumpir el pasado en nues-

---

[15] Esta noción del texto cultural como mapa cognitivo —término, a su vez, tomado prestado de Jameson— proviene del estudio de Moglen sobre el modernismo norteamericano y cómo este ha pretendido lidiar con los daños provocados por la llegada del capitalismo moderno en la primera mitad del siglo XX. Según la tesis de Moglen, una obra de cultura expresiva puede servir como mapa cognitivo para plasmar, en cierto modo, aquellas estructuras que provocan daños en un colectivo, incluso cuando este no sea consciente de ello, y para catalizar una elaboración de las pérdidas y daños del proceso de modernización. Aquí propongo *Las voces fugitivas* como una obra que refuta las nociones de que el pasado está superado y de que cualquier labor de duelo que quede pendiente le corresponde únicamente a aquellos implicados, sin plantear qué implicación pueda tener el hecho de que hay duelos inconclusos en el conjunto de la sociedad.

tro presente, abriendo así una brecha intempestiva en la coraza ominosa del silencio, de la impunidad y del oprobio" (Tous y Ruhe 2017: 17).

Lo intempestivo mediante la forma

El primer aspecto de ese carácter intempestivo —y el más obvio— corresponde precisamente a esa característica polifónica y a la diversidad discursiva de la obra: *Las voces fugitivas* no solo cuenta con cambios entre los narradores sino también en tiempos de la narración, con una alternancia que no corresponde siempre a quién es el/la narrador/a. Del mismo modo en que la diversidad narrativa mimetiza el recuerdo subjetivo —episodios relatados de maneras distintas, con sus respectivas perspectivas, desde distintos punto de vista y con repeticiones—, los diferentes tiempos de narración también son propios del acto de recordar, con sus saltos temporales, las distintas intensidades de(l) recuerdo que no corresponden necesariamente a la distancia temporal real. El orden acronológico de las secuencias, con las mismas escenas narradas varias veces y desde distintas perspectivas y en diferentes tiempos —a veces en presente, a veces en pasado—, no lleva sin embargo a una sensación de desorientación para el lector, sino que le provoca

> [...] la impresión de que se sumerge en un tiempo presente, en gran parte porque la efervescencia coral de las voces múltiples, en el marco de un mecanismo a la vez de fusión de los momentos temporales y de repetición casi hipnótica de los elementos temáticos, tiende a producir un efecto de presencia permanente en cuanto a los seres, cosas y acontecimientos. El resultado es una simultaneidad de percepción que, rehuyendo el fácil mecanismo sucesivo de la lectura, tiende a reproducir el simultáneo de la aprensión de la realidad misma. De idéntica manera quedan anuladas las distancias entre pasado y presente por la fuerza cohesiva de la memoria, hilo rojo de las cinco novelas (Tyras 2007: 63).

Si bien es cierto que los modos en los que se emborronan esos límites entre pasado y presente son distintos en las cinco novelas, el resultado final es la transmisión de unas experiencias vivenciales de violencia, miedo y silencio que, pese a haber transcurrido en un tiempo alejado, se hacen notar en el presente. Así, se aprecia el carácter performativo de la obra de Cervera, un texto que "no se conforma con *decir* algo [...] sino que se esfuerza por *hacer* lo que dice" (Tyras 2007: 147).

En *El color del crepúsculo* existen por lo general dos líneas temporales que corresponden a las dos clases de narradores. Por un lado, las secuencias narradas por Sunta en primera persona están contadas mayormente en tiempo pasado, propias de las páginas de un diario en las que la Sunta adulta rememora experiencias pasadas que van desde la niñez hasta la madurez. En cambio, las partes narradas en tercera persona generalmente están narradas en presente o con algún uso verbal en pretérito perfecto y focalizadas en la Sunta adulta días antes de su boda con Arturo. Aunque las dos líneas temporales corren paralelamente la una a la otra, el efecto producido por la heteroglosia resultante es de una conexión entre las experiencias y los recuerdos de Sunta en el tiempo presente.

La segunda novela, *Maquis*, presenta una estructura temporal mucho más compleja e inaugura una fragmentación temporal más abundante todavía en las novelas que siguen. La fragmentación temporal es un elemento más de esa fragmentación narrativa que he abordado en secciones anteriores, aunque los elementos anacrónicos no corresponden necesariamente a quién es narrador en cada secuencia. No obstante, sí que existe una brecha temporal correspondiente a la macroestructura narrativa —única de la novela *Maquis* entre las demás— compuesta por el epílogo y el prólogo narrados por Ángel Fombuena y esa sección que constituye el grueso de la obra y que lleva como título "De los nombres y las voces". En ese epílogo narrado en primera persona, Ángel narra en tiempo presente, aunque en seguida revela que narra desde el año 1982: "Ahora estamos en mil novecientos ochenta y dos y después de tanto tiempo es como si aún fuéramos los mismos de entonces, como si fuera imposible olvidar que tenemos la espalda doblada a golpes de palos o a golpes de silencio" (*VF*: 155). Desde ese tiempo presente, Ángel relata su experiencia y sus recuerdos de haber sido hijo de un maquis, el miedo que pasaban los habitantes del pueblo y las privaciones que sufrían los individuos de su entorno. Tras relatar algunas de las experiencias sufridas por él mismo, su madre y los compañeros de su padre, Ángel revierte al tiempo presente para referirse a todas esas historias que aún quedan por contar: "Yo sé mucho del miedo. Soy un maestro del miedo. [...] No hay maestros de la memoria. A lo mejor es eso. Solo del miedo que impide recordar con exactitud la manera en que sucedieron los acontecimientos. Entre los nombres está el de Sebastián y entre las voces, la suya. Sebastián era mi padre. Pero hay otros nombres que cuentan en esta historia. Y otras voces" (*VF*: 157). El uso del presente al apelar a aquellos nombres y voces del pasado sirve para conjurarlos, a modo de introducción a la sección que sigue a continuación, al tiempo presente.

La sección "De los nombres y las voces", pese a tratar de los recuerdos y testimonios de varias personas sobre lo ocurrido en Los Yesares durante los años más duros de la represión, empieza con una secuencia narrada en primera persona y en presente, funcionando así como un puente que une mediante el tiempo verbal presente el año 1982 y el pasado. Las distintas secuencias, que cuentan con narradores en primera persona y otros en tercera, siguen uno de estos dos esquemas temporales: o se trata de narraciones en las que no existe diferencia entre el tiempo de lo narrado y el tiempo de la narración o narraciones en las que sí existe esa diferencia. En las primeras, si están narradas en tiempo presente, ofrecen una mirada de lo que está ocurriendo en el momento, permitiendo al lector ser su testigo. En estas, proliferan los diálogos y se leen como si los lectores estuvieran presenciando lo ocurrido *in situ* o —cuando se narran en tiempo pasado— como si recibieran un testimonio de un narrador omnisciente, capaz de relatar no solo lo ocurrido sino también los diálogos o pensamientos de los personajes presentes. Las segundas —las secuencias en las que sí que hay una brecha temporal entre lo narrado y la narración— son más frecuentes y tienen el aspecto de alguien que narra en presente lo que recuerda del pasado, ya sea un narrador en primera persona o en tercera. Al haber dos niveles temporales, estas narraciones incluyen lógicamente los frecuentes ejemplos de analepsis y prolepsis que, curiosamente, no sirven siempre para adelantarle al lector información privilegiada, ya que mucho de lo que se cuenta son acontecimientos de los que el lector ya es consciente.

A esta complejidad temporal hay que sumarle el hecho de que la brecha temporal no es la misma para todas las secuencias; es decir, el tiempo desde el que narra el narrador —sea este en primera o tercera persona— para recordar el tiempo pasado no es constante. Además, no existe ninguna jerarquía entre las dos clases de temporalidad: el propósito es ofrecer el mayor número posible de perspectivas y reiterar esa conexión entre los efectos de lo acontecido en el pasado y el presente.

El mismo estilo acrónico caracteriza el tiempo de la narración en *La noche inmóvil*. Focalizada en el personaje de Félix, tanto las secuencias narradas por él como las narradas por narradores homodiegéticos u otros que no se identifican giran en torno a diferentes momentos de su vida: el tiempo de la posguerra en Los Yesares, su propia vida e incluso cuando Félix narra desde más allá de su propia muerte. Por ello, ese presente desde el cual muchas de las secuencias se narran va cambiando, consolidando el puente entre tiempos como aspecto cohesivo de toda la novela. Por otro lado, en *La sombra del cielo*, el uso del presente narrativo es mucho más común, siendo el tiempo más usado en gran parte de sus secuencias con solo algún uso del tiempo pretérito para dar datos sobre lo ocurrido. Aun así, el orden de las distintas partes es, una vez más, acronológica. En la última novela, *Aquel invierno*, predomina la narración con brecha temporal entre el tiempo de la narración y de lo narrado. En buena parte de las secuencias —recordemos que se trata en buena medida de testimonios de las personas que comparten sus recuerdos con Vanessa Roquefort— prevalece el tiempo pasado para dar testimonio de lo ocurrido, aunque se interrumpe con el presente mediante algún comentario o pregunta de la propia Vanessa.

El conjunto total de las diferentes estructuras temporales a través de las que nos llegan las múltiples voces de la novela de Cervera sirve para insistir precisamente en esa idea de que la memoria no es algo sobre el pasado, sino sobre el presente. Podemos entender *Las voces fugitivas* como una obra performativa, en la medida que, mediante su forma, establece conexiones entre pasado y presente, adhiriéndose a "una deliberada poética de la anacronía como principio cohesivo del relato" (Tyras 2007: 146).

Los efectos del pasado en el presente

Si bien Cervera insiste en la repercusión de los acontecimientos violentos del pasado sobre el presente mediante la estructura temporal de su obra, hace lo mismo mediante la temática: a través de una narrativa que, como hemos visto, abarca a tantos personajes y tiempos, relata cómo los episodios del pasado —detenciones y torturas, silencios y miedo— han perdurado en el tiempo y sus efectos aún se hacen notar en el presente en los personajes de Los Yesares. Al retratar la continuación de esas estelas del pasado en el presente, *Las voces fugitivas* pone en cuestión el relato oficial de que el pasado está superado, dando cuenta de ese penar —en palabras de Carlos Thiebaut— que constituye un paso integral en el proceso de duelo colectivo. Asimismo, según el modelo triádico del duelo colectivo social de Moglen, la denuncia del dolor prolongado y de los cimientos injustos del presente conlleva también una identificación de las fuerzas responsables de ese dolor, cosa que Cervera pone de manifiesto mediante la denuncia de la continuación de las estructuras de poder impuestas durante la dictadura y también de los discursos oficiales de la Transición, del "borrón y cuenta nueva", y de esa falsa generosidad por parte de las víctimas.

Así, la noción del recuerdo como forma de resistencia constituye uno de los temas más repetidos —"más allá de lo que recordamos no hay nada" (*VF*: 287); "La muerte me da miedo porque después de la muerte ya solo estás en las manos del recuerdo" (*VF*: 269); "todo lo que se olvida es como si nunca hubiera existido" (*VF*: 535)—. Otro de los motivos más recurrentes es el de que la guerra aún no ha terminado, que los habitantes de Los Yesares aún cargan a través del silencio, el miedo y la vergüenza con el daño psíquico e incluso físico, y donde muchas de las estructuras y relaciones sociales que permitieron o incluso provocaron aquellas pérdidas permanecen intactas. El autor compartió unas anécdotas sobre su pueblo, Gestalgar, en el primer congreso organizado por la ARMH en el año 2003, en las que aún se ven las consecuencias de la guerra y décadas de dictadura: abusos de poder contra ciertos sectores de la población, clientes de un bar que ponen el "Cara al sol" para intimidar, habitantes que aún cierran la puerta antes de hablar de aquellos años[16]: "la guerra acabó en 1939: eso dicen los libros de historia y los periódicos de entonces. En ese pueblo y otros parecidos la guerra no ha acabado todavía" (2004: 154). Para los habitantes de Los Yesares, ha dejado "un poso (una memoria de la violencia) que hace imposible volver a la situación anterior" (Gómez López-Quiñones 2006: 134).

---

[16] Las tres anécdotas contadas por Cervera aparecen ficcionalizadas en *Las voces fugitivas*. La ponencia de Cervera —"Relato más allá de la zona oscura y prohibida"— se publicó en *La memoria de los olvidados* (Silva y otros 2004).

A través de la (re)creación de "ese universo de dolor y de horror, [Cervera] lo actualiza para que no pase por *cosas* de otro tiempo lo que son crímenes todavía pendientes de reparación" (Aguado 2010: 72). Así, *Las voces fugitivas* deja de ser una mera representación literaria de la memoria y deviene una *práctica* de memoria, que, más allá de las demandas del mercado por más obras sobre la contienda, implica también lo que Daniel Arroyo-Rodríguez denomina como un trabajo de genealogía, una "investigación y recomposición de aquellos fragmentos que quedan fuera del discurso mayoritario y que permiten establecer un diálogo entre el pasado dictatorial y el presente democrático" (2014: 149).

Pensar el miedo y el silencio en términos de un trabajo de genealogía implica trazar la herencia de estos mismos dentro de la comunidad republicana de un pueblo pequeño —y, más aun, dentro del entorno íntimo de la familia de los derrotados— desde esos años terribles de guerra y posguerra hasta el presente, partiendo de las causas del mismo para acabar en una reflexión sobre las diferentes manifestaciones del miedo y silencio en generaciones posteriores. Para esa primera generación de los que vivieron la guerra y la primera posguerra en el lado de los perdedores, bien como adultos o como niños, el miedo llega a ser el factor que más condiciona su realidad, que se instala como una presencia ubicua y sempiterna en el pueblo, tomando diversas formas que, en vez de disiparse o remitir con el paso del tiempo, mutan y se propagan con la represión y a fuerza del silencio. Los personajes de Cervera que vivieron la guerra y la posguerra recuerdan esa primera distinción entre vencidos y vencedores que les condenaría a un silencio y un miedo que duraría generaciones: "había dos clases de muertos, los unos y los otros, los que ganaron la guerra y los que la perdieron, los que se acuerdan de todo porque todo fue de ellos y sigue siendo de ellos y de sus hijos y sus nietos y los que tienen una cebolla amarga en la memoria" (*VF*: 374). Como describe Ángel, quien había vivido la posguerra y la represión de la Guardia Civil contra los republicanos, los maquis y sus familiares, en ese epílogo de la segunda novela, "el miedo no tiene principio ni final. Siempre vivimos donde él vive y cuando nacimos, al menos quienes nacimos en aquella época oscura, él ya estaba allí [...] diciéndonos que era inútil la huida porque el miedo, cuando escapamos hacia alguna parte, no se queda atrás sino que viaja con nosotros y ya estará esperándonos" (*VF*: 156-57). El miedo alcanza ese estado primordial y se consolida como punto de partida para las personas como Ángel, su madre u otros de los derrotados, donde se manifiesta como respuesta a distintas experiencias vividas, las cuales dan paso a diferentes expresiones de miedo. Por un lado, está el miedo a la repetición que surge a partir de la experiencia personal de haber perdido —a un ser querido, los derechos, la dignidad— o de haber sufrido daño o dolor físico. Por otro lado, está el miedo que surge a partir no de la experiencia personal, sino de haber sido testigo del sufrimiento ajeno. Estos miedos se mantienen a raya mediante el silencio, el cual acaba propiciando, por un lado, una confusión —cuando no un olvido opaco— para generaciones sucesivas y/o, por otro, un discurso codificado dentro de la comunidad republicana.

Mientras que *Maquis* y *La noche inmóvil* tienen su enfoque generacional en los integrantes de la resistencia armada y los que vivieron la guerra y la posguerra como adultos, *El color del crepúsculo*, *La sombra del cielo* y *Aquel invierno* ofrecen una visión más amplia y más centrada en la generación de los hijos y nietos de los primeros. La generación de los hijos en Los Yesares —la de Sunta o su primo Héctor— hereda ese espacio ahogado por el silencio y el miedo, donde "se han quedado a vivir un recuerdo infame y sus secuelas, la maldita cercanía del dolor, esa garganta ciega que se calla lo que tanto necesita y echan en falta: el sabor dulce de las palabras" (*VF*: 169). Al principio de *Maquis*, una secuencia narrada en tercera persona y desde un tiempo presente focalizado en el personaje de Félix, ya mayor, aborda la cuestión de esa herencia falta de palabras para los que encuentran al nacer "el color tembloroso del crepúsculo" sin saber exactamente por qué: "la inocencia es el tiempo retenido en las calles oscuras del destierro, la voluntad de Sunta y de su primo Héctor y de los otros niños de Los Yesares de seguir inventando un mundo que no existe (*VF*: 169). En una recolección de la infancia de Sunta, desprovista de un relato coherente "un día le preguntó si el hombre del saco y el maquis eran lo mismo", a lo que su abuelo le contesta "No sé quién dice eso, cómo van a ser lo mismo", y con una respuesta que se consolidará también en la generación de los nietos, Sunta responde "No sé por qué nadie contesta cuando se lo pregunto" (*VF*: 377).

No obstante, la primera novela, *El color del crepúsculo*, nos ofrece a los lectores una visión de los recuerdos subjetivos de Sunta, quien pese a los silencios que la rodeaban, relata, desde su propia memoria, que era consciente de que los de su entorno cargaban con un peso y que esto estaba relacionado con la memoria: "doña Milagros nos dijo que las personas mayores son las que más historias pueden contar porque al tener tanta vida encima también tienen más recuerdos. Y añadió que los recuerdos se heredan y así, poco a poco, se va haciendo grande nuestra memoria" (*VF*: 33). Más tarde en un diálogo de una secuencia de *La noche inmóvil* narrada por Félix, vemos a una Sunta más mayor y preocupada por la inmovilidad y abatimiento de su abuelo, quien achaca su pereza a una tristeza obsesiva:

—Siempre está hablando de lo mismo, siempre de lo mismo, si hace más de veinte años que se acabó la guerra civil y usted está como si la estuviera viendo en la otra parte del río, no sé cómo no se la puede quitar de encima con la de desgracias que trajo a los del pueblo.
—No a todos los del pueblo, Sunta, algunos bien que han vivido desde entonces y otros no han levantado aún la cabeza y tú ya eres bastante grande para saber esas cosas (*VF*: 304).

A pesar de esa infancia y adolescencia consumidas por el silencio, rodeada de personas que lastran los duros golpes de la vida y a las que "se le ponen las pupilas del color de la ceniza" y heredera del silencio y el miedo, ya en la edad adulta Sunta es consciente de la importancia de su herencia y opta por luchar contra el silencio y el miedo mediante el acto de escribir: "No sé si ahora estoy en esa edad en que solo sentimos el miedo. A lo mejor sí. Y en la travesía necesito escribir estas historias para conjurarlo" (*VF*: 56). Convertida ya en una heredera por elección en *La sombra del cielo* y *Aquel invierno*, vemos cómo Sunta lucha contra ese silencio y "aquel miedo antiguo que sus padres no les contaban porque el miedo estaba por encima de la rabia y el desprecio que sentían hacia los espasmos de la dictadura, de ese tiempo negro que hoy nadie quiere conocer" (*VF*: 450). En la última novela, Sunta participa en las entrevistas de Vanessa —otros le dicen que "seguro que [Sunta] te contará más historias que nadie de aquel tiempo" (*VF*: 572)— y procura contarle todo lo que le ha venido en herencia: "le habla del miedo" y le asegura a la joven francesa que habrá muchas historias que contar: "Ya verás, ya verás cuando hayas acabado de escribir el libro, seguro que te sobran historias y gente para escribir otro igual de largo. Ya verás…" (*VF*: 556).

La culminación de ese trabajo de genealogía que traza los efectos del miedo y el silencio mediante las tres generaciones queda plasmada sobre todo en las últimas dos novelas, con un mayor enfoque en la generación de los nietos. El resultado de ese trazo que pasa por tantos personajes es que podemos observar las distintas formas que toma el miedo en las diferentes personas, las cuales encuentran su máxima expresión en la figura de la Vanessa Roquefort de la última novela, cuyo título remite, en palabras de Sunta, a "aquel invierno que no se acababa nunca según cuentan" los que vivieron aquellos años duros, "aquel invierno [que] duró tantos años que este pueblo se quedó medio vacío y lo fueron llenando con fantasmas y desaparecidos" (*VF*: 555; 592). Lo que encuentra la joven francesa en su trabajo de entrevistas sobre "aquel invierno" con decenas de habitantes del pueblo es que ese miedo a hablar, a las represalias y al daño que se instaló en tiempos pasados ha permanecido intacto en las generaciones más jóvenes:

> [...] le habla[n] del miedo, lo mismo que le hablan del miedo Fausto y los otros, todos los otros personajes que van llenando paso a paso las hojas que antes fueron palabras titubeantes en la cinta de la grabadora. Si han pasado tantos años, ¿de dónde pues el miedo? Y siempre los mismos nombres [...] siempre los mismos nombres bailando en todos los papeles, en los silencios que a veces ocupan metro y metro de cinta y al final todo está siendo como una cadena sorprendente de gritos y silencio.

Más allá de las expresiones verbales del miedo persistente, Vanessa relata cómo uno de sus entrevistados se niega a que la joven publique su nombre real (*VF*: 622) y cómo un hombre llamado Fausto cierra la puerta de su casa antes de hablar: "cuando ya estaba a punto de registrar las palabras de Fausto en su casa cerca de las eras, se levantó renqueando y cerró la puerta de la calle. Ahora podemos hablar, dijo" (*VF*: 646).

Además del miedo que sigue presente en las generaciones más mayores, vemos los efectos de décadas de silencio en la de los nietos, producto de esa carencia de relatos concretos. El caso antes mencionado de la joven de 17 años, Elena, es sugerente: cuando Vanessa le dice que la quiere grabar, Elena le contesta que no es necesario desperdiciar cinta y apunta en un papel que sabe "lo que [le] han contado [sus] padres y [sus] abuelos. Nada" (*VF*:

613)[17]. Más allá del silencio del entorno familiar, Vanessa achaca la ignorancia también a una carencia general de conocimiento y de memoria pública: "Nadie sabe nada porque nada se cuenta en ningún sitio, ni en las casas, ni en la televisión, ni en ningún sitio. Aún hoy es como si estuviera prohibido recordar" (*VF*: 646). A esto se le añade el comentario de uno de los entrevistados más mayores, David Catarro, quien confirma la ignorancia también de sus propios nietos: "El otro día se lo contaba a uno de mis nietos, que ya tiene casi veinte años [...] y me dijo que a él nunca le contaron en la escuela nada de aquel tiempo" (*VF*: 634). No obstante, a pesar de los estragos del silencio, las últimas dos novelas —escritas en 2003 y 2005— recogen algunos de los cambios que se dan al nivel sociopolítico en España en cuanto al interés general en temas relacionados con aquellos años, con las primeras exhumaciones llevadas a cabo en Los Yesares, el cambio de nombres de calles y la victoria del PSOE en las elecciones municipales del pueblo, que reflejan el auge del movimiento memorialista y parecerían presentar la decisión del partido de adoptar una postura más crítica.

Más allá del miedo y el silencio como partes integrantes de ese trabajo de genealogía y como consecuencias que unen pasado y presente, *Las voces fugitivas* también pone el enfoque en el daño físico como otro de los aspectos que perduran en el tiempo, una decisión tomada a conciencia por el propio autor: "Pero quería hablar del dolor, del daño físico, en toda su intensidad" (Cervera, en Tyras 2007: 187)[18]. Las heridas mismas son la prueba de la permanencia del pasado en el presente y remiten por medio de la metonimia a los daños más abstractos —colectivos o psicológicos— y la continuación de ese dolor en el presente. Tras los años de violencia de la guerra, la resistencia armada y la represión de la posguerra, el daño físico, las marcas dejadas por este y la muerte física acaban arraigándose no solo en las personas, sino también en las tierras aledañas del pueblo. Son varias las ocasiones en las que los

---

[17] Este testimonio en papel aparece previamente integrado como una secuencia más en la novela sin atribuirle la autoría a la joven Elena, una de las secuencias de pocas líneas que incorporan el espacio vacío.

[18] En la entrevista que Georges Tyras recoge en su estudio, Cervera comenta que la experiencia del dolor físico faltaba en las primeras tres obras y alude a *Aquel invierno* como la novela en la que pretendía tomar el daño físico como una más de esas experiencias que aún se perpetúan.

Capítulo VI. *Las voces fugitivas* de Alfons Cervera

personajes de Los Yesares hablan de las heridas de la naturaleza, como si la tierra acogiese el dolor físico que rebosaba en sus habitantes: "la muerte era entonces, como lo es ahora, algo tan habitual que formaba parte de nuestro paisaje" (*VF*: 245); "la guerra continúa porque las guerras no se acaban si antes no se cierran las heridas que se abrieron entre la gente [...] lo mismo que abrían grietas en los montes cuando explotaban las bombas y se estrellaban los aviones sobre las trincheras" (*VF*: 446). En una conversación entre dos maquis que reflexionan sobre el sufrimiento de los habitantes del pueblo durante su lucha, Justino le habla a Sebastián sobre las heridas:

> Si escarbamos en el monte con cuidado descubriremos sus heridas y como esas heridas son tan viejas guardan en el corte todo lo que tienen que contar de la vida de esos montes y de los animales y de los árboles y de las piedras. [...] Las heridas de la tierra me dijo don Recalde que son como las heridas de la gente [...]. Pero no puede ser bueno que las heridas se hagan viejas en la gente, Sebas, no puede ser bueno, a lo mejor es bueno para la tierra pero no para la gente, que luego salen esas heridas y se acaba como en el miserere (*VF*: 189).

Las ponderaciones de Justino en plena posguerra sobre las heridas en las personas parecen anunciar la larga duración del dolor en los habitantes de Los Yesares, igual que las heridas en la tierra.

Además de la violencia entre maquis y guardias civiles y las vejaciones de estos últimos contra los familiares y habitantes del pueblo, se destacan dos casos de daño físico en la obra de Cervera: el de Hermenegildo, quien perdió una pierna en la guerra luchando por la República, y el de Ángel, hijo de Sebastián y Guadalupe. Hermenegildo, quien fue obligado a trabajar para el ayuntamiento como castigo y será enterrado después de morir en el cementerio reservado para los "rojos y los que se suicidan", se queja del dolor que parece exacerbarse años después durante las últimas emboscadas de los maquis: "Duele este jodido, duele más que nunca, y cuando el muñón avisa es que las cosas no andan bien, nada bien, con tanto silencio y tanta muerte" (*VF*: 248). En el caso de Ángel, es después de que los maquis asesinen al maestro del pueblo que los guardias civiles le detienen siendo niño, para vengarse, y que le queman las uñas de las manos con un soplete para soldar metales. En *Maquis*, que es donde se relata por primera vez el castigo a Ángel, se compara la herida del niño con la de Hermenegildo: "Se acurruca Angelín en el silencio y siente las manos como si fueran las manos de otro, como si ya no las tuviera y en su lugar hubiera un vacío absurdo como hay un vacío absurdo en el camal volador de Hermenegildo" (*VF*: 250).

Décadas más tarde, Ángel hablaría con Vanessa sobre su experiencia como hijo de un maquis que fue capturado y asesinado y como víctima de la represión de la Guardia Civil. Las entrevistas de Vanessa coinciden con el auge del movimiento memorialista presente en el espacio público, cuando el debate vacilaba entre, por un lado, recuperar, recordar y conmemorar y, por otro, "evitar abrir viejas heridas". Es en la entrevista con la joven francesa que Ángel cuenta su reacción al desfile militar del 12 de octubre de 2004, en el que el aquel entonces ministro de defensa juntó a un combatiente de la División Azul con otro que había luchado contra los nazis con el general francés Philippe Leclerc: "Me daban ganas de romper el televisor cuando escuché al ministro explicar que eso era señal de que el pasado hay que olvidarlo y mirar hacia delante" (*VF*: 640). Para el personaje de Ángel, es imposible desentenderse del pasado en el presente y las heridas no pueden volverse a abrir porque nunca se han cerrado, las conserva aún en los dedos:

> Y por mucho que quieran juntar unos y otros, siempre habrá dedos azules como los míos que nos harán pensar de otra manera. [...] A mí me quemaron los dedos, mataron a mi padre y a mi madre le pegaron más palos que a una estera. Y resulta que he de ser yo quien les pida perdón, he de ser yo quien los acepte sin que ellos hayan mostrado la más mínima señal de aceptar el horror de lo que hicieron. [...] Así no se cierran los desbarajustes de la memoria (*VF*: 640).

Las críticas y el enfado de Ángel hacia la decisión de juntar a quienes lucharon con los alemanes con quienes lucharon contra ellos ponen de manifiesto lo hiriente que es semejante equiparación. Cuando el silencio, el miedo y las heridas aún tienen su peso y su efecto en el presente, declarar el pasado como superado en nombre de la paz y la tranquilidad es, para un personaje como Ángel, restarle importancia a sus propias experiencias y privarles de un sentido de relevancia en el presente, divorciando las marcas aún visibles de sus heridas de las causas que las provocaron y subordinando su dolor físico a otros que sí recibieron su merecida atención.

Para el colectivo, con el duelo social no se trataría de llegar a términos con el pasado, de pasar página o cerrar heridas —"como si las heridas se hubieran cerrado alguna vez" (Cervera 2017: 169)—, sino más bien de un *convivir* con ellas, reconocer las heridas que permanecen abiertas en el presente, una política de convivir con los fantasmas del pasado que aún están entre nosotros en el presente y que exigen nuestra atención. En Los Yesares, sus habitantes hablan de las heridas y denuncian su permanencia en el presente: "Todo son heridas en este pueblo, todo, y los que todo lo rompieron siguen en su empeño de seguir jodiendo la marrana, siguen hurgando en aquellas heridas que ellos mismos y sus padres y sus abuelos abrieron en su tiempo" (*VF*: 352). Lo que hace Cervera en ese convivir con las heridas es, en palabras de Wendy Brown, hacer que la Historia sea "un ultraje al presente": "making a historical event or formation contemporary, making it 'an outrage to the present' and thus exploding or reworking both the way in which it has been remembered and the way in which it is positioned in historical consciousness as 'past'" (Brown 2001: 171). Las múltiples voces de los narradores y habitantes de Los Yesares permiten una reconsideración de las heridas aún abiertas que pone en cuestión la labor de memoria que se ha hecho en torno a ellas.

Además de poner de relieve la continuación de los efectos del miedo, el silencio y las heridas en el presente, *Las voces fugitivas* evidencia no solo la permanencia de la impunidad en ciertos casos —en la represión, el expolio de bienes, etc.— y con ella el reconocimiento de los responsables, sino lo que es una denuncia más crítica de, primero, la conservación de las mismas estructuras sociopolíticas de poder que se instalaron en los días inmediatos después de la guerra y, segundo, el discurso de reconciliación forzado que, si bien tiene como objetivo la concordia y la convivencia, acaba despojando a muchos de los afectados de cualquier posición que no sea la de agradecimiento, lo que Fernández de Mata describía como ese discurso basado en una falsa generosidad por parte de las víctimas. Como sugiere el personaje de Ángel al referirse al episodio del desfile militar —"Ahora dicen que hemos de olvidarlo todo, que la única manera de vivir tranquilos es olvidándolo todo. [...] Y resulta que he de ser yo quien les pida perdón" (*VF*: 640)—, lo que hacen estas posturas es impedir una elaboración del duelo colectivo. Según las teorías de Moglen, en el caso de pérdidas y experiencias de daño colectivas, no solo es integral para el duelo la identificación de las fuerzas responsables, sino también —y esto es quizá más pertinente en el caso español— el reconocimiento de las macroestructuras sociopolíticas sostenidas por ese discurso que niega la necesidad de un duelo. Según las postulaciones de Moglen, el reconocimiento no solo de las causas de las heridas sino de aquellas estructuras que impiden su elaboración daría paso a una labor de duelo (2007: 20).

La permanencia de esas relaciones desiguales se denuncia una y otra vez en boca de varios personajes de la obra, insistiendo en las consecuencias reales en el presente de lo ocurrido en el pasado. El peso del pasado en el presente es, para Cervera, "lo más real de toda la novela", añadiendo que la continuación de las mismas relaciones sociales de la dictadura es más común en las zonas más remotas y aisladas: "si la cultura democrática no ha llegado en su exacta dimensión a ninguna parte, mucho menos lo ha hecho a aquellos sitios apartados del mundo, donde las gentes viven todavía las diferencias trágicas que surgieron después de la guerra" (Riera 2004: 6). Lo que se traza en Los Yesares a lo largo de las cinco obras que configuran *Las voces fugitivas* es la evolución de un discurso de paz y tranquilidad nacida después del fracaso de la guerrilla y durante la dictadura, pasando sin apenas interrupciones por la Transición y los años de la democracia, donde, de repente los oriundos de Los Yesares se encuentran, como escribe Cervera en uno de sus ensayos, "ante un paisaje rarísimo de franquismo sin franquistas" (2017: 223). Esa continuación se manifiesta en la novela a través de varios personajes que consiguen consolidar su poder y riqueza, por su afinidad al régimen, desde los primeros años de la dictadura hasta el presente. Son ejemplos Mariano del Toro, primer alcalde del régimen, y Delmiro Perales, jefe de la Falange, quienes, tras prometer a los huidos y escondidos republicanos que podían volver si no tenían delitos de sangre, asesinan después a personajes como Remigio, anarquista que vuelve al pueblo con su mujer Asunción (*VF*: 578). Años más tarde, tras haber sido el primer alcalde de Los Yesares durante el régimen, Mariano del Toro acaba convirtiéndose en el primero de la democracia con "un retrato de Adolfo Suárez en la cabecera de su cama" y Delmiro Perales "ocupó un alto cargo en Valencia", como denuncia Ángel en el epílogo de *Maquis* (*VF*: 277).

La conservación de esos niveles desiguales de poder supone otra realidad para los republicanos. Victorino, un exiliado en Francia tras haber luchado con los maquis, describe su visión del pueblo a Félix en *La noche inmóvil*:

"Resulta que aquí todo está igual, que Franco se ha muerto, yo he podido volver y me encuentro con que no ha cambiado nada, que se nos sigue comiendo la desgana y que los hijoputas que mandaban cuando metieron a mi madre en la cárcel siguen mandando o mandan sus hijos o sus nietos" (*VF*: 361). Junto a ese aferramiento al poder viene necesariamente la conservación de la impunidad por ciertos crímenes y represalias llevados a cabo por los poderes fácticos del régimen. En *La sombra del cielo*, Arturo, el marido de Sunta, le explica a Walter Reyes, el hombre argentino y enfermo que, huyendo de su propio pasado, llega al pueblo de Los Yesares para pasar sus últimos días, que "al menos en [s]u país están detenidos los asesinos de cuando la dictadura, los que torturaban, pero aquí se murió Franco y no pasó nada, sobre todo no les pasó nada a ellos, que siguen campando a sus anchas como si fueran los amos" (*VF*: 445). Así, la obra denuncia no solo la prolongación del miedo y el silencio sino también de la injusticia, señalando a los responsables del sufrimiento, la represión, el expolio de bienes:

> Ahí los tienes, los dueños del pueblo, sus padres mandaban antes y ahora mandan ellos [...] fueron los que denunciaban a los republicanos cuando acabó la guerra, y mientras medio pueblo estaba en la cárcel ellos se apropiaban de lo que tenían y a las mujeres las pelaban al cero y les pegaban una palizas que las dejaron baldadas de por vida. [...] ahora ahí los tienes, tan tranquilos como si no hubiera pasado el tiempo y estos tiempos de ahora fueran los mismos que los de la dictadura (*VF*: 445-446).

Más allá de la impunidad asociada con los crímenes de la guerra y la dictadura, Cervera también traza una línea continua entre los abusos del poder del pasado y la corrupción y los intereses económicos en la actualidad. En *La sombra del cielo* los habitantes se enfrentan a las excavadoras de una compañía minera que pretende explotar los alrededores del pueblo —"existe un vínculo orgánico entre las compañías mineras y los herederos del bando franquista, que siguen campando a sus anchas por pueblos como Los Yesares" (Tyras 2007: 64)—, destrozando el paisaje, en clara alusión a la imagen anafórica que remite a las reflexiones sobre las heridas de la tierra y las de las personas. En una de las sentadas organizadas por los oriundos del pueblo en el monte contra la mina, los guardias civiles acuden a la zona "para despejar el monte de manifestantes y aliviar la violencia que desde hace años cubre el cielo y la tierra de Los Yesares y otros pueblos de la Serranía" (*VF*: 438). En una especie de repetición del discurso del régimen contra la resistencia armada que solo contemplaba la violencia en una de las partes, esa "violencia" que han de aliviar los guardias civiles obvia los destrozos de la compañía minera que van en contra del bienestar de los habitantes. Al final del enfrentamiento, en el mismo escenario montañoso de las escaramuzas entre maquis y guardias civiles, la benemérita acaba pegándole una paliza a Martín, hijo de Sunta y Arturo. Tras el enfrentamiento, Sunta le cura las heridas a su hijo en casa en una especie de repetición de la escena ocurrida entre Ángel y su madre Guadalupe, después de que su hijo sufriera torturas a manos de la Guardia Civil (*VF*: 439).

Según Cervera, la memoria tiene menos que ver con el pasado que con el presente y mediante la ficción y la creación de sus personajes se identifican las causas de las pérdidas y el sufrimiento del pasado, vinculando los efectos y las consecuencias que décadas de miedo, silencio e impunidad tienen en la actualidad: *Las voces fugitivas* "es una novela de la memoria, en la que los datos y acontecimientos importan menos que la huella que han dejado y que todavía producen en la vida personal, social e íntima de los personajes" (Arroyo-Rodríguez 2014: 167). En este sentido, podemos entender la obra como una narrativa de duelo persistente en la medida en que da cuenta no solo de las injusticias sufridas en el pasado, sino también porque incide en que las mismas causas de aquel sufrimiento ayudaron a asentar los cimientos injustos del presente. Así, la obra de Cervera se diferencia de mucha de la literatura sobre la guerra entre la que están muchos "productos culturales [que] tienden a homogenizar la percepción de este episodio del pasado reciente del país pues, aun cuando introduzcan particularidades y datos complementarios, [...] desvinculan el pasado dictatorial del presente democrático, rompiendo toda relación significativa entre ambas temporalidades" (Arroyo-Rodríguez 2014: 167). *Las voces fugitivas* asume el legado de ese pasado para el presente, afirmando que el presente democrático es más pobre cuando permanecen intactos los mismos discursos que impiden el reconocimiento del dolor y de la pena de tantas personas y las ausencias que integran nuestro presente, haciendo, efectivamente, lo que escribe Carlos Piera en el epígrafe de *Los girasoles ciegos*: "nuestra la existencia de un vacío".

6.3. La lucha antifranquista de la guerrilla

El tratamiento de la resistencia guerrillera y la figura del maqui en *Las voces fugitivas* sirve como ejemplo en el que entran en juego todos los elementos antes expuestos sobre cómo podemos entender la obra como narrativa de duelo. Estoy interesado en lo que es quizás una de las recuperaciones más importantes en la obra de Cervera y la medida en que esta está relacionada con un duelo colectivo social[19], que tendría que ver no solo con el rescate de la figura en sí, sino también con lo que implica la resistencia para el presente democrático y respecto a los discursos hegemónicos —tanto los de la reconciliación o la equidistancia de la Transición, como los discursos despolitizados presentes en algunos sectores del movimiento para la recuperación de la memoria histórica— que marcan la manera en que entendemos cómo se nos permite hablar de y concebir el pasado desde un presente cada vez más alejado en el tiempo de los acontecimientos. El rescate de la figura del maqui en la obra de Cervera supone *otro* entendimiento de qué es la memoria histórica, donde esta se entiende "no como una exposición de contenidos silenciados[20], sino como un trabajo cuidadoso de reconstrucción e interpretación que exige la inclusión de perspectivas y de procesos de racionalización que siguen ocupando una posición minoritaria en el discurso

---

[19] Aquí incido en la relación que tiene el maqui con ese duelo colectivo social, sin reparar tanto en la trayectoria de la figura del maqui en las representaciones ficcionales —tanto cinematográficas como literarias— como en la figura histórica de la resistencia armada —tanto en España como fuera—. Sobre las distintas maneras en las que se ha tratado al maqui en la historiografía o en la ficción, véanse los trabajos de Daniel Arroyo-Rodríguez, *Narrativas guerrilleras* (2014) y los monográficos "Armed Resistance" (2012) de la revista *Hispanic Issues On Line*, editados por Antonio Gómez López-Quiñones y Carmen Moreno-Nuño, y *La memoria cinematográfica de la guerrilla antifranquista* (2017), editado por Pere Joan Tous y Cornelia Ruhe.

[20] La recuperación del maqui en Cervera no constituye una recuperación *fáctica*, sino una recuperación reivindicativa. Aun así, la figura del maqui en sí constituyó el enfoque de numerosos estudios incluso durante los años de la dictadura a cuenta de varios militares historiadores (Arroyo-Rodríguez 2014: 33-34). Arroyo-Rodríguez afirma que el maqui, sobre todo a partir de la invasión del Valle de Arán, sirvió para que el régimen construyera todo un discurso jurídico, psicológico y cultural alrededor de la figura, a quien se retrataría como enemigo y bandido.

cultural" (Arroyo-Rodríguez 2014: 166-67). Así, mediante la reivindicación del maquis como figura de la resistencia que, en palabras de Florián García, militante de la Agrupación Guerrillera de Levante y Aragón, perdió "tres guerras: la civil, la segunda guerra mundial y la transición" (Cervera 2017: 131), la obra de Cervera se convierte en "el maquis literario" para lamentar esas pérdidas y, a la vez, para resistir contra el olvido.

En su tratamiento de la resistencia antifranquista de los primeros años de la posguerra, *Las voces fugitivas* nos ofrece una visión de los motivos por los que los personajes han tomado la decisión de "echarse al monte". Aunque cada caso es distinto, por lo general se limitan a dos razones: primero, por motivos políticos o ideológicos y, segundo, por el maltrato y las vejaciones recibidas por parte de la Guardia Civil. Son varios los que han decidido unirse a la guerrilla tras haber luchado con los republicanos —"En Los Yesares casi todos hicieron la guerra con los republicanos" (*VF*: 252)—, algunos de los cuales habían estado presos por sus actividades durante la contienda. Por otro, la decisión de algunos de unirse a la resistencia surge a partir de la humillación que reciben a manos de la guardia civil, como el caso de Sebas que, tras recibir amenazas de un guardia civil, acaba matándolo y huyendo al monte. Para estos personajes, la represión y la tortura son tales que la resistencia pasiva no supone una opción para ellos (Ryan 2013: 342).

Del mismo modo que la obra de Cervera pone de manifiesto las carencias y ausencias con respecto a las pérdidas del pasado, con la resistencia de los maquis, ocurre lo mismo, pues vincula su lucha al presente en la medida en que esta hace referencia a una base ideológica: "es importante notar que estos personajes no niegan el origen ideológico de la violencia de la guerra civil ni las motivaciones éticas de los maquis. Estos personajes denuncian una desconexión entre los orígenes y el desarrollo de la violencia, los discursos políticos que la explicaban y la realidad posterior de esta" (Gómez López-Quiñones 2006: 133). Aunque hay menos referencias a unas ideologías y formaciones políticas concretas que en *Santo diablo*, los maquis describen su lucha como una resistencia contra la represión del nuevo régimen, sancionada y amparada por sus nuevas instituciones. Tras detener al maquis Ojos Azules, son los poderes fácticos quienes deciden qué hacer con el detenido: "En el ayuntamiento andan reunidos los de siempre y hablan de la muerte. Están el alcalde, Mariano del Toro, el cura don Cosme y don Abelardo, el maestro, Enrique Perales, jefe de la Hermandad de Labradores, y el comandante de puesto al mando de la Guardia Civil" (*VF*: 208). Esa posición en contra del nuevo régimen y crítica de la Iglesia se pone de manifiesto en una conversación que mantiene Sebas con el cura, don Cosme, a quien acusa de ser cómplice de la represión: "Los curas bendicen los fusilamientos de Franco, y usted bendice las palizas que pegan los de Falange y la guardia civil. Aquí cada cual bendice a los suyos [...] y los curas deberían estar con los dos bandos o con ninguno" (*VF*: 195). Así, pues, los maquis conciben su lucha como diametralmente opuesta a la injusticia que supuso la Guerra Civil y a aquellos que consienten y amparan la represión en los días de la posguerra: "Y no todas son justas, que hay guerras armadas por los hijos de puta como Franco y luego esas guerras siguen y no se acaban nunca. Pero hay guerras, como esta misma que armamos nosotros en el monte, que lo que quieren es que llegue la tranquilidad y la paz sea la comida de todos los días" (*VF*: 236). En esa conversación entre los maquis Sebas Fombuena y Pastor Vázquez, Cervera se apropia de las nociones de "paz y tranquilidad" usadas para describir la victoria de las fuerzas golpistas al final de la guerra y las invierte para describir los objetivos de su propia lucha.

La lucha por la libertad contra las fuerzas franquistas como objetivo de la guerrilla se evidencia de manera especialmente clara a través de las páginas narradas por Ojos Azules, el líder del grupo de Los Yesares. Desde el lugar de detención, el maquis deja claro que tanto la Guerra Civil como la resistencia armada posterior partían de la noción de que luchaban por unos ideales que estaban ausentes en el lado contrario:

> Los fascistas ganaron la primera ronda del envite y ahora siguen en el monte los últimos luchadores por la libertad que no se entregarán fácilmente si no es a golpe de traiciones y emboscadas [...] que podemos morir en paz cuando la muerte nos encuentra en el tajo diario de la lucha, de la entrega única a nuestros ideales, de unos ideales que nos hacen diferentes, al menos en eso, de los civiles que nos buscan a la desesperada para cazarnos como si fuéramos alimañas. [...] Ha pasado una guerra y luego esta otra por los montes y las dos me han descubierto en el lado cruel de los vencidos, las dos me han ido dejando una mirada que es la mirada del cansancio y a veces la del abandono, aunque al final siempre podían más las ansias de seguir luchando hasta que la cabeza estallara y fueran quedando solo en las montañas los últimos arrestos de la lealtad y del valor, un valor que

todas las mañanas se levantaba con dificultad de los camastros viejos llenos de chinches y sueños imposibles (*VF*: 215-216).

Así, la obra de Cervera ubica a la guerrilla dentro de un tiempo "de grandes ilusiones, de grandes esperanzas, de grandes proyectos y esperanzadoras violencias", donde la lucha de los maquis se inscribe dentro de la misma lucha contra el fascismo y una guerra ilegítima, donde también buscan "la felicidad de nuestra gente, y la solidaridad, y la igualdad" (Gómez López-Quiñones 2006: 108; *VF*: 221).

No obstante, la reivindicación de la guerrilla no se justifica solo como una continuación de la lucha iniciada en la Guerra Civil contra el fascismo, sino que también ofrece una reflexión sobre la violencia en sí misma y sus efectos, sobre los que la ejercen, y también sobre los que se encuentran en el entorno donde esta violencia se ejerce. La obra *Maquis* en concreto es "una novela de prácticas y discursos sobre la violencia en un contexto social y comunitario", tanto aquella perpetrada por el régimen como la violencia de la resistencia armada (Gómez López-Quiñones 2006: 125). Así, independientemente de los valores que motivan la lucha, lo que queda patente es que "toda agresión no solo tiene un efecto físico sobre la víctima sino también unas consecuencias morales sobre el resto de la comunidad" (Gómez López-Quiñones 2006: 127). Vemos, pues, cómo se abren dos posiciones respecto a la lucha armada: por un lado, se ve como una fuerza productiva y creativa a corto plazo que potencialmente llevará a tiempos mejores y, por otro, una fuerza de destrucción. Esa tensión se pone de relieve a través de la represión que sufren los familiares de los maquis: Guadalupe y Rosario, mujeres de Sebas y Nicasio, reciben palizas, son obligadas a beber aceite de ricino o les rapan las cabezas, y "expresan el desaliento ante un proceso de paz que paradójicamente no ha traído la paz que tan solo ha modificado la intensidad y los modos de la violencia" (Gómez López-Quiñones 2006: 134). Los guerrilleros son conscientes del dolor que les provoca a sus familiares y les hace incluso dudar de su decisión de seguir con la resistencia armada, como demuestra una conversación entre Sebas y Nicasio: "Me decía Rosario que la otra tarde le pegaron una paliza de la hostia [...] y que Guadalupe también está en las últimas, que no puede más y que le decía el otro día que igual se pega un tiro y que un día es Rosario la que se ahoga y al otro le toca a Guadalupe llenarse de rabia y morirse de miedo" (*VF*: 237). Las dudas no se restringen solo al entorno familiar de los maquis. Hermenegildo, veterano republicano, pone en cuestión la utilidad de la guerrilla si esta solo lleva a más sufrimiento: "No sé si son ya demasiadas muertes pero a lo mejor sí que hay demasiado sufrimiento en el camino abierto de una guerra a otra y lo mismo hemos de pararnos a pensar si no será bueno que esto se acabe de una vez y dejar que el mundo siga su camino sin que nadie, ni los unos ni los otros, le ponga obstáculos de ninguna clase" (*VF*: 246). Más allá de la eticidad de los valores por los que siguen luchando los guerrilleros, *Las voces fugitivas* no ofrece una visión simplificada de la lucha armada y retrata los efectos de esa segunda guerra que los luchadores antifranquistas también pierden.

La obra de Cervera pone de manifiesto "el silenciamiento de los valores por los que lucha" la resistencia antifranquista en la memoria que se ha construido en torno a ella (Arroyo-Rodríguez 2014: 169). Convertida en un espacio de conmemoración de la resistencia, la novela denuncia esa carencia de memoria, evidenciada en el epílogo narrado por Ángel, hijo de un maquis:

> Han pasado muchos años, treinta por lo menos, desde que se fueron los últimos maquis y desde que mataron a los que no consiguieron salvarse cruzando la frontera [...] Pero hay otra memoria que es la memoria maltrecha de los vencidos, la que ha ido creciendo frente a los paredones inmensos del silencio levantados cuando se acabó la guerra, cuando se acabaron las dos guerras, primero la de todos contra todos y luego la que hicieron unos pocos en el monte contra casi todos. No estaban locos y lo que hicieron fue enfrentarse con valentía, bastantes veces con torpeza, a los designios macabros de una victoria que solo había dejado un paisaje de muertos a su paso(*VF*: 275-76).

Los mismos guerrilleros también parecen anticipar esa falta de memoria en torno a su lucha cuando Ojos Azules narra en primera persona desde su celda: "Han sido muchos años de recorrer la tierra calcinada de la guerra, rota, definitivamente rota, por el silencio que al final de todos se levantará como el único vestigio del pasado" (*VF*: 213). En lo que se puede leer como una crítica lanzada por el propio maquis no solo a los de la izquierda futura sino a todo demócrata o antifascista, pues insta a los que vienen después a convertirlos no en héroes sino "en una memoria de la que no se avergüencen los tuyos y quienes vendrán después a heredar el legado de los tuyos"

(*VF*: 213). De forma parecida, en la secuencia narrada por Nicasio en el momento de su muerte, afirma que su único miedo es el olvido: "La muerte me da miedo porque después de la muerte ya solo estás en las manos del recuerdo, de esos que los otros, quienes vienen luego, guardarán de nosotros cuando ya no estamos" (*VF*: 269).

De la misma forma en la que Ángel "contempla sus cicatrices con cierta satisfacción" en la medida en que "son el oportuno recordatorio de una lucha consciente y justificada" (Gómez López-Quiñones 2006: 136), los maquis narradores y Ángel animan al lector en el presente a recuperar y reivindicar el legado de la guerrilla como una fuerza de resistencia contra el fascismo y la dictadura y como algo relevante al presente democrático. La visión de la Guerra Civil, la posguerra, la resistencia armada y la Transición que propone Cervera es de conexión, de causa y efecto, de momentos históricos sin "una segmentación limpia y [con] residuos entre estas temporalidades", lo cual "permite a la novela superar una labor informativa de la represión para sumergirse en la reflexión ética" sobre la represión del régimen franquista, la violencia y el deber de la memoria democrática (Arroyo-Rodríguez 2014: 171).

6.4. Más allá de Los Yesares

Las voces fugitivas entendida como la culminación de un proyecto literario que abarca más de diez años —empezando con *El color del crepúsculo* en 1995 y acabando con la publicación del conjunto de novelas bajo un mismo título en 2013— constituye en realidad un capítulo más en las reflexiones críticas de Cervera sobre la memoria y los efectos de la Guerra Civil, la dictadura y la Transición en el pueblo ficcionalizado de Los Yesares[21]. He insistido en que esa postura crítica hace que la obra pueda ser considerada una narrativa postraumática de duelo persistente que convierte la lectura en un trabajo de genealogía al que se refería Daniel Arroyo-Rodríguez que nos permite, a la vez que nos obliga, a seguir los trazos entre sufrimiento pasado y su peso

---

[21] El pueblo de Los Yesares y sus habitantes son centrales en las novelas *Tantas lágrimas han corrido desde entonces* (2012) y *La noche en que los Beatles llegaron a Barcelona* (2018).

en el presente, de reconocer heridas aún abiertas y a preguntar cuál es su implicación para nosotros en el presente.

La complejidad técnica de la obra de Cervera, con sus innumerables narradores y puntos de vista, relatos contados varias veces, con alrededor de doscientos personajes nombrados, produce al final al lector la sensación de conocer íntimamente Los Yesares, a sus habitantes, sus traumas y complejos. Situándonos como oriundos de ese pueblo, nos propicia, en efecto, una mirada hacia el interior que, pese a tratarse de ficción, no deja de "ser mucho más real que lo real", en palabras del propio autor (Lluch-Prats 2016: 304). No obstante, pese a esa introspección hacia los recuerdos más dolorosos de una comunidad que abarca más de sesenta años, los mismos recursos formales que fomentan esa intimidad con un pueblo inventado también dotan al texto de una fuerte concienciación que va en el sentido contrario: al cuestionar el presente y no solo el pasado, esa mirada introspectiva nos conduce a pensar necesariamente más allá de Los Yesares.

Lejos de tratarse de uno de los objetivos principales de las novelas de Cervera, esa mirada hacia fuera, más allá de lo relacionado con la guerra, la dictadura, la Transición y allende las fronteras nacionales, es un producto derivado directamente de ese proceso de duelo colectivo social del que *Las voces fugitivas* es partícipe. En la elucidación del concepto de duelo social, Moglen insiste en la importancia de la concienciación social —de nuevo, el señalamiento de las fuerzas originalmente responsables de las pérdidas y de las condiciones que impiden su correcta elaboración—, y en qué parte del proceso de realización de ese duelo se puede dar cuando los integrantes de un colectivo consiguen concebir de nuevo las capacidades que originalmente les fueron desprovistas o truncadas en el pasado. Moglen afirma que la esperanza política no constituye un requerimiento previo al duelo social, sino que es como un resultado de ese proceso, una postura orientada necesariamente hacia el futuro (2007: 24).

He insistido mucho en que *Las voces fugitivas* y la propia concepción de su autor sobre la memoria nos exigen echar la mirada no para atrás sino hacia abajo, al presente, pero existe también una noción de *futuridad* en la postura de Cervera. Según ese concepto de Amir Eshel, la *futuridad* no se refiere tanto a una reflexión sobre el futuro en términos materiales o tecnológicos, sino más bien a la capacidad transformativa de la literatura de encontrar nuevos modos de expresar ciertas experiencias cruciales para el futuro a partir del sufrimiento e injusticias pasados: "futurity marks the potential of literature to widen the language and to expand the pool of idioms we employ in making sense of what has occurred while imagining whom we may become [and] marks literature's ability to raise, via engagement with the past, political and ethical dilemmas crucial for the human future" (2013: 5). Pese a ser un pesimista confeso en lo que a los deberes de la memoria conciernen en España[22], la insistencia por parte del escritor en que la memoria tiene que ver con el ahora no dista mucho de esa capacidad de *futuridad* de la que escribe Eshel. La posición que asume la obra de Cervera, que es propia de las narrativas postraumáticas de duelo persistente, nos insta a cuestionar los discursos que alegan que el pasado está pasado, el duelo está hecho y a asumir la existencia de heridas, de ausencias, de injusticias que nos interpelan y que apuntalan nuestro presente y a permanecer irremediablemente abierto a dejar que nos afecten aquellas pérdidas e injusticias posibles y futuras, aquí y más allá de Los Yesares.

La *futuridad* y una mirada que se dirige "hacia fuera" está más presente en las últimas dos novelas de Cervera —*La sombra del cielo* y *Aquel invierno*—, y son dos los ejemplos que parecen apuntar más allá de Los Yesares: las protestas ciudadanas en contra de la explotación minera de la naturaleza de los alrededores del pueblo y el personaje de Walter Reyes. Por un lado, vemos cómo el duelo colectivo por las pérdidas e injusticias que integran el presente encuentra su máxima expresión y traducción —esa esperanza política a la que apunta Moglen— en la acción política contra los abusos del poder y, por otro lado, está el elemento transnacional con la introducción del personaje argentino que huye de su propio pasado, también hecho de daños físicos y psíquicos y de pérdidas, que permite, aunque de manera muy sutil e implícita, lo que Michael Rothberg denomina un intercambio de memoria multidireccional.

Además de servir para trazar la herencia de un poder que se remonta a los tiempos del expolio y a las relaciones desiguales de la posguerra, las manifes-

---

[22] Sobre si la llamada Ley de Memoria Histórica iba a suponer una verdadera oportunidad para reflexionar sobre la justicia respecto al pasado o un mero "punto final que cierra toda posibilidad de seguir insistiendo en esa justicia", Cervera escribe que es pesimista (2017: 169).

Capítulo VI. *Las voces fugitivas* de Alfons Cervera

taciones organizadas en contra de la compañía minera también demuestran una agencia nueva en los habitantes de Los Yesares. La acción política organizada sobre todo por las generaciones más jóvenes del pueblo es un modo de luchar contra la herencia de injusticias que, pese al paso del tiempo, siguen vigentes: "'Minas No'. Es el reclamo que se han inventado para la salvación de la tierra, para evitar la lapidación obscena del paisaje, para salir del silencio que desde no se sabe cuándo hay instalado en Los Yesares" (*VF*: 437).

En cuanto al aspecto transnacional del personaje Walter Reyes, argentino que acaba en Los Yesares después de pasar tiempo en Suecia —adonde se trasladó huyendo de su propio pasado—, Cervera ha afirmado que no era su intención construir una especie de comparación entre los dos sistemas totalitarios del régimen franquista y la dictadura militar argentina. Además, nunca se revela exactamente de qué huye o por qué, si se trata, como sugiere el propio autor, "de un militante de izquierdas que se exilia, un militante de izquierdas que al ser detenido y sufrir torturas prefiere en su liberación salir al extranjero para olvidar y que lo olviden" o si fue un torturador de la dictadura (Cervera, en Tyras 2007: 186). Pese a ser uno de los protagonistas de *La sombra del cielo*, la incertidumbre acerca de su pasado es una constante en toda la novela, que lo acaba convirtiendo en una especie de contrapeso doble a Arturo y Sunta en cuanto a su relación con la memoria. Por un lado, su procedencia sirve para que Arturo u otros comparen el caso de Argentina con el de España, haciendo hincapié en las diferencias sobre todo en cuanto a las medidas de justicia transicional implementadas en el país sudamericano. Por otro, a un nivel más personal, la postura de Walter respecto al pasado choca frontalmente con esa de Sunta o de Arturo. Ha llegado a Los Yesares huyendo de su propio pasado, con ganas de olvidar, y le advierte a Sunta contra la mucha obsesión por cosas del pasado: "así nunca llegará la tranquilidad, siempre estaréis en guerra, eso seguro" (*VF*: 451). Así, vemos a través del personaje de Walter el lado doloroso también del recuerdo: "cuando llega el momento de enfrentarse a su memoria, empujado por la misma memoria del lugar que le acoge, en ese choque se le destapan demasiados horrores para que pueda asumirlos tan de golpe. Por eso renuncia a la palabra" (Cervera, en Riera 2004: 6).

Sin embargo, encontramos en el personaje de Walter la perpetuación de una injusticia propia del pasado español y, en particular, de Los Yesares. Tras morirse solo en un hospital de Valencia de una leucemia que padecía sin que los demás lo supieran, los amigos de Walter lo quieren enterrar, pero se encuentran con la oposición de algunas de las autoridades del pueblo: "Piensa Luisa que no habrá paz en Los Yesares porque hace un rato han llegado los del ayuntamiento para decirles que al argentino no le enterrarían en el cementerio, que se buscaran otro cementerio si querían, que sin saber quién era el muerto no podían enterrarlo en el pueblo" (*VF*: 483). Vemos cómo una de las represalias de la dictadura contra los republicanos, que más daño producía a los familiares vuelve a repetirse décadas más tarde. Esta yuxtaposición entre Walter, extranjero que también lastra con sus propias pérdidas, y los afines a la república a los que denegaban sepultura digna en el cementerio del pueblo, permite que la obra ofrezca una visión no solo del pasado como ultraje al presente sino también de otras injusticias actuales. A pesar de las negativas de las administraciones municipales y la Guardia Civil de permitir el entierro de Walter en el cementerio, los amigos cercanos del difunto desafían la prohibición y acaban enterrándolo en un nicho que hay al lado del de Sebastián y Guadalupe: "el entierro será como ha de ser, que se acabaron los cementerios viejos, el tiempo aquel en que entre latas de sardinas y huesos de perro muerto eran enterrados los rojos y los que se suicidaban" (*VF*: 502).

Aunque el enfoque de *Las voces fugitivas* se limita al pueblo de Los Yesares, a las historias y las experiencias de sus habitantes, los aspectos de la obra que hacen que sea considerada una narrativa postraumática de duelo persistente —el acto de recuperar y resaltar no solo lo perdido sino la experiencia de la pérdida en sí, con sus huecos y ausencias y los recursos formales que mimetizan ese proceso y el trazo de sus efectos en el presente— también permiten una reflexión general que trasciende las fronteras. Esa mirada puesta en el suelo, en el examen de los fundamentos y efectos aún perceptibles del pasado en el presente es indiscriminada: el llamamiento de *Las voces fugitivas* a reconocer los efectos de las injusticias del pasado y a dejarnos afectar por ellos también nos vuelve abiertos a ser afectados por otras injusticias, pasadas o presentes. Un duelo colectivo por pérdidas no propias sino heredadas o incluso ajenas no tendrá necesariamente un fin concreto y constituye más bien la práctica persistente de permanecer abiertos al sufrimiento de otros, de indignarse ante otras injusticias, cuyo fin sería el de establecer una comunidad que empieza por nuestras propias experiencias de violencia y de vulnerabilidad pero que acaba en la comprensión de nuestra conexión —y a veces nuestra complicidad— con otros actos violentos (Butler 2006: 45). Esta es una visión reminiscente de lo que Nancy Fraser denomina "el principio de 'todos los afectados'" (*the all-affected principle*), según el cual "todos aquellos que se ven afectados por una institución o por una estructura social determinada ostentan una posición moral como sujetos de la justicia respecto a aquellas" (2005: 44). Más allá de la aplicación de esta noción dentro de un marco jurídico, el concepto aplicado a estas narrativas en cuestión y un proceso de duelo colectivo nos proporciona un lenguaje para expresar cómo la insistencia misma en que las ausencias del pasado nos incumben puede servir para la construcción de un entendimiento de cómo podemos relacionarnos con las experiencias de pérdidas y sufrimiento ajenos más allá de las fronteras nacionales.

RECAPITULACIÓN

Mediante las diversas manifestaciones del *boom* de la memoria en España en distintos ámbitos —a través de la fundación de plataformas cívicas en el movimiento memorialista o una mirada más crítica hacia los discursos hegemónicos sobre la Guerra Civil, la dictadura y, especialmente, la Transición, y también a través del incremento en producciones culturales sobre los momentos históricos en cuestión— se ponía de relieve toda una serie de inquietudes y tareas pendientes por parte de la sociedad. Por un lado, entre aquellas tareas pendientes estaba la de un mayor conocimiento acerca de ciertos episodios de ese pasado, la cual se hacía patente en el aumento de libros de historiografía y de literatura que pretendían descubrir ciertos aspectos de ese pasado olvidado o ignorado. Por otro, estaba la tarea pendiente de la que asociaciones como la ARMH se hacían cargo: atender a aquellos familiares que aún tenían algún pariente enterrado en una de las numerosas fosas comunes repartidas por el territorio español. En este caso, dicha tarea correspondía a posibilitar la labor de duelo para aquellas personas.

Partiendo de esa idea, de que existían tareas pendientes, he distinguido entre dos clases de déficits en el presente de cara al pasado: por un lado, un déficit memorístico, que se saldaba con una mayor atención a aspectos del pasado desconocidos; por otro, un déficit afectivo que impedía establecer conexiones entre la existencia, por una parte, de duelos inconclusos que se limitaban al entorno familiar y las implicaciones de este para el conjunto de la sociedad, lo que podría constituir un hipotético duelo colectivo. El segundo de estos ha sido el enfoque del presente estudio: en relación a ese déficit afectivo, he planteado la pregunta de si existen formas narrativas cuyo objetivo no era propiamente arrojar luz sobre el pasado, sino manifestar nuestra conexión en el presente con las pérdidas del pasado de un modo que se pudiera entender como un duelo colectivo, posibilitando así un modo de abordar ese déficit afectivo entre lo privado y lo colectivo. Estas cuestiones nos llevaron a establecer una categoría de narrativa denominada las narrativas postraumáticas de duelo, las cuales ayudarían a discernir y definir los diversos modos de significar ese hipotético duelo colectivo a través de la escritura literaria.

En el primer capítulo del presente trabajo, he ofrecido un estado de la cuestión sobre las teorías del duelo, tanto a nivel individual como a nivel colectivo. Partiendo inicialmente de los escritos de Freud —que alejaban el duelo de sus connotaciones estrictamente religiosas o sociales y lo describían como un proceso psíquico a nivel individual—, se han abordado las principales ideas de diversos teóricos y sus aplicaciones a un nivel colectivo y a las expresiones artísticas, entre las que está, por supuesto, la literatura.

Tras ofrecer un recorrido por los fundamentos teóricos, se ha presentado una caracterización de narrativas postraumáticas de duelo persistente poniendo el énfasis en cada uno de los calificativos que conformaban la definición, además de en las características formales que las definían como tales. Estas narrativas las considero postraumáticas en la medida en que el autor o la autora forman parte de una generación posterior a la que vivió los acontecimientos traumáticos de manera directa. En el caso español, más que tratarse de un trauma heredado, las narrativas actuales sobre la Guerra Civil componen lo que Jeffrey Alexander define como "trauma cultural" (2012), una condición colectiva presupuesta por una especie de concienciación sobre la herencia propia que surge tras una introspección psicológica o política. Hay que entender el trauma cultural como una afectación mediada socialmente que, a menudo, funciona tanto —o más— dentro del marco familiar que fuera de él, constituyendo lo que Sebastiaan Faber ha denominado un "acto afiliativo" (2011). Al no ser propiamente particulares las pérdidas, ese duelo no es tanto un proceso por el que el sujeto tendría que pasar, con sus pasos prescritos a seguir y su final, sino una postura asumible en el presente con respecto a las ausencias dejadas por las pérdidas colectivas del pasado. Esa postura llevaría a reconocer la presencia de dichas ausencias y su irreparabilidad, además de sus implicaciones para el presente.

En cuanto al término *duelo persistente*, tras el examen de los debates dialécticos sobre las teorías del duelo y sus aplicaciones a colectivos, nuestro entendimiento del duelo tal y como opera en estas narrativas va más allá del binomio freudiano original entre duelo y melancolía, según el cual el duelo se plantea como la superación con éxito de la pérdida original mediante el reemplazo y la melancolía como un proceso estancado y patológico. Como hemos visto, el consenso general en los estudios sobre el duelo de las últimas décadas tacha ese paradigma consolatorio de conservador, exclusivista y conducente a la amnesia. La escritura literaria, desde este punto de vista, no puede ni debe ofrecerse como consolación sino todo lo contrario: manifestar un estado de inconsolabilidad ante las pérdidas y el daño del pasado.

A partir del llamado modelo triádico propuesto por Seth Moglen, el duelo colectivo atañería también a las fuerzas o condiciones sociopolíticas responsables de la pérdida original y, también, a las responsables de perpetuar los efectos de la pérdida en el tiempo. En la escritura literaria, esto se manifestaría a través de una identificación clara de las condiciones que provocaron las pérdidas colectivas y el sostenimiento de sus repercusiones a lo largo de las décadas. Por otra parte, el texto literario, en vez de ofrecer(se) como sustituto por lo perdido o plantear la recuperación fáctica mediante la ficción como reemplazo o retorno al *statu quo*, debe resistirse a esa transacción metafórica y buscar identificar y sostener la pérdida. Asimismo, podemos entender estas narrativas en cuestión no solo como resistentes a la sustitución, sino también persistentes en su resistencia. Como modelo afectivo, conforman una expresión de la realidad actual con respecto al pasado de un modo que no se cierra nunca, dejando siempre abierta la invitación a reconocer que el pasado traumático atraviesa nuestro presente y que nos afecta, constituyendo así una práctica narrativa tanto en el acto de escribir como en el acto de leer.

En la construcción de esa definición, he ofrecido también una descripción general de las características formales que determinan estas narrativas como tales, observables tanto en la temática como en la poética de las obras analizadas. El primero de esos rasgos sería el de una brecha temporal entre el tiempo del discurso o de la narración y el tiempo de la historia. Esa distancia temporal se mantiene a lo largo del relato: por mucha indagación, recreación de diálogos o recuperación de documentos por parte del narrador que se lleve a cabo, la brecha temporal siempre se presenta como inabarcable del todo desde el presente. Esta heteroglosia compuesta por dos niveles temporales mimetiza nuestra relación en el presente con las pérdidas del pasado: aunque ciertos aspectos de ese pasado son irrecuperables e imposibles de conocer, constituyen los fundamentos del tiempo actual.

La segunda característica también se relaciona con la narración. Nos encontramos muchas veces con una estructura narrativa compleja que se puede presentar de tres modos: una narración polifónica, una narración interrumpida o rota y lo que he llamado una narración hipermediada. En el caso de la narración polifónica, las diferentes voces narrativas, más allá de dotar al texto con un carácter y plural, a veces ofrecen versiones contradictorias de los hechos, en una suerte de mímesis del recuerdo subjetivo personal en la memoria. El efecto es parecido en el caso de narraciones interrumpidas, con saltos temporales o cambios de focalización. Por último, en el caso de la narración hipermediada, el narrador nos transmite la información que va descubriendo a través de un tercero, y por tanto nos llega a los lectores por medio del filtro del narrador, dificultando el acceso a la verdad de los hechos. Distintas entre sí, el efecto final de ese carácter complejo es el mismo: subrayar el carácter irrecuperable e incognoscible de ciertos aspectos del pasado.

La última característica es la "poética de ausencia", que se refiere a los dos distintos modos de localizar y sostener la pérdida a través de la obra. Se consigue a través del reconocimiento de una laguna de información por parte del narrador, quien introduce bien en la forma literaria, bien al nivel de la diégesis y por medio de la mencionada narración fragmentada o polifónica o de un narrador incapaz, la imposibilidad de relatarnos todo lo ocurrido en el pasado. A menudo estamos ante un narrador que admite abiertamente no saber todo sobre el pasado traumático de un personaje o de un acontecimiento en concreto; en otros casos, esa falta de información se patentiza a través de la ya mencionada narración interrumpida, rota o hipermediada, que acaba poniendo de relieve esa carencia de datos concretos. También nos encontramos con ejemplos en los que la ausencia se incorpora directamente en la narración mediante el empleo de elipsis, cambios intencionadamente bruscos, dejando literalmente vacíos de información en la narración. Así, el trabajo de recomponer historias hechas de restos es reminiscente de lo que escribe Benjamin en su *Libro de los pasajes*: "Método de trabajo: montaje literario [...]. Pero los harapos, los desechos, esos no los quiero inventariar, sino dejarles alcanzar su derecho de la única manera posible: usándolos" (2005: 462).

Estrechamente vinculado a esta "poética de ausencia" es el recurso a la ficción: ante los vacíos y las incógnitas del pasado, el narrador opta por la invención, la inferencia o la suposición. Al narrador que admite no saber todo sobre los hechos ocurridos —posiblemente en contra de su propio deseo de saber— no le queda más remedio que reconocer su fracaso y pasar a la invención a sabiendas del lector. Muchas veces, más que una simple inferencia eventual —un "supongo que..."—, las suposiciones son tantas que llegan a marcar el tono general de la narración en su totalidad. En este sentido, la ficción se establece como el método por excelencia de nuestra realidad actual, erigiéndose como monumento, constante recordatorio de nuestra incapacidad de recuperar el pasado del todo.

Con el objetivo de consolidar nuestra concepción de las narrativas postraumáticas de duelo persistente como una práctica narrativa de duelo colectivo, en el segundo capítulo se han abordado cuatro ejemplos internacionales: del contexto europeo del post-Holocausto, *Austerlitz* (2001) del escritor alemán W. G. Sebald y *Dora Bruder* (1997) del francés Patrick Modiano; del contexto de obra española sobre el Holocausto, *El comprador de aniversarios* (2003) de Adolfo García Ortega y la obra de teatro *El cartógrafo: Varsovia (1:400.000)* (2010) de Juan Mayorga. Más que un estudio comparativo de dos contextos postraumáticos, el breve análisis de estas obras ha servido para dar cuenta de los recursos y las características propios de las narrativas postraumáticas de duelo persistente en diversos ejemplos, configurándolas como un modelo narrativo para aproximarnos a las pérdidas del pasado desde el hoy.

En el tercer capítulo, he puesto el enfoque en el contexto español y, en concreto, en la noción de duelos inconclusos a partir de varios estudios sobre el tema procedentes del ámbito psicológico y psicoanalítico: procesos de duelo individuales que no se han podido llevar a término por distintas razones. La constatación de la existencia de duelos inconclusos a nivel individual ha dado pie a la exploración de la noción de un duelo inconcluso a nivel colectivo. En el caso español, distingo, pues, entre un duelo personal —un proceso de enterrar dignamente al deudo represaliado o desaparecido— y un duelo colectivo.

A raíz de esas observaciones, se han expuesto los distintos entendimientos de qué podría implicar ese duelo colectivo social en el caso español y, en particular, en el terreno de la literatura. Para ello, he revisitado de forma más directa las observaciones hechas por el poeta Carlos Piera —que sirven como epígrafe de *Los girasoles ciegos*— sobre la idea de un duelo colectivo que está por realizarse en España, además de las cavilaciones del filósofo Carlos Thiebaut sobre estas mismas palabras de Piera: un hipotético duelo colectivo en el caso español implicaría la recuperación no de lo perdido sino de la pérdida en sí, en la asunción de que esta misma, junto con sus efectos y repercusiones, conforma nuestro presente democrático. Esto llevaría necesariamente a la afirmación de que la posibilidad de un futuro más justo depende de nuestra habilidad de identificar y reconocer los fundamentos injustos del presente. Las narrativas en cuestión se harían cargo, pues, de la ardua —e intrínsecamente paradójica— tarea de buscar un modo de escribir que *no* le concediese forma a aquello que, por su esencia, carece de ella y que diera cuenta, a la vez, de su propia incapacidad de recuperar lo perdido del todo (Durrant 2004: 6) y de demostrar cómo nos afecta. Así, las narrativas postraumáticas de duelo persistente buscan saldar un déficit afectivo, de cómo el pasado nos afecta o nos incumbe en el presente. Entiendo que ofrecen una mirada específica sobre el pasado que se asemeja a lo que Benjamin denomina una forma de "remembranza" o "recordación", que implicaría no "una restauración del pasado, sino una creación del presente con materiales del pasado" (Mate 2009: 121).

Siguiendo la misma línea de Benjamin, hemos de considerar el pasado de los vencidos, de lo perdido, "no como algo fijo, inerte, sino como algo privado de vida, como una carencia y, por tanto, como un deseo (frustrado) de realización" (Mate 2009: 122). Las luchas y las pérdidas del pasado tornan su mirada hacia el presente y de ese presente reciben una nueva significación, que en este caso del duelo colectivo, sería la de que las ausencias provocadas por el golpe de estado, la consecuente guerra y la victoria del nacionalcatolicismo nos conciernen, nos incumben, y que esa ausencia la hemos de asumir como algo constituyente de nuestro presente.

Los capítulos restantes abarcan las narrativas postraumáticas de duelo persistente en el caso de las tres obras sobre el pasado violento español que integran nuestro corpus principal: *Los girasoles ciegos* (2004) de Alberto Méndez, *Santo diablo* (2004) de Ernesto Pérez Zúñiga y *Las voces fugitivas* (2013) de Alfons Cervera. Basándonos en los ejemplos procedentes de diferentes contextos y las cuestiones que atañen específicamente a un duelo colectivo en el caso español, nuestro análisis de estas obras del corpus se ha centrado en su temática y sus características más formales que las harían narrativas de duelo.

Mi análisis de *Los girasoles ciegos* como narrativa postraumática de duelo se ha centrado en dos vertientes: la primera a partir de cómo Méndez significa el duelo mediante la derrota como tema central en la obra; la segunda, a partir de la forma y los modos en los que el autor emplea la poética de ausencia. En cuanto a esta primera vertiente, he ofrecido un análisis de la derrota como motivo central a partir de dos visiones de lectura del libro: o bien se lee como cuatro relatos sueltos que ofrecen una visión íntima de distintas experiencias de derrota o bien como un conjunto de relatos en el que la derrota se plantea como condición abarcadora. Afirmo que la coexistencia de las dos lecturas atestigua el valor de la obra y que, además, cada una permite unas reflexiones valiosas cuando se lee según los parámetros de la caracterización de narrativa de duelo establecida. Por un lado, la lectura de cada relato como una derrota independiente permite que los lectores vayan trazando las conexiones entre las distintas derrotas personales. He abordado la posible lectura reduccionista que ha surgido en torno a esta visión según la cual Méndez otorga la condición de "derrotados" a todos los personajes y a todos los españoles, independientemente del lado por el que lucharon. A partir de la crítica de esta interpretación, he insistido en que Méndez utiliza el tema de la derrota no para incidir en que tanto vencedores como vencidos acabaron siendo derrotados de modo igual, sino para significar la ausencia de todo lo que se perdió. Así, la derrota impide que todos los personajes, sea del lado que sean, y los que vienen después, vean el sol de la Historia que arroja luz sobre las experiencias pasadas: las luchas, los proyectos políticos, con sus victorias y sus fracasos. Por otro lado, he afirmado que alojar esa ausencia mediante la derrota como tema, es algo que se mantiene con la lectura del libro como un conjunto de relatos completo en sí mismo. Esto queda patente en el análisis de los distintos niveles discursivos que, pese a su diversidad, siempre guardan intacta esa brecha temporal.

La segunda parte de nuestro análisis de la obra de Méndez se ha centrado en la forma y los distintos modos de significar el duelo mediante la poética. Deteniéndome en cada uno de los relatos, he detallado los distintos usos de la poética de ausencia que, como hemos visto, gira en torno a una falta de datos concretos que conducen inevitablemente a la inferencia, a la especulación o directamente a la ficción. Aquí, las diferentes clases de narración ofrecen distintos modos de lidiar con esa ausencia dejada por las pérdidas del pasado que, a pesar de su diversidad, siempre acaban cumpliendo con el cometido de la literatura de un duelo postraumático, pues, según las palabras de Piera, ello implica "hacer nuestra la existencia de un vacío".

En el Capítulo V sobre *Santo diablo* de Ernesto Pérez Zúñiga, me he ceñido a tres aspectos distintos que, a su vez, corresponden también a un estudio tanto de su temática como de su poética. Primero, he analizado la narración polifónica que, como hemos visto, resulta ser producto del proyecto personal del narrador-bibliotecario, quien se revela hacia el final de la obra. Pese a su "afecto por la verdad" de querer contar la historia de la rebelión de los jornaleros de su pueblo, el narrador-bibliotecario se enfrenta a vacíos e incógnitas, un pasado hecho de restos, que le llevan a recurrir a la invención y la ficción propias del género literario. El segundo aspecto que he analizado ha sido el uso de lo fantasmal en el argumento para insistir en las conexiones y la influencia de los vacíos y pérdidas del pasado en el presente. Así, a diferencia de los personajes de Méndez que permanecen como girasoles ciegos ante el sol de la Historia, los braceros de Pérez Zúñiga —y también del narrador-bibliotecario— son conscientes de las luchas y las pérdidas del pasado a través de la presencia de los fantasmas que irrumpen en el presente de los habitantes del pueblo de Vulturno. Por último, he ofrecido una lectura de la referencia fugaz e indirecta a la Segunda Guerra de Irak, como un modo de insistir por parte del narrador-bibliotecario en que el pasado más inmediato también nos incumbe, incluso cuando este no es directamente nuestro —bien sea por la distancia temporal bien por la distancia geográfica o cultural— y sobre todo cuando estamos implicados, aunque de forma indirecta, en esa violencia. Así, *Santo diablo* "actualiza" la memoria sobre la Guerra Civil, no tanto según esa noción de recuperar datos e historias mediante la literatura, sino para instarnos a considerar los modos en que la memoria de la Guerra Civil nos sigue afectando y qué nos puede aportar la memoria de una violencia y vulnerabilidad propias para otros casos presentes y urgentes de violencia.

Por último, en el Capítulo VI sobre *Las voces fugitivas* de Alfons Cervera como narrativa postraumática de duelo persistente, se ha centrado en dos aspectos generales de la obra siguiendo la misma distinción entre temática y poética y cómo estos están relacionados con la definición de duelo que he establecido. El primero giraba en torno a la narración polifónica que predomina en toda la obra y que mimetiza tanto el recordar subjetivo como la construcción de la memoria colectiva. La incorporación de innumerables narradores distintos ofrece, por un lado, lo que he denominado una recuperación en positivo. Las distintas secuencias rescatan y presentan las diversas experiencias vivenciales de los casi doscientos personajes nombrados en la obra con su enfoque en cómo vivieron la derrota y sus repercusiones y cómo los efectos de estas se van extendiendo a través de varias generaciones. A su vez, en el rescate de esas "voces", Cervera también pone en marcha una recuperación en negativo, que rescata precisamente la ausencia dejada por las pérdidas por medio de las incógnitas sobre el pasado o las consecuencias para los habitantes del pueblo de la falta de justicia o de unas políticas de memoria. Los vacíos dejados por las pérdidas del pasado también se reflejan en la forma física de la obra mediante la incorporación de secuencias breves donde el espacio en blanco llega a significar esa ausencia que hemos de asumir como propia en nuestra herencia en el presente.

El segundo aspecto examinado es el de la estructura (a)temporal de la narración. El carácter acronológico de las numerosas secuencias, los saltos y desniveles temporales sirven para insistir en que, aunque ese vacío es inabarcable, sostiene constantemente nuestro presente. Por otra parte, esto también se manifiesta temáticamente por medio de los personajes que explican cómo las experiencias de violencia y pérdida aún tienen efecto en el presente a través de la denuncia de las fuerzas responsables de esas pérdidas y la continuación de ciertas estructuras de poder establecidas durante la dictadura.

Todos estos elementos se ponen de manifiesto en cómo Cervera retrata la guerrilla antifranquista en *Las voces fugitivas*. No solo recupera la figura del maquis, sino que también llega a cuestionar la validez de la reivindicación de la resistencia antifascista para la memoria colectiva en la actualidad. Por último, he concluido el análisis de la obra de Cervera dedicando un apartado titulado "Más allá de Los Yesares", en el que examinamos aquellos aspectos de su narrativa que apuntan más allá de las fronteras españolas mediante la inclusión del personaje argentino y los paralelismos que el propio autor traza entre los abusos a manos de los poderes fácticos de la dictadura y los de la actualidad.

Así, hemos podido explorar los otros modos de abordar nuestra posición en el presente ante un pasado que está cada vez más distanciado, una exploración que fuera más allá de saldar un déficit epistémico: es decir, qué otros modelos nos puede ofrecer la literatura más allá de la literatura entendida como una exhumación literaria que busca rellenar los vacíos sobre el pasado. Tras la construcción de esa categoría de narrativas postraumáticas de duelo persistente mediante reflexiones teóricas sobre el duelo colectivo, hemos podido comprobar la pertinencia de estas inquietudes y la oportunidad de los rasgos propios de esa definición en dos contextos postraumáticos —el de la literatura del post-Holocausto y el de la literatura española sobre el pasado violento reciente—. Creo haber podido establecer, por tanto, las narrativas postraumáticas de duelo persistente como un modelo afectivo que posibilita un potencial trabajo de duelo colectivo.

Asimismo, sostengo que este mismo modelo afectivo, narrativo y ético podría servir no solo como modo de aproximarnos a los efectos de épocas de violencia e injusticia pasadas, sino también como modelo de posicionarnos respecto a otros casos que nos son, en un principio, igualmente ajenos. Dicho de otro modo, las narrativas postraumáticas de duelo propician un modelo afectivo y narrativo de absorber no solo la distancia temporal, sino potencialmente la distancia geográfica o cultural. Estas narrativas entendidas como auténticos testimonios del sujeto posmemorial, en la medida en que dan testimonio de nuestra incapacidad de recuperar un pasado que nos sigue afectando, es un modo de asumir la ausencia producida por injusticias pasadas como constituyente de nuestro presente. En sus reflexiones sobre el epígrafe de *Los girasoles ciegos*, Carlos Thiebaut escribe que "no elegimos nuestros pasados (aunque podamos reconstruirlos, maquillarlos o desnudarlos), pero sí que decidimos qué es lo que somos y cómo somos, qué es lo que podemos hacer con esos pasados cuando ellos están hechos, como es el caso, de pérdidas y daño" (2008: 209). Así, la postura ética que propician estas narrativas de que las pérdidas de la Guerra Civil, del proyecto republicano, de los derechos y las privaciones sufridas a lo largo de décadas son merecedoras de un duelo colectivo puede servir en la actualidad como modelo para posicionarnos frente a otros ejemplos actuales de injusticias contemporáneas urgentes que, aunque a primera vista parecen no concernirnos de manera directa, sí nos incumben si nos acercamos a ellas a partir de la práctica de haber asumido aquellas derrotas y ausencias como propias y constituyentes de nuestra actualidad.

BIBLIOGRAFÍA

Bibliografía literaria

Carrión, Jorge (2010): *Los muertos*. Barcelona: Galaxia Gutenberg.
— (2014): *Los huérfanos*. Barcelona: Galaxia Gutenberg.
— (2015): *Los turistas*. Barcelona: Galaxia Gutenberg.
Celan, Paul (2002): *Obras completas*. Madrid: Trotta.
Cercas, Javier (2007): *Soldados de Salamina*. Barcelona: Tusquets.
Cervera, Alfons (1995): *El color del crepúsculo*. Barcelona: Montesinos.
— (1999): *La noche inmóvil*. Barcelona: Montesinos.
— (2003): *La sombra del cielo*. Barcelona: Montesinos.
— (2005): *Aquel invierno*. Barcelona: Montesinos.
— (2007): *Maquis*. Barcelona: Montesinos.
— (2012): *Tantas lágrimas han corrido desde entonces*. Barcelona: Piel de Zapa.
— (2013): *Las voces fugitivas*. Barcelona: Piel de Zapa.
— (2014): *Todo lejos*. Barcelona: Piel de Zapa.
— (2018): *La noche en que los Beatles llegaron a Barcelona*. Barcelona: Piel de Zapa.
García Ortega, Adolfo (2008): *El comprador de aniversarios*. Barcelona: Seix Barral.
Levi, Primo (2011): *Trilogía de Auschwitz*. Barcelona: El Aleph Editores.
Llamazares, Julio (1985): *Luna de lobos*. Barcelona: Seix Barral.
Mayorga, Juan (2014): "El cartógrafo (Varsovia 1:400.000)", en *Teatro 1989-2014*. Segovia: La Uña Rota, pp. 601-650.
Méndez, Alberto (2004): *Los girasoles ciegos*. Barcelona: Anagrama.
— (2017): *Los girasoles ciegos*, il. Gianluigi Toccafondo. Zaragoza: Editorial Luis Vives.
Modiano, Patrick (2015a): *Dora Bruder*. Barcelona: Seix Barral.
— Patrick (2015b): *Viaje de novios*. Barcelona: Anagrama.
Muñoz Molina, Antonio (1986): *Beatus Ille*. Barcelona: Seix Barral.
— (1991): *El jinete polaco*. Barcelona: Planeta.
— (2001): *Sefarad*. Madrid: Grupo Santillana.
Pagis, Dan (1989): *The Selected Poetry of Dan Pagis*. Berkeley: University of California Press.

Pérez Zúñiga, Ernesto (2004): *Santo diablo*. Madrid: Kailas Editorial.
— (2016): *No cantaremos en tierra de extraños*. Barcelona: Galaxia Gutenberg.
Sebald, W. G. (2002): *Austerlitz*, trad. Miguel Sáenz. Barcelona: Anagrama.
— (2008): *Los anillos de Saturno*. Barcelona: Anagrama.
— (2015): *Sobre la historia natural de la destrucción*. Barcelona: Anagrama.
— (2016): *Los emigrados*. Barcelona: Anagrama.
Vázquez Montalbán, Manuel (1985): *El pianista*. Barcelona: Seix Barral.

Bibliografía teórico-crítica

Adler, H. G. (2017): *Theresienstadt 1941-1945. The Face of a Coerced Community*, New York: Cambridge University Press.
Adorno, Theodor W. (1974): "Commitment", en *New Left Review*, vol. 87-88, pp. 75-89.
Agamben, Giorgio (1999): *Remnants of Auschwtiz: The Witness and the Archive*. New York: Zone Books.
Aguado, Txetxu (2010): *Tiempo de ausencias y vacíos*. Bilbao: Deusto Publicaciones.
— (2011): "Modelos emocionales de memoria: El pasado y la Transición", en Palmar Álvarez Blanco y Toni Dorca (eds.), *Contornos de la narrativa española actual (2000-2010). Un diálogo entre creadores y críticos*. Madrid/Frankfurt: Iberoamericana/Vervuert, pp. 45-53.
Aguilar, Paloma (1999): "Agents of Memory: Spanish Civil War Veterans and Disabled Soldiers", en Jay Winter y Emmanuel Sivan (eds.), *War and Remembrance in the Twentieth Century*. Cambridge: Cambridge University Press, pp. 86-103.
— (2008): *Políticas de la memoria y memorias de la política*. Madrid: Alianza Editorial.
Albizu Yeregui, Cristina (2009): "Literatura y memoria: amalgama discursiva y reflexión metaliteraria en *Los girasoles ciegos* de Alberto Méndez", en *Versants*, vol. 56, n.º 3, pp. 67-83.
— (2012): "*Los girasoles ciegos* en la encrucijada del género literario", en *Boletín Hispánico Helvético*, vol. 20, pp. 63-89.
— (2013): "La literatura y su legitimidad de dar a conocer el pasado", en *Boletín Hispánico Helvético*, vol. 22, pp. 193-209.
Alexander, Jeffrey (2012): *Trauma: A Social Theory*. Cambridge: Polity Press.
Aragüés Estragués, Rosa María (2014): *Las rojas y sus hijas, víctimas de la legislación franquista*. Alcorcón: Editorial Sanz y Torres.
Ariès, Philippe (2000): *Historia de la muerte en Occidente: Desde la Edad Media hasta nuestros días*. Barcelona: Acantilado.

Ariza Canales, Manuel (2011): "Tres miradas sobre el exilio interior. De *El espíritu de la colmena* a *Los girasoles ciegos*", en M. Marcos Ramos y E. Camarero (eds.), *Primer Congreso Internacional. Historia, literatura y arte en el Cine Español y en Portugués*. San José: Centro de Estudios Brasileños, pp. 1601-1612.

Arjona, Daniel (2014): "Jorge Carrión: 'Nos afecta más una muerte de ficción que un asesinato real'", en *El cultural*, <https://elcultural.com/noticias/buenos-dias/Jorge-Carrion/6720> (10-12-2019).

Armañanzas Ros, Gregorio (2012): "Elaboración Transgeneracional del Trauma: Guerra Civil española", en *Norte de Salud Mental*, vol. 10, n.º 43, pp. 13-17.

Arroyo-Rodríguez, Daniel (2014): *Narrativas guerrilleras. El maquis en la cultura española contemporánea*. Madrid: Biblioteca Nueva.

— (2016): "Más allá del miedo y del silencio: construyendo un espacio para el duelo en *Esas vidas*, de Alfons Cervera", en *Narrativas*, n.º 43, pp. 13-22.

Assmann, Aleida y Sebastian Conrad (2010): "Introduction", en Aleida Assman y Sebastian Conrad (eds.), *Memory in a Global Age: Discourses, Practices and Trajectories*. New York: Palgrave Macmillan, pp. 1-16.

Athanasiou, Athena y otros (2008): "Towards a New Epistemology: The 'Affective Turn'", en *Historein*, vol. 8, pp. 5-16.

Attie, Shimon (2003): "The Writing on the Wall, Berlin, 1992-93: Projections in Berlin's Jewish Quarter", en *Art Journal*, vol. 62, n.º 3, pp. 74-83.

Atkinson, Meera y Michael Richardson (2013): "Introduction: At the Nexus", en Meera Atkinson y Michael Richardson (eds.), *Traumatic Affect*. Newcastle: Cambridge Scholars Publishing, pp. 1-19.

Auestad, Lene (2017): "Introduction", en Lene Auestad (ed.), *Shared Traumas, Silent Loss, Public and Private Mourning*. London: Karnac Books Ltd., xv-xxxi.

Avelar, Idelber (1999): "Restitution and Mourning and Latin American Postdictatorship", en *Boundary 2*, vol. 26, n.º 3, pp. 201-224.

— (2000): *Alegorías de la derrota: La ficción postdictatorial y el trabajo del duelo*. Santiago de Chile: Editorial Cuarto Propio.

Bajtín, Mijaíl (1989): *Teoría y estética de la novela*. Madrid: Taurus.

Banki, Luisa (2012): "Mourning, Melancholia and Morality: W. G. Sebald's German-Jewish Narratives", en Daniela Agostinho y otros (eds.), *Panic and Mourning: The Cultural Work of Trauma*. Berlin: Walter de Gruyter GmbH, pp. 37-48.

Barthes, Roland (1989): *La cámara lúcida*. Barcelona: Paidós Ibérica.

Bauman, Zygmunt (1989): *Modernity and the Holocaust*. Cambridge: Polity Press.

Becerra Mayor, David (2015): *La Guerra Civil como moda literaria*. Madrid: Clave Intelectual.

Benjamin, Walter (2005): *El libro de los pasajes*. Madrid: Akal.

Blanchot, Maurice (1987 [1983]): *La escritura del desastre*. Caracas: Monte Ávila Latinoamericana.
Bowlby, John (1969): *Attachment: Attachment and Loss, Volume 1*. New York: Basic Books.
— (1973): *Separation: Anxiety and Anger, Volume 2*. New York: Basic Books.
— (1980): *Loss: Sadness and Depression*. New York: Basic Books.
Brisley, Lucy (2013): "The Will to Remember: Problematizing the Ethico-Politics of Mourning and Melancholia", en *The International Journal of Civic, Political, and Community Studies*, vol. 10, n.º 2, pp. 61-72.
Brown, Wendy (2001): *Politics Out of History*. Princeton: Princeton University Press.
Bueno Maqueda, Felipe Tomás (2006): "La ficción de la literatura o la verdad de la Guerra: apuntes, retos y contradicciones en *Los girasoles ciegos*", en *Guerra y Literatura. Actas XIII Simposio Internacional sobre Narrativa Hispánica Contemporánea*. Puerto de Santa María: Fundación Luis Goytisolo, pp. 167-185.
Bukiet, Melvin Jules (2002): "Introduction", en Melvin Jules Bukiet (ed.), *Nothing Makes You Free: Writings by Descendents of Jewish Holocaust Survivors*. New York: Norton, pp. 11-23.
Butler, Judith (2006): *Vida precaria: el poder del duelo y la violencia*. Buenos Aires: Paidós.
Carrión, Jorge (2015): "Doce variaciones y un epílogo", en *Las variaciones Sebald*, Barcelona: Centre de Cultura Contemporània de Barcelona, pp. 7-13.
Caruth, Cathy (1996): *Unclaimed Experience: Trauma, Narrative and History*. Baltimore: Johns Hopkins University Press.
Cervera, Alfons (2017a): *Yo no voy a olvidar porque otros quieran*. Barcelona: Montesinos.
— (2017b): "Entre ficciones y consensos anda el juego. O lo que viene en las películas y las novelas después de la palabra FIN", en Pere Joan Tous y Cornelia Ruhe (eds.), *La memoria cinematográfica de la guerrilla antifranquista*. Leiden: Brill Rodopi, pp. 189-194.
Chulilla Cano, Juan Luis (2002): "Informe sobre el castigo post-mortem de los desaparecidos de la Guerra Civil y sus efectos en sus familias y comunidades", <http://www.memoriahistorica.org/modules.php?name=News/file=article&sid=14>, (18-05-2018).
Clewell, Tammy (2004): "Mourning Beyond Melancholia: Freud's Psychoanalysis of Loss", *Journal of the American Psychoanalytic Association*, vol. 52.1, pp. 43-67.
— (2009): *Mourning, Modernism, Postmodernism*. New York: Palgrave Macmillan.

CODDE, Philippe (2011): "Keeping History at Bay: Absent Presences in Three Recent Jewish American Novels", en *Modern Fiction Studies*, vol. 57, n.º 4, pp. 673-693.

CONNERTON, Paul (2011): *The Spirit of Mourning: History, Memory, and the Body*. Cambridge: Cambridge University Press.

COOKE, Dervila (2005): *Present Pasts. Patrick Modiano's (Auto)biographical Fictions*. New York: Rodopi.

CORREDERA GONZÁLEZ, María (2010): *La Guerra Civil española en la novela actual: silencio y diálogo entre generaciones*. Madrid/Frankfurt: Iberoamericana/Vervuert.

CRIMP, Douglas (2002): *Melancholia and Moralism: Essays on AIDS and Queer Politics*. Cambridge: MIT University Press.

CRUZ SUÁREZ, Juan Carlos (2015): "De los sentidos de la derrota. Consecuencias éticas y socio-culturales de la lectura de *Los girasoles ciegos* en el contexto de los estudios de la memoria", en Itzíar López Guil y Cristina Albizu Yeregui (eds.), *Los girasoles ciegos de Alberto Méndez: 10 años después*. Madrid: Antonio Machado Libros, pp. 105-115.

DE DIEGO, Estrella (2012): "Pact of Silence: History, Memory, and Melancholic Oblivion in Spain (2001-2011)", en *Hispanic Issues On Line*, vol. 11, pp. 196-210.

DELEUZE, Gilles (2004): *Spinoza: filosofía práctica*. Buenos Aires: Tusquets Editores.

DERRIDA, Jacques (1986): "*Fors*: The Anglish Words of Nicolas Abraham and Maria Török", en Nicolas Abraham y Maria Török, *The Wolf Man's Magic Word: A Cryptonomy*. Minneapolis: The University of Minnesota Press, pp. xi-xlvii.

— (1988): *Mémoire pour Paul de Man*. Paris: Éditions Galilée.

— (1998 [1995]): *Espectros de Marx*. Madrid: Trotta.

— (2001): *The Work of Mourning*. Chicago: University of Chicago Press.

— (2003): *Béliers. Le dialogue ininterrompu: entre deux infinis, le poème*. Paris: Éditions Galilée.

— (2005): *Sovereignties in Question: The Poetics of Paul Celan*. New York: Fordham University Press.

DURRANT, Sam (2004): *Postcolonial Narrative and the Work of Mourning*. Albany: State University of New York Press.

EAGLESTONE, Robert (2004): *The Holocaust and the Postmodern*. New York: Oxford University Press.

ENG, David L. y Shinhee HAN (2003): "A Dialogue on Racial Melancholia", en David L. Eng y David Kazanjian (eds.), *Loss: The Politics of Mourning*. Berkeley: California University Press.

ENG, David L. y David KAZANJIAN (2003): *Loss: The Politics of Mourning*. Berkeley: California University Press.

ENNIS, Juan Antonio (2019): "El idioma de la herida: la lengua del vencido y la escena del perdón en *Los girasoles ciegos*, de Alberto Méndez", en Raquel Macciuci y María Teresa Pochat (eds.), *Entre la memoria propia y la ajena*. La Plata: Ediciones del Lado de Acá, pp. 153-174.

ESHEL, Amir (2003): "Against the Power or Time: The Poetics of Suspension in W. G. Sebald's 'Austerlitz'", en *New German Critique*, vol. 88, pp. 71-96.

— (2013): *Futurity: Contemporary Literature and the Quest for the Past*. Chicago: Chicago University Press.

ESPINOSA MAESTRE, Francisco (2010): "Sobre el concepto de desaparecido", en Raquel Macciuci y María Teresa Pochat (eds.), *Entre la memoria propia y la ajena*. La Plata: Ediciones del Lado de Acá, pp. 305-310.

— (2015): *Lucha de historias, lucha de memorias*. Sevilla: Aconcagua Libros.

— (2017): "Prólogo. Llamar a la cosas por su nombre", en Alfons Cervera, *Yo no voy a olvidar porque otros quieran*. Barcelona: Montesinos, pp. 11-17.

FABER, Sebastiaan (2004): "Entre el respecto y la crítica. Reflexiones sobre la memoria histórica en España", en *Migraciones y exilios*, vol. 5, pp. 37-50.

— (2005): "The Price of Peace: Historical Memory in Post-Franco Spain, a Review-Article", en *Revista Hispánica Moderna*, vol. 58, n.º 1-2, pp. 205-219.

— (2011): "La literatura como acto afiliativo: la nueva novela de la Guerra Civil (2000-2007)", en Palmar Álvarez Blanco y Toni Dorca (eds.), *Contornos de la narrativa española actual (2000-2010): Un diálogo entre creadores y críticos*. Madrid/Frankfurt: Iberoamericana/Vervuert, pp. 101-110.

— (2012): "Raising the Specter of 'Argentinization': The Temptation of Spanish Exceptionalism", en *Hispanic Issues On Line*, vol. 11, pp. 117-136.

FELMAN, Shoshana (1992): "Camus' *The Plague*, or a Monument to Witnessing", en *Testimony: Crises of Witnessing in Literature, Psychoanalysis and History*. New York: Routledge, pp. 93-119.

FERNÁNDEZ DE MATA, Ignacio (2016): *Lloros vueltos puños: El conflicto de los "desaparecidos" y vencidos de la Guerra Civil española*. Granada: Comares.

FIGUEIREDO, Eurídice (2013): "A pós-memória em Patrick Modiano e W.G. Sebald", *Alea*, vol. 15, n.º 1, pp. 137-151.

FORTER, Greg (2003): "Against Melancholia: Contemporary Mourning Theory, Fitzgerald's *The Great Gatsby*, and the Politics of Unfinished Grief", en *differences: A Journal of Feminist Cultural Studies*, vol. 14, n.º 2, pp. 134-170.

— (2011): *Gender, Race and Mourning in American Modernism*. Cambridge: Cambridge University Press.

FRASER, Nancy (2005): "Reinventar la justicia en un mundo globalizado", en *New Left Review*, vol. 36, nov.-dic., pp. 31-50.

FREUD, Sigmund (1992a): *Obras completas Sigmund Freud, vol. XIV: Contribución a la historia del movimiento psicoanalítico y Trabajos sobre metapsicología y otras obras*. Buenos Aires: Amorrortu Editores.
— (1992b): *Obras completas Sigmund Freud, vol. XVIII: Más allá del principio del placer, Psicología de las masas y análisis del yo y otras obras*. Buenos Aires: Amorrortu Editores.
— (1992c): *Obras completas Sigmund Freud, vol. XIX: El yo y el ello y otras obras*. Buenos Aires: Amorrortu Editores.
FROMM, M. Gerard (2012): *Lost in Transmission. Studies of Trauma Across Generations*. London: Karnac Books Ltd.
FUCHS, Anne (2008): *Phantoms of War in Contemporary German Literature, Films and Discourse: The Politics of Memory*. New York: Palgrave Macmillan.
GANA, Nouri (2011): *Signifying Loss: Toward a Poetics of Narrative Mourning*. Lewisburg: Bucknell University Press.
GATTI, Gabriel (2012): *Identidades desaparecidas: Peleas por el sentido en el mundo de la desaparición forzada*. Buenos Aires: Prometeo.
GEREZ AMBERTÍN, Marta (2005): "El incurable luto en psicoanálisis", en *Psicologia em Revista*, vol. 11, n.º 18, pp. 179-187.
GIMBER, Arno (2011): "W. G. Sebald y Alberto Méndez: una atrevida comparación entre la escritura postdictatorial en Alemania y España", en Janett Reinstädler (ed.), *Escribir después de la dictadura*. Madrid/Frankfurt: Iberoamericana/Vervuert, pp. 181-196.
GÓMEZ LÓPEZ-QUIÑONES, Antonio (2006): *La guerra persistente. Memoria, violencia y utopía: representaciones contemporáneas de la Guerra Civil española*. Madrid/Frankfurt: Iberoamericana/Vervuert.
— (2012): "A Secret Agreement: The Historical Memory Debate and the Limits of Recognition", en *Hispanic Issues On Line*, vol. 11, pp. 87-116.
— (2015): "Inocencia victimológica, prudencialismo liberal y desencanto político en *Los girasoles*", en Itzíar López Guil y Cristina Albizu Yeregui (eds.), *Los girasoles ciegos de Alberto Méndez: 10 años después*. Madrid: Antonio Machado Libros, pp. 183-200.
GREGG, Melisa y SEIGWORTH, Gregg J. (eds.) (2010): *The Affect Theory Reader*. Durham: Duke University Press.
GREIFF, Pablo de (2014): "Report of the Special Rapporteur on the Promotion of Truth, Justice, Reparation and Guarantees of Non-recurrence: Mission to Spain", UN Human Rights Council, <https://digitallibrary.un.org/record/780680>, (9-12-2019).

HANSEN, Hans Lauge (2012): "Formas de la novela actual", en Hans Lauge Hansen y J. C. Cruz Suárez (eds.), *La memoria novelada*. Bern: Peter Lang, pp. 83-103.

— (2015): "Memoria agonística en *Los girasoles ciegos*", en Itzíar López Guil y Cristina Albizu Yeregui (eds.), *Los girasoles ciegos de Alberto Méndez: 10 años después*. Madrid: Antonio Machado Libros, pp. 87-103.

HARTMAN, Geoffrey (2010): "The Holocaust, History Writing, and the Role of Fiction" en R. C. Spargo y R. M. Ehrenreich (eds.), *After Representation? The Holocaust, Literature, and Culture*. New Brunswick: Rutgers University Press, pp. 26-40.

HIRSCH, Marianne (1997): *Family Frames: Photography, Narrative and Postmemory*. Cambridge: Harvard University Press.

— (2001): "Surviving Images: Holocaust Photographs and the Work of Postmemory", en *The Yale Journal of Criticism*, vol. 4, n.º 1, pp. 5-37.

— (2008): "The Generation of Postmemory", en *Poetics Today*, vol. 29, n.º 1, pp. 103-128.

HOMANS, Peter (2000): "Introduction: A Decline in Mourning Practices in Modern Wesern Societies", en Peter Homans (ed.), *Symbolic Loss: The Amibiguity of Mourning and Memory at Century's End*. Charlottesville: University Press of Virginia, pp. 1-40.

HUYSSEN, Andreas (2003): *Present Pasts: Urban Palimpsests and the Politics of Memory*. Stanford: Stanford University Press.

IBÁÑEZ FANÉS, Jordi (2009): *Antígona y el duelo. Una reflexión moral sobre la memoria histórica*. Barcelona: Tusquets Editores.

JULIÁ, Santos (2006): "Bajo el imperio de la memoria", en *Revista de Occidente*, n.º 302-303, pp. 7-19.

— (2007): "De nuestras memorias y de nuestras miserias", en *Hispania Nova*, n.º 7, pp. 781-798.

JURT, Joseph (2007): "La mémoire de la Shoah: *Dora Bruder*", en J. E. Flower (ed.), *Patrick Modiano*. New York: Rodopi, pp. 89-108.

KANSTEINER, Wulf (2004): "Testing the Limits of Trauma: the Long-term Psychological Effects of the Holocaust on Individuals and Collectives", en *History of the Human Sciences*, vol. 17, n.º 2-3, pp. 97-123.

KELLER, Patricia (2012): "The Valley, the Monument, and the Tomb: Notes on the Place of Historical Memory", en *Hispanic Issues On Line*, vol. 11, pp. 64-86.

KILGERMAN, Eric (2007): *Sites of the Uncanny: Paul Celan, Specularity and the Visual Arts*. Berlin: Walter de Gruyter GmbH.

KIRKBY, Joan (2006): "'Remembrance of the Future': Derrida on Mourning", en *Social Semiotics*, vol. 16, n.º 3, pp. 460-472.

KLARSFELD, Serge (1996): *French Children of the Holocaust: A Memorial.* New York: New York University Press.

KLEIN, Melanie (1940): "Mourning and Its Relation to Manic-depressive States", en *The International Journal of Psychoanalysis*, vol. 21, pp. 125-153.

KORDON, Diana R. y otros (2005): *Efectos psicológicos y sociales de la represión política y la impunidad: de la dictadura a la actualidad.* Buenos Aires: Asociación Madres de Plaza de Mayo.

KOULOURIS, Theodore (2016): "Traumatic Europe: The Impossibility of Mourning ing W. G. Sebald's *Austerlitz*", en A. Hammond (ed.), *The Novel and Europe.* London: Palgrave Macmillan, pp. 53-70.

KOVRAS, Iosif (2012): "Explaining Prolonged Silences in Transitional Justice: The Disappeared in Cyprus and Spain", en *Comparative Political Studies*, vol. 46, n.º 6, pp. 730-756.

KRISTEVA, Julia (1989): *Black Sun: Depression and Melancholia.* New York: Columbia University Press.

LABANYI, Jo (2007): "Memory and Modernity in Democratic Spain: The Difficulty of Coming to Terms with the Spanish Civil War", en *Poetics Today*, vol. 28, n.º 1, pp. 89-116.

— (2009): "The Language of Silence: Historical Memory, Generational Transmission and Witnessing in Contemporary Spain", en *Journal of Romance Studies*, vol. 9, n.º 3, pp. 23-35.

— (2010): "Doing Things: Emotion, Affect, and Materiality", en *Journal of Spanish Cultural Studies*, vol. 11, n.º 3-4, pp. 223-233.

LACAN, Jacques (1977): "Desire and the Interpretation of Desire in Hamlet", *Yale French Studies*, vol. 55-56, pp. 11-52.

LACAPRA, Dominick (2005): *Escribir la historia, escribir el trauma.* Buenos Aires: Nueva Visión.

— (2008): *Historia y memoria después de Auschwitz.* Buenos Aires: Prometeo Libros.

LAUB, Dori (1992): "An Event Without a Witness: Truth, Testimony and Survival", en *Testimony: Crises of Witnessing in Literature, Psychoanalysis and History.* New York: Routledge, pp. 75-92.

LEADER, Darian (2011): *La moda negra. Duelo, melancolía y depresión.* Madrid: Sexto Piso.

LLUCH-PRATS, Javier (2016): "'Yo no voy a olvidar porque otros quieran': entrevista a Alfons Cervera", en *Revista Caracol*, vol. 11, pp. 302-319.

LONG, J. J. (2007): *W. G. Sebald: Image, Archive, Modernity.* Edinburgh: Edinburgh University Press.

López Guil, Itzíar (2015): "Literatura y compasión en la 'Segunda derrota' de *Los girasoles ciegos*", en Itzíar López Guil y Cristina Albizu Yeregui (eds.), *Los girasoles ciegos de Alberto Méndez: 10 años después*. Madrid: Antonio Machado Libros, pp. 165-182.

Luengo, Ana (2004): *La encrucijada de la memoria: la memoria colectiva de la Guerra Civil español en la novela contemporánea*. Berlin: Ediciones Tranvía.

Lyotard, Jean-François (1988): *The Differend: Phrases in Dispute*. Manchester: Manchester University Press.

Mainer, José-Carlos (2006): "Para un mapa de lecturas de la Guerra Civil", en Santos Juliá (ed.), *Memoria de la guerra y del franquismo*. Madrid: Santillana, pp. 135-161.

Maldonado Araque, Francisco Javier (2009): "La 'primera derrota' de *Los girasoles ciegos* (guerra, vida y libertad en el capitán Alegría)", en *Voz y Letra: Revista de Literatura*, vol. 20, n.º 1, pp. 73-90.

Martín-Cabrera, Luis (2016): *Justicia radical. Una interpretación psicoanalítica de las postdictaduras en España y el Cono Sur*. Barcelona: Anthropos.

Massumi, Brian (2002): *Movement, Affect, Sensation: Parables for the Virtual*. Durham: Duke University Press.

Mate, Reyes (2005): *A contraluz: de las ideas políticamente correctas*. Barcelona: Anthropos Editorial.

— (2009): *Medianoche en la historia*. Madrid: Trotta.

Mayorga, Juan (2016): *Elipses: Ensayos (1990-2016)*. Segovia: La Uña Rota.

McCulloh, Mark R. (2003): *Understanding W. G. Sebald*. Columbia: University of South Carolina Press.

Miñarro, Anna y Morandi, Teresa (2009): "Trauma psíquico y transmisión intergeneracional: efectos psíquicos de la guerra del 36, la posguerra, la dictadura y la transición en Cataluña", en Ricard Vinyes (coord.), *El estado y la memoria*. Barcelona: RBA, pp. 441-466.

Moglen, Seth (2007): *Mourning Modernity: Literary Modernism and the Injuries of American Capitalism*. Stanford: California University Press.

Molero, José Antonio (2005): "Alberto Méndez gana, a título póstumo, el Premio Nacional de Narrativa 2005", en *Gibralfaro*, n.º 35, p. 13.

Morandi, Teresa (2012a): "Violencia, trauma y duelo", en A. Miñarro y T. Morandi (comps.), *Trauma y transmisión. Efectos de la guerra del 36, la posguerra, la dictadura y la transición en la subjetividad de los ciudadanos*. Barcelona: Red Ediciones, pp. 61-78.

— (2012b): "Transmisión psíquica del trauma en los sujetos y entre generaciones", en A. Miñarro y T. Morandi (comps.), *Trauma y transmisión. Efectos de la guerra del 36, la posguerra, la dictadura y la transición en la subjetividad de los ciudadanos.* Barcelona: Red Ediciones, pp. 79-95.

Moreno-Nuño, Carmen (2006): *Las huellas de la Guerra Civil. Mito y trauma en la narrativa de la España democrática.* Madrid: Ediciones Libertarias/Prodhufi.

Morris, Alan (2006): "'Avec Klarsfeld contre l'oubli'. Patrick Modiano's *Dora Bruder*", en *Journal of European Studies*, vol. 36, n.º 3, pp. 269-293.

Muñoz Molina, Antonio (2003): "La novela del desparecido", en *Letra Internacional*, Invierno, pp. 76-77.

— (2008): "Desmemorias". *El País*, <https://elpais.com/diario/2008/09/06/babelia/1220657 954_850215.html>, (13-12-2019).

Naharro-Calderón, José María (2006): "Los trenes de la memoria", en *Journal of Spanish Cultural Studies*, vol. 6, n.º1, pp.101-122.

Nordholt, Annelies Schulte (2007): "*Dora Bruder*: le témoignage par le biais de la fiction", en J. E. Flower (ed.), *Patrick Modiano*. New York: Rodopi, pp. 75-87.

— (2008): *Perec, Modiano, Raczymow. La génération d'après et la mémoire de la Shoah.* New York: Rodopi.

— (2012): "Photographie et image en prose dans *Dora Bruder* de Patrick Modiano", en *Neophilologus*, vol. 96, pp. 523-540.

O'Donoghue, Samuel (2018): "Postmemory as Trauma? Some Theoretical Problems and Their Consequence for Contemporary Literary Criticism", en *Passés futurs*, n.º 3.

Orsini-Saillet, Catherine (2006): "La memoria colectiva de la derrota: *Los girasoles ciegos* de Alberto Méndez", *Congreso Internacional de la guerra civil 1936-1939*, SECC: Sociedad Estatal de Conmemoraciones Culturales, disponible en línea: <http://www.uniurb.it/lingue/matdid/darconza/2011-12/Letteratura_Spagnola_triennale/articoli_PDF/Mendez_Orsini.pdf>.

Palomares, José (2012): "Literatura y poder: una interpretación en clave simbólica de *Los girasoles ciegos*", en *Impossibilia*, vol. 3, pp. 136-149.

Pereña, Francisco (2009): "El capitán Alegría y Walter Benjamin", en *Viento Sur*, n.º 100, pp. 175-185.

Pérez Zúñiga, Ernesto (2010): "Esperpento versus novela histórica", en *El rapto de Europa*, vol. 16, pp. 55-58.

Piera, Carlos (2003): "Introducción", en Tomás Segovia, *En los ojos del día. Antología poética*. Barcelona: Galaxia Gutenberg.

— (2015): "Nosotros desde lo trágico (una nota)", en Itzíar López Guil y Cristina Albizu Yeregui (eds.), *Los girasoles ciegos de Alberto Méndez: 10 años después*. Madrid: Antonio Machado Libros, pp. 15-28.

Preston, Paul (2011): *El holocausto español*. Barcelona: Random House Mondadori.

Rae, Patricia (ed.) (2007): *Modernism and Mourning*. Lewisburg: Bucknell University Press.

Raczymow, Henri (1994): "Memory Shot Through With Holes", en *Yale French Studies*, vol. 85, pp. 98-105.

Rendueles, César (2015): "La vida en el cementerio. Una conversación con Alberto Méndez", en Itzíar López Guil y Cristina Albizu Yeregui (eds.), *Los girasoles ciegos de Alberto Méndez: 10 años después*. Madrid: Antonio Machado Libros, pp. 285-292.

Ribeiro de Menezes, Alison (2011): "Memory and Collective Defeat in Alberto Méndez's *Los girasoles ciegos*", en *Journal of Iberian and Latin American Research*, vol. 17, n.º 1, pp. 95-107.

— (2014): *Embodying Memory in Contemporary Spain*. New York: Palgrave Macmillan.

Ricoeur, Paul (2000): *La memoria, la historia, el olvido*. Buenos Aires: Fondo de Cultura Económica.

Rieff, David (2011): *Against Remembrance*. Melbourne: Melbourne University Press.

— (2016): *In Praise of Forgetting: Historical Memory and its Ironies*. New Haven: Yale University Press.

Riera, Miguel (2004): "Entrevista a Alfons Cervera. Del dolor que se enquista en la carne", en *El Viejo Topo*, n.º 178, pp. 77-75.

Richards, Michael (1998): *A Time of Silence: Civil War and the Culture of Repression in Franco's Spain, 1936-1945*. Cambridge: Cambridge University Press.

— (2015): *Historias para después de una guerra. Memoria, política y cambio social en España desde 1936*. Barcelona: Ediciones de Pasado y Presente.

— (2016): "Prólogo", en Ignacio Fernández de Mata, *Lloros vueltos puños*. Granada: Editorial Comares, pp. vii-xii.

Rodríguez, Txani (2015): "Alberto Méndez escritor: 'Para escribir sobre la posguerra se tiene que pasar el asco'", en Itzíar López Guil y Cristina Albizu Yeregui (eds.), *Los girasoles ciegos de Alberto Méndez: 10 años después*. Madrid: Antonio Machado Libros, pp. 293-296.

Romeu Guallart, Luis María (2010): "'Yo iba a Auschwitz pero ya no'. *El comprador de aniversarios* de Adolfo García Ortega y las posibilidades de acercarnos a la Historia desde la (meta)ficción", en *Confluenze*, vol. 2, n.º 1, pp. 165-184.

Rothberg, Michael (2009): *Muldirectional Memory. Remembering the Holocaust in the Age of Decolonialization*. Stanford: Stanford University Press.

— (2014): "Preface. Beyond Tancred and Clorinda", en Michael Rothberg y otros (eds.), *The Future of Trauma Theory*. New York: Routledge, pp. xi-xviii.

Rosa, Isaac (2006): "La construcción de la memoria de la Guerra Civil y la dictadura en la ficción española reciente", en *Guerra y Literatura. Actas XIII Simposio Internacional sobre Narrativa Hispánica Contemporánea*. Puerto de Santa María: Fundación Luis Goytisolo, pp. 57-70.

— "Empacho de memoria", en *El País*, <http://elpais.com/diario/2006/07/06/opinion/11521 36806_850215.html> (10-12-2019).

— (2015): "Prólogo. Y pese a todo, necesitamos más novelas sobre la Guerra Civil", en David Becerra Mayor, *La Guerra Civil como moda literaria*. Madrid: Clave Intelectual, pp. 9-14.

Rose, Sven-Erik (2008): "Remembering Dora Bruder: Patrick Modiano's Surrealist Ecounter with the Postmemorial Archive", en *Postmodern Culture*, vol. 18, n.º 2, pp. 1-31.

Rubin, Jonah S. (2015): "Aproximación al concepto de *desaparecido*: reflexiones sobre El Salvador y España", en *Alteridades*, vol. 25, n.º 49, pp. 9-24.

Ruiz Torres, Pedro (2007a): "Los discursos de la memoria histórica en España", en *Hispania Nova*, n.º 7, pp. 305-344.

— (2007b): "De perplejidades y confusiones a propósito de nuestras memorias", en *Hispania Nova*, n.º 7, pp. 800-843.

Ryan, Lorraine (2010): "A Reconfigured Cultural Memory and the Resolution of Post-Memory in Alfons Cervera's *Aquel invierno*", en *Hispanic Research Journal*, vol. 11, n.º 4, septiembre, pp. 323-337.

— (2011): "The Enactment of Resistance: Hidden and Public Transcripts in Alfons Cervera's *El ciclo de la memoria*", en *Romance Studies*, vol. 29, n.º 1, enero, pp. 40-53.

— (2012): "When the Personal is Political: The Formatino of a Republica Mnemonic Community in Alfons Cervera's *La noche inmóvil*", en A. R. Menezes y C. O'Leary (eds.), *Legacies of War and Dictatorship in Contemporary Portugal and Spain*. Bern: Peter Lang, pp. 169-186.

— (2013): "Deep Memory and the Impossibility of Civil Resistance in Alfons Cervera's *Maquis*", en *Hispanic Research Journal*, vol. 14, n.º 4, pp. 338-355.

Santner, Eric L. (1990): *Stranded Objects: Mourning, Memory, and Film in Postwar Germany*. Ithaca: Cornell University Press.

Sanz Díaz, Benito (2002): *Rojos y demócratas. La oposición al franquismo en la Universidad de Valencia 1939-1975*. Valencia: CC. OO. PV, FEIS/Albatros.

Sanz Villanueva, Santos (2005a): "Santo diablo", *El Mundo*, 31 de enero.

— (2005b): "El milagro de 'Los girasoles ciegos': Cuando la Literatura triunfa sobre el mercado", *El Mundo*, 7 de octubre.

Schlachter, Birgit (2006): *Schreibweisen der Abwesenheit. Jüdisch-französische Literatur nach der Shoah*. Köln: Böhlau Verlag.

Silva, Emilio y otros (coords.) (2004): *La memoria de los olvidados. Un debate sobre el silencio de la represión franquista*. Valladolid: Ámbito Ediciones.

Silverblatt, Michael (2007): "A Poem of an Invisible Subject (Interview)", en Lynne Sharon Schwarts (ed.), *The Emergence of Memory: Conversations with W. G. Sebald*. New York: Sevent Stories, pp. 77-86.

Sicher, Efraim (2005): *The Holocaust Novel*. New York: Routledge.

Solano, Francisco (2004): "El rechazo al olvido", en *El País*, disponible en <http://elpais.com/diario/2004/02/28/babelia/1077929420_850215.html>.

Sontag, Susan (2000): "A Mind in Mourning: W. G. Sebald's Travels in Search of Some Remnant of the Past", en *Times Literary Supplement*, 25 de febrero, pp. 3-4.

Souto, Luz (2016): "Alfons Cervera, *Otro Mundo*", en *Revista Caracol*, vol. 11, pp. 320-326.

Suleiman, Susan Rubin (2007): "'Oneself as Another': Identification and Mourning in Patrick Modiano's *Dora Bruder*", en *Studies in 20th & 21st Century Literature*, vol. 31, n.º 2, pp. 325-350.

Tschilschke, Christian von y Schmelzer, Dagmar (2010): "Docuficción: un fenómeno limítrofe se aproxima al centro", en Tschilschke, Christian von y Schmelzer, Dagmar (eds.), *Docuficción. Enlaces entre ficción y noficción en la cultural española actual*. Madrid/Frankfurt: Iberoamericana/Vervuert, pp. 11-32.

Thiebaut, Carlos (2008): "Relatos del daño: del duelo a la justicia", en J. Muguerza e Y. Ruano de la Fuente (2008), *Occidente: razón y mal*. Bilbao: Fundación BBVA, pp. 205-232.

Tizón, Jorge L. (2014): *Psicopatología del poder. Un ensayo sobre la perversión y la corrupción*. Barcelona: Herder Editorial.

Tous, Pere Joan y Cornelia Ruhe (2017): "A modo de introducción. Cine y guerrilla o la memoria intempestiva", en Pere Joan Tous y Cornelia Ruhe (eds.), *La memoria cinematográfica de la guerrilla antifranquista*. Leiden: Brill Rodopi, pp. 1-22.

Traverso, Enzo (2016): *Left-Wing Melancholia: Marxism, History, and Memory*. New York: Columbia University Press.

Trommler, Frank (2003): "Stalingrad, Hiroshima, Auschwitz: The Fading of the Therapeutic Approach", en Moishe Postone y Eric Santner (eds.), *Catastrophe and Meaning: The Holocaust and the Twentieth Century*. Chicago: Chicago University Press, pp. 136-153.

Tyras, Georges (2007): *Memoria y resistencia: El maquis literario de Alfons Cervera*. Barcelona: Montesinos.

— (2008): "Testimonio literario y procedimientos de garantía: El caso de *Maquis*, de Alfons Cervera", *I Congreso Internacional de Literatura y Cultura Españolas Contemporáneas*. La Plata: Universidad Nacional de la Plata, Facultad de Humanidades y Ciencias de la Educación, Centro de Estudios de Teoría y Crítica Literaria.

— (2013): "Alfons Cervera: hacia una poética de voces", en Alfons Cervera, *Las voces fugitivas*. Barcelona: Piel de Zapa, pp. 13-19.

UNGAR, Steven (2007): "Modiano and Sebald: Walking in Another's Footsteps", en *Studies in 20th & 21st Century Literature*, vol. 31, n.º 2, pp. 1-25.

VALLS, Fernando (2015): "De los aprendizajes de Alberto Méndez los zumbidos de la memoria", en Itzíar López Guil y Cristina Albizu Yeregui (eds.), *Los girasoles ciegos de Alberto Méndez: 10 años después*. Madrid: Antonio Machado Libros, pp. 62-85.

VALVERDE GEFAELL, Clara (2014): *Desenterrar las palabras. Transmisión generacional del trauma de la violencia política del siglo XX en el Estado español*. Barcelona: Icaria Editorial.

VARELA-PORTAS DE ORDUÑA, Juan (2015): "Entre dos muertes: Alberto Méndez y el ángel de la historia", en Itzíar López Guil y Cristina Albizu Yeregui (eds.), *Los girasoles ciegos de Alberto Méndez: 10 años después*, Madrid: Antonio Machado Libros, pp. 117-148.

VINYES, Ricard (2012): "La pacificación de la memoria pública en España. Una política", en A. Miñarro y T. Morandi (comps.), *Trauma y transmisión. Efectos de la guerra del 36, la posguerra, la dictadura y la transición en la subjetividad de los ciudadanos*. Barcelona: Red Ediciones, pp. 27-38.

VIÑA GUZMÁN, María José de la (2009): "Silencio y duelo. El trabajo de la elaboración psíquica en las generaciones de la posguerra", en *Norte de Salud Mental*, vol. 8, n.º 33, pp. 41-50.

VOLKAN, Vamik (2001): "Transgenerational Transmission and Chosen Traumas: An Aspect of Large-Group Identity", en *Group Analysis*, vol. 34, n.º 1, pp. 79-97.

— (2006): "Large-group psychodynamics and massive violence", en *Ciência e Saúde Colectiva*, vol. 11, n.º 2, pp. 303-314.

WHITE, Richard (2015): "Dialectics of Mourning", en *Angelaki*, vol. 20, n.º 4, pp. 179-192.

WIESEL, Ellie (1977): "The Holocaust as Literary Inspiration", en *Dimensions of the Holocaust*. Evanston: Northwestern University Press.

WINTER, Ulrich (2012): "Images of Time: Paradigms of Memory and the Collapse of the Novel of Contemporary History in Spain (2000-2010)", en *Hispanic Issues On Line*, vol. 11, pp. 12-34.

Wood, James (2011): "Sent East", en *London Review of Books*, vol. 33, n.º 19, pp. 15-18.

Woodward, Kathleen (1990): "Freud and Barthes: Theorizing Mourning, Sustaining Grief", en *Discourse*, vol. 13, n.º 1, pp. 93-110.

Zeitlin, Froma I. (1998): "The Vicarious Witness: Belated Memory and Authorial Presence in Recent Holocaust Literature", en *History and Memory*, vol. 2, n.º 10, pp. 5-42.

Filmografía citada

Los girasoles ciegos, José Luis Cuerda (dir.). Sogecine / Produccions A Modiño / E.O.P.C / Producciones Labarouta, 2008.

Manuscrit trouvé dans l'oubli, Eugenio Recuenco (dir.). Frosker Films, 2016.

The Pianist, Roman Polanski (dir.). R. P. Productions, 2002.

ÍNDICE ONOMÁSTICO Y TEMÁTICO

11-S: 58, 72

Abraham, Nicolas: 22, 27, 40, 121-123
Adler, H. G.: 86-87
Adorno, Theodor W.: 23
afecto: 27, 37, 123, 148
    estudios sobre el afecto: 15, 48-49
Agamben, Giorgio, 55
Aguado, Txetxu: 12, 56, 183, 212, 235
Aguilar, Paloma: 117-118, 129, 131, 134
Alexander, Jeffrey: 50, 124, 268
Améry, Jean: 75
Amnistía, Ley de: 133, 137
antifranquismo: 133
    guerrilla antifranquista: 230, 237, 256-260
Ariès, Philippe: 19-20, 24-25
    Asociación para la Recuperación de Memoria Histórica (ARMH): 10-11, 113, 123, 209, 243, 267
Assmann, Aleida 55, 65, 70
Assmann, Jan: 54
Aub, Max: 149, 151, 210-211, 216
Auschwitz: 23, 55, 62, 64, 80-81, 86, 89-90, 100-104, 200-202, 254-256, 264-265, 268
ausencia: 52-53, 57, 60-61, 104-105, 108-109, 132, 160
    poética de la ausencia: 13, 62-65, 76, 79-84, 92-96, 144, 149, 163-164, 170-172, 182-188, 222, 231, 236-237, 270, 273-276
Avelar, Idelber: 58

Bajtín, Mijaíl: 61
Barthes, Roland: 33-34, 43, 86,
Becerra Mayor, David: 131, 145, 156, 234

Benjamin, Walter: 35, 83, 150, 160-162, 170, 186, 204, 207, 216, 270, 272
bereavement studies: 19
Bernhard, Thomas: 81
Blanchot, Maurice: 62
Bowlby, John: 22
Brown, Wendy: 66, 142, 251
Butler, Judith: 23, 38, 44-45, 57-58, 71-73, 93, 134-135, 265

Carrión, Jorge: 14, 76, 85
Caruth, Cathy: 51-52
Celan, Paul: 56
Cercas, Javier: 10
Chacón, Dulce: 10
Clewell, Tammy: 27-29, 31, 36, 46-48, 58
Crimp, Douglas: 36

De Man, Paul: 58, 82, 84
Deleuze, Gilles: 49
Derrida, Jacques: 15, 20, 23, 31-35, 40, 43-45, 47, 56, 66, 79, 84, 93, 113, 142, 146, 163
desaparecidos: 16, 25, 112-119, 124, 127-128, 132, 135-137
duelo
    colectivo: 12-16, 39, 44, 70-71, 74, 120, 126-129, 133-143, 162-163, 202, 217, 221, 238, 243, 251, 255, 261-268, 271-272, 276
    consolatorio: 36, 46-47, 84, 269
    declive en las prácticas del duelo: 19, 21, 30
    duelo y literatura: 23-24, 46-60
    duelo y melancolía: 20, 24-30, 36-40, 57, 60, 74, 269
    estudios sobre el duelo, véase *mourning studies*

freudiano, véase *Freud*
incapacidad de llevar a cabo el duelo: 20-21, 32
inconcluso: 12-13, 16, 113-114, 119, 124-126, 128, 138, 142, 218, 238, 267, 271
modelo triádico del duelo: 41-42, 66, 141, 218, 238, 243, 269
poética del duelo: 71
prohibición del luto o del duelo: 115-116, 119, 127, 130, 141, 157
trabajo o labor del duelo: 12-13, 15, 20, 26, 28, 60, 146, 276
Dürer, Albrecht: 25
Durrant, Sam: 47, 59-67

Eaglestone, Robert: 55, 64-65, 139
elegía: 24, 46
Eshel, Amir: 67, 75, 81-82, 261-262
Espinosa Maestre, Francisco: 112, 115, 210
exhumación: 127, 133-135
  literaria: 11, 276

Faber, Sebastiaan: 73, 147, 268
fosas comunes: 10-12, 16, 76, 112-114, 119, 143, 194-196, 221-222, 267
franquismo: 10-11, 113-114, 119, 125, 128, 131-133, 137, 141, 156, 215, 222, 234, 252
Fraser, Nancy: 72, 265
Freud, Sigmund: 13, 15-16, 20, 22-29, 30-51, 57-58, 60, 69, 114, 131, 264
Fusell, Paul: 23

Gana, Nouri: 38, 57, 71, 84
Gómez López-Quiñones, Antonio: 11, 73, 154-155, 225, 243, 255-256, 258, 260
Gorer, Geoffrey: 21
Grandes, Almudena: 10
Guerra de Irak: 206-207, 274
"guerra de las esquelas": 124-129, 157
Guerra Mundial
  Primera: 20-21, 23, 51
  Segunda: 78, 118, 215, 235, 256

Hartman, Geoffrey: 59, 65
Hirsch, Marianne: 53-55, 63

Holocausto: 16, 20-21, 23, 42, 50, 55, 59, 64, 69-70, 76, 79-81, 86, 89-90, 92, 100-101, 104, 108, 116, 139, 170, 271, 276
segunda y/o tercera generación: 50, 53-54, 122
Homans, Peter: 19-22
Huyssen, Andreas: 9, 69-71

Ibáñez Fanés, Jordi: 136-137

Jameson, Frederic: 238
Juliá, Santos: 9, 111-112
Justicia: 13, 65-66, 72-73, 140-143, 147-148, 172, 216, 232, 265,
  reparativa: 137
  transicional: 119

Kindertransport: 77
Klarsefeld, Serge: 91-92, 100, 172
Klein, Melanie: 22, 40
Kristeva, Julia: 23

Lacan, Jacques: 30, 60
LaCapra, Dominick: 22, 39, 41, 52-57, 132, 155
Levi, Primo: 101-102, 210, 234-235
Llamazares, Julio: 10, 212
Luto: 115-119, 130, 157
Lyotard, Jean-François: 64-65, 79

maquis: 197, 210-211, 215-216, 220-221, 255-260, 275
Margalit, Avishai: 147
Marsé, Juan: 210, 212
Mate, Reyes: 104, 160-162, 228, 238
melancolía
  evolución de la: 22, 25-27, 31, 36-40
  despatologización: 16, 31, 35-40
  freudiana, véase *Freud*
memoria
  boom de la memoria: 9, 12, 120, 124, 143, 210, 212, 267
  colectiva: 9, 12, 22, 153, 216, 220, 225, 231, 275
  de la Guerra Civil: 9-12, 73, 112-113, 120, 131-132, 134,

democrática: 141, 209, 211, 217, 222, 237, 260
histórica: 9-10, 58, 119-120, 133, 141-142, 187, 212-213, 216-217, 221, 255
memoria e historia: 113, 238
Memoria Histórica, Ley de: 136, 262
multidireccional: 71, 262
Miñarro, Anna: 120-123
Mitscherlich, Alexander y Margarete: 21-22, 32, 118
modernismo: 24, 36, 39, 238
Moglen, Seth: 37, 39-43, 57, 66-67, 141, 157, 218, 238, 243, 251-252, 262, 269
Morandi, Teresa: 113, 120-123, 130, 136
Morris, Alan: 91, 99
mourning studies: 19, 24
Muñoz Molina, Antonio: 10, 103-104, 147

Naharro-Calderón, José María: 73

pacto de olvido o de silencio: 9, 121
Pagis, Dan: 57
Piera, Carlos: 14, 111, 127, 136-140, 146-148, 158, 161-163, 171, 186, 217, 237, 254, 271-274
posmemoria: 13, 47, 53, 62
postmodernismo: 36, 64, 139, 170
Prado, Benjamín: 10
Preston, Paul: 116, 130, 157

Raczymow, Henri: 55, 62-63
Rae, Patricia: 58
recuperación de la memoria histórica: 9-11, 166, 209, 214, 217
represión y represalias de los vencidos: 73, 115-120, 126, 129, 152-153, 155, 178, 188, 202-205, 214, 219, 231, 241, 244, 248, 250, 251-253, 257-258, 260
Ricoeur, Paul: 12
Rosa, Isaac: 11, 188
Rothberg, Michael: 69-71, 206-207, 262
Rousso, Henry: 22
Ruiz Torres, Pedro: 73, 112

Segovia, Tomás: 138-139
Segunda República: 9, 114, 129, 131-132, 153, 168, 188-190, 213, 218
Sontag, Susan: 75
Spiegelman, Art: 54
Suleiman, Susan Rubin: 60, 89, 92-93, 96, 99

testigo, véase *testimonio*
testimonio: 23, 50, 55-57, 60-61, 64-65, 100, 172, 183, 215, 235, 276
Theresienstadt: 78, 79, 82, 83, 84, 86
Thiebaut, Carlos: 113, 138-140, 144, 146, 172, 217, 237, 243, 272, 276
Török, Mária: 22, 27, 40, 121-123
Transición: 9, 74, 112, 119-121, 129-134, 137, 140-141, 147, 156, 158, 210-211, 215, 218, 220-222, 234-235, 237, 243, 252, 255-256, 260-261
trauma
   colectivo: 22, 54, 124
   cultural: 50
   estructural versus trauma histórico: 52
   estudios sobre el trauma: 19, 23, 48, 51
   heredado: 50
   ontologización del trauma: 52
   transmisión intergeneracional del trauma: 120-123
Traverso, Enzo: 25
Tyras, Georges: 210-212, 222-223, 230, 231, 235, 248,

Valle de los Caídos: 112, 131, 134-135, 143, 156-157
Valverde Gefaell, Clara: 113, 118, 120-123, 127, 132-133
Vázquez Montalbán, Manuel: 10, 210, 212
Vinyes, Ricard: 131, 133, 141-142
Volkan, Vamik: 22, 122, 124, 126

Wiesel, Elie: 23
Winter, Jay: 22
Winter, Ulrich: 10